도킨스의
만들어진 신이란 무엇인가

진화교 해부학

도킨스의
만들어진 신이란 무엇인가?
진화교 해부학

제1판 1쇄 발행 2024년 04월 01일

지은이 유성오
펴낸이 태초에 말씀이
표지디자인 최민주
편집디자인 최성원
인쇄 삼보아트

펴낸곳 태초에 말씀이
주소 서울특별시 용산구 효창원로86길 60-7(청파동 2가)
이메일 kierkeka@naver.com
카카오톡ID healing8
등록 제2021-000050호

도킨스의
만들어진 신이란 무엇인가

진화교 해부학

유성오

진화를 믿는다고 하면, 그건 사실이다.
진화를 사실이라고 하면, 그건 종교다.
진화를 과학이라고 하면, 그건 사기다.

태초에 말씀이

서론
어쩌다 보니 우연히 저절로 조금씩 만들어졌다

 신이 죽은 자를 살리셨다는 기록을 믿을 수 없기에 성경은 의혹의 대상이 된다. 흔히 이적(기적)이라 불리는 기사들은 옛날 옛적 미개한 시절의 사람들에게나 통용되던 것이라 치부하며 성경에 대해 의심의 눈초리로 대응한다. 어찌 물이 변하여 포도주가 될 수 있을까? 어찌 죽은 자가 부활할 수 있을까? 그런 얘기를 믿는 사람들은 지적으로 문제가 있는 것이라고 단언한다.
 그러면서도 원시 지구의 흙탕물(원시 수프)에서 어쩌다 보니 저절로 그 복잡한 세포 조직과 유전자 정보가 만들어졌다고 믿을 수 있는 그 마음은 도대체 무엇일까? 물이 변하여 포도주가 되는 것도 불가능한데, 고인 빗물이 변하여 아주 복잡한 세포 조직과 고도의 유전자 정보가 담긴 생명체가 된다는 것이 가능하다니? 물론 여기에는 놀라운 기적의 첨가물이 있다. 경험해 본 적도 없는 〈오랜 시간〉이라는 상상 속의 마술 지팡이다. 일찍이 다윈이 『종의 기원』을 출판하던 때에, 파스퇴르는 실험을 통해서 생명체가 무생물로부터 생길 수 없다고 과학적으로 결론지었다.

하지만 <오랜 시간>이라는 마술 지팡이가 닿는 순간, 알 수 없는 어떤 조건하에서 알 수 없는 어떤 방법을 통해 세포(복잡한 조직과 유전자 정보)가 만들어진다. 한술 더 떠서 아미노산 덩어리(물질)에 불과했던 그 세포가 어느 순간 생명을 갖고 살아나서 움직이기 시작한다. 부활하는 것이다. 어쩌다 보니 생겨날 수 있을 만큼 생명체라는 것이 그렇게도 단순한 조직이란 말인가? 뿐만 아니라 우연히 저절로 만들어진 단세포에서 어쩌다 보니 저절로 눈과 심장과 두뇌와 뼈와 날개와 혈관과 신경 등 온갖 신기한 조직(기계)과 기능들이 기적처럼 만들어진다. 물론 알 수 없는 조건과 방법에 의해서 말이다.

<어쩌다 보니 우연히 저절로>가 좀 없어 보이니까, 돌연변이에다가 적자생존(자연 선택)이라는 용어로 그럴듯하게 포장을 한다. 자연 선택이라고? 자연은 선택하지 않는다. 생명체가 환경에 적응하는 과정에서 그만 실패하는 것이다. 생명체가 부적응을 통해서 진화를 한다니… 부적응은 진화가 아니라, 멸종의 과정이다. 적자생존의 원리라고? 적합한 자는 누구인가? 살아남는 자다. 누가 살아남는가? 적합한 자다. 적자는 생존자, 생존자는 적자. 동어 반복이다. 과학적으로는 아무 의미가 없다. 그런 말장난은 세상에 널려 있다. 속자선착의 법칙. 빠른 자는 누구인가? 먼저 도착하는 자이다. 먼저 도착하는 자는 누구인가? 빠른 자이다.

오랜 시간과 돌연변이는 보다 나은 기능과 질서(유전자 정보)를 만들어 내는 게 아니라, 이미 있던 기능과 질서를 망가뜨린다는 것이 과학

적 원리이다. 시간이 흐르면 흐를수록 세상 모든 것들이 낡아지고 망가지고 죽어 간다. 지금까지 현대 유전학이 밝혀낸 바는 세대를 이어 가면서 모든 생명체는 유전자 돌연변이로 인해서 조금씩 퇴화해 가고 있다는 사실이다. 그럼에도 불구하고 진화교 신자들은 과거의 어떤 알 수 없는 환경에서는 돌연변이를 통한 유전자의 진화가 가능했을 것이라고 믿는다. 그들은 머릿속 상상에 근거한 기적을 믿고 있는 것이다.

과학이 할 일은, 그 진화가 가능했던 알 수 없는 조건과 방법을 알아내는 것이란다. 그렇게 150년간을 소비하였다. 오랜 시간이라는 마술 지팡이만 있으면 모든 기적이 가능해진다고 믿으며 150년을 버티는 것은 대체 어떤 지성의 수준일까? 또 알 수 없는 조건과 방법은 대체 어떻게 검증한다는 것인가? <알 수 없는>이라는 말이 의미하듯, 인간이 직접 경험하지도 못했고 경험할 수도 없는 것이기에, 그 어떤 진화 얘기를 상상해 내도 결국 그것의 맞고 틀림을 검증할 길도 없는데 말이다. 그게 과학인가, 동화인가, 종교인가? 오랜 시간을 거론할 때마다 신데렐라에게 옷과 마차를 만들어 주었던 요정의 마술 지팡이가 연상된다.

'신이 만들었다(지성이 설계했다)'와 '우연이 만들었다(어쩌다 보니 저절로 생겨났다)' 사이의 거리는 어느 정도일까? 우리의 경험과 과학은 어떤 조직체나 정보나 기계 장치나 복잡한 기능이 우연히 저절로 생겨나지 않음을 확신한다. 땅에서 발견된, 아주 단순한 조직 체계와 정보와 기능을 지닌 빗살무늬 토기조차도 오랜 시간 동안 알 수 없는 조건과 방법에 의해 우연히 저절로 빚어졌다고 말하지 않는다. 그렇게 말하는 순간 기적을 믿는 미개한 뇌가 되어 버리기 때문이다. 하물며 빗살무니 토기보다 무한히 더 복잡한 조직 체계와 정보와 기능을 가지고 있는 생명체가 우연히 저절로 생겨났다니... 기적도 이런 기적이 없다.

　진화론에 있어서 오랜 시간은 기적을 일으키는 아주 놀라운 주술 도구이다. 윈도우 10이 깔려 있고, 한글과 엑셀과 포토샵과 스타크래프트가 작동하는 컴퓨터가, 36억 년이란 아주 오랜 시간만 주어진다면 우연히 저절로 알 수 없는 조건과 방법에 의해 조금씩 조금씩 흙으로부터 생겨날 수 있다고 주장하는 게 과연 과학적일까? 기적이다. 현대 진화교의 미개함의 깊이는 우리가 비웃는 전근대적 선조들의 미개함보다 결코 덜하지 않다는 것을 이 시대 인간들은 인정하기 힘들어 한다. 그저 맹목적으로 자기들의 두뇌가 더 낫다고(진화했다고) 믿고 싶을 뿐이다.(만들어진 기적, 진화)

차례

서론 | 어쩌다 보니 우연히 저절로 조금씩 만들어졌다

제1부

1. 못마땅한 종교　17
   종교 혐오 | 망상 | 기적 | 신 | 학살 | 차별 금지

2. 또 다른 신　43
   도킨스의 신 | 신 가설 | 과학과 종교 | 기적과 이성

3. 신 존재 증명　65
   신 존재 증명 | 신의 정의 | 오해

4. 불신하는 까닭　79
   누적의 힘? | 중간 단계 화석(잃어버린 고리) | 오랜 시간 | 확률
   가정(假定) | 정신

5. 자연 선택 교리　101
   자연 선택 | 불행의 원인 | 다윈주의 | 신앙 고백
   어쩌다 보니 저절로 조금씩 | 자연 선택과 멸종

6. 진화교　119
   진화 교리 | 도킨스의 악담 | 자연 선택이라는 말장난
   이기적 유전자? | 인간의 도덕성

7. 낡은 고전이라?　135
   노아 홍수 | 여성과 종교? | 동성애, 문명의 끝 | 낙태라는 제사
   학살 전쟁 | 속죄 | 종교적 관점?

8. 종교는 악?　161
   진화의 증거? | 종교가 과학을 억압한다? | 진화론자들의 횡포
   동성애와 과학 | 낙태와 사형 | 무신론 진화교 신자의 만행
   배아 세포와 도킨스 | 9·11 테러와 천국?

9. 무신론의 세뇌　193
   종교 주입

10. 만들어진 우연　199
    만들어진 전능자, 오랜 시간(우연히)

제2부

1. 진화라는 우상   207
   너무나 많은 사촌?

2. 복음서 사실과 상상   213
   날조의 기준 | 역사 기록 | Q 문서의 정체 | 전설
   탈기적의 기준, 오랜 시간 | 진화라는 기적

3. 창세기 역사와 신화   235
   출애굽 | 낙타 논증 | 노아 이야기 | 창조 이야기

4. 성경   257
   벌과 악 | 아브라함 | 계시의 부재 | 전멸시켜라 | 아담 그리고 죗값

5. 십계명   275
   여섯 번째 계명 / 열 번째 계명

6. 선악의 기준   283
   만능 신, 진화 | 가치관 | 사람됨에 대한 논쟁 | 도덕률

7. 설계에 대한 미몽   297
   설계 | 결함에 대한 설명 방식 | 설계의 이유에 대한 무지

8. 진화의 정체   309
   진화라는 종교 | 유전자 풀(한계) | 도킨스의 사기

9. 퍼즐이 맞춰지는 이유   323
   직소 퍼즐 | 그냥 우연히 그렇게

10. DNA   331
    DNA의 진화 | DNA의 정체 | 하향식, 상향식 설계라니 | 유익한 유전자라는 환상

11. 종교적 성향   345
    유일신으로의 진화? | 패턴 찾기의 부산물 | 천국의 힘? | 자연 선택의 전능함?

12. 과학과 진화   361
    틈새 메꾸기? | 신과 과학 | 관찰과 상상 | 무모한 용기
    미세 조정 | 과학적 해결

제1부
진화와 종교

도킨스의 논법에 따라 다윈주의에 대해서 정의해 보자. 누군가가 망상에 시달리면 정신 이상이라고 한다. 하지만 다수가 망상에 시달리면 종교라고 한다. 따라서 다윈주의는 종교다. 그들은 오랜 시간(어쩌다 보니 우연히 저절로 조금씩)이라는 우상을 상상해 내서 이를 자연 선택이라고 부르며, 우주 만물과 물리 법칙과 모든 생명체의 복잡한 조직과 기능들이 아주 오래 전 옛날부터 전능하신 자연 선택의 능력에 의해서 아주 조금씩 조금씩 저절로 창조되었다고 믿으며 신앙한다.

1장 못마땅한 종교

종교 혐오

왈(曰),

"종교가 모든 악의 근원일 수는 없다. 그러나 이런 말은 아주 마음에 와닿는다. 세계 무역 센터가 있는 사진에 적혀 있는 글. 〈상상해 보라, 종교 없는 세상을!〉

존 레논도 노래했다. 〈종교 없이 사는 모습을 상상해 보라.〉 9·11 자살 폭탄 테러도 없고, 마녀 사냥도 없고, 종교 전쟁도 없고, 대량 학살도 없고, 명예 살인도 없는 세상을 상상해 보라."

도킨스는 종교가 많은 문제를 일으키고 있다고 한다. 인류 사회의 골칫거리가 종교라는 듯이 외쳐 댄다. 종교가 없어지면 세상은 훨씬 살기 좋아질 것이라며 무신론이라는 약을 판다. 과연 종교가 문제일까? 약간의 철학적 성찰만으로도 알게 된다. 인간(탐욕/이기주의)이 문제라는 사실을… '욕심이 잉태한즉 죄를 낳고 죄가 장성한즉 사망을 낳느니라.'(약1:15)

도킨스를 포함한 인간들이 바로 악의 원인이라는 말이다. 실상은 인간(탐욕)이 종교를 통해 이념을 통해 과학을 통해 문제를 일으키는 것이다. 물론 종교를 통해 이념을 통해 과학을 통해 선을 일으키기도 한다. 불행의 원인은 인간(탐욕)이지 종교나 이념이나 과학이 아니다. 도킨스가 오늘날 현대 사회에서 발생하는 불행한 사태의 원인을, 빈약한 전제에 근거한 단순 논리에 의해 종교로 돌리는 것을 보면서 비슷한 부류의 주장들이 떠오른다.

평화를 이유로 병역을 거부하는 인간들이 있다. 그들 스스로 '양심적'이라는 수식어를 붙인다. 병역 거부(회피)와 병역 성실 복무, 세금 거부(회피)와 세금 성실 납부. 어떤 것이 양심적일까? 양심이 아니라, 군대(무기)가 전쟁(반평화)의 원인이라는 잘못된 신념이나 이론(교리)에 근거한 행위일 뿐이다. 신념적 혹은 교리(종교)적 병역 거부가 정확한 표현이다.

군대가 전쟁(반평화)의 원인인가? 멍멍한 소리다. 군대가 없는 가정에서는 왜 전쟁(싸움)이 일어날까? 군대가 없는 회사들 사이에서는 왜 전쟁이 일어날까? 군대가 없는 조폭들 사이에서는 왜 전쟁이 일어날까? 군대가 없는 친구들 사이에서는 왜 전쟁이 일어날까? 전쟁(싸움)

의 원인은 인간의 탐욕이다. 인간이 문제의 원인이다. 자기 욕심을 숭배하는 인간이 바로 악의 근원이다. '탐심은 우상 숭배니라.'(골3:5)

군대와 무기는 왜 만들었을까? 어른이 아이와 싸우려 할 때 굳이 무기(군대)를 만들까? 아니다. 무기는 싸움에서 질 것 같은 자가 만든다. 군대는 전쟁에서 질까봐 만드는 것이다. 확실히 상대보다 세다면 굳이 군대를 만들겠는가? 승리(안전)에 대한 확신이 없어서 군대를 만드는 것이다. 그래서 군대는 전쟁의 수단이 되기도 하지만, 또한 평화의 수단이 되기도 한다. 군대가 없으면 침략(전쟁)을 받지만, 군대가 있으면 침략(전쟁)을 막을 수 있다.

그러므로 진정 평화를 원한다면, 양심의 이름으로 병역 거부 운동을 할 게 아니라, 탐욕 버리기 운동을 해야 할 것이다. 모든 나라의 군대와 무기가 없어지는 순간이 인류 사회에서 전쟁이 사라지는 때가 아니다. 어떤 형태로든지 간에 인간의 탐욕은 전쟁을 불러일으킬 것이기 때문에 그렇다. 모든 인간이 탐욕을 버리게 되는 순간이 온다면, 그 때에야 비로소 인류 사회에서 전쟁이 사라질 것이다. '욕심이 많은 자는 다툼을 일으키나 여호와를 의지하는 자는 풍족하게 되느니라.'(잠28:25)

망상

왈(曰),
"망상이란 그릇된 믿음을 말한다. 다원주의는 인간을 뛰어넘는 전능한 존재가 있어서 운명을 통제한다는 망상에서 벗어날 수 있게 해 준다. 망상은 모순되는 증거를 제시해도 그릇된 믿음을 고수하려 하는 것이다. 일종의 정신적 질환이다. 이는 종교의 특성을 정확히 꼬집어 주는 말이다. 누군가가 망상에 사로잡히면 정신 이상이지만, 다수가 망상에 사로잡히면 종교가 된다."

도킨스가 믿는 다윈주의는 인간보다 아주 월등하고 전능한(?) 우연이란 뭔가가 있어서 아무것도 없는 무(無)의 상태에서 어쩌다 보니 우연히 저절로 시공간과 물질과 자연법칙을 만들어 내고, 또 오랜 시간만 흐르면 어쩌다 보니 우연히 저절로 그 물질에서 자기 복제를 하는 단세포 생명체를 만들어 내고, 또 오랜 시간이 흐르면 어쩌다 보니 우연히 저절로 그 단세포 생명체에서 온갖 조직(핏줄, 근육, 신경, 관절, 뼈, 눈, 신장, 폐, 심장, 두뇌 등등)들을 만들어 낸다는 망상에 빠지게 한다. 오랜 시간만 지나면 그냥 우연히 저절로 자연적으로 모든 게 만들어지게 되어 있다. 아주 단순한 믿음이다.

그런데 문제는 이런 것이다. 우리가 분명히 관찰하고 있는 과학적 사실은 오랜 시간이란 것은 존재하는 조직체(복잡한 질서/상품이나 기계나 생명체 등)를 망가뜨릴 뿐, 없던 조직체(복잡한 질서를 가진 존재)를 만들어 내지는 못한다는 것이다. 이게 소위 열역학 제2법칙이다. 진화는 물리학이 발견한 과학 법칙을 아주 가볍게 무시해 버린다. 와우, 대단한 배짱이다. 그러면서 고작 하는 말이 이미 진화가 일어났음을, 즉 진화의 결과물을 우리는 눈으로 확인한다며 과학의 이름으로 진화에 대한 광신적 신앙을 변호한다.

　진화의 진행 과정을 밝히고 입증하라고 했더니 이미 진화가 일어나서 나타난 결과가 지금의 모습이기에 진화가 일어난 것이란다. 쉽게 풀어 보자면, 여기 진화의 결과물인 자동차가 있으니까, 철광석이 어쩌다 보니 우연히 저절로 조금씩 자연적으로 자동차로 변해 가는 오랜 진화의 과정은 입증이 된 거라는 논리이다. 무슨 개소리를 이렇게 쉽게 하는 것일까? 무슨 말로 꾸며 대든 진화는 우리가 알고 있는 과학 법칙에 명백히 위배되고, 그 어떤 관찰과 실험으로도 입증된 적이 없는 머릿속의 상상일 뿐이다. 아주 무책임한 가정만을 하고 있을 뿐이다. "그럴 수도 있지 않겠어?" 그래서 창조주로서 신은 필요 없다고 확신하게 되는 것이다.

　'어리석은 자는 그의 마음에 이르기를 하나님이 없다 하는도다.'(시 14:1)

　파스퇴르는, 진화교 교주인 다윈이 『종의 기원』이라는 진화론의 경전을 출간할 즈음에, 과학적 실험을 통해서 생명은 생명으로부터만 생겨남을 입증했다. 우연히 저절로 물질에서 생명이 자연적으로 생겨나지 않는다는 것이다. 그리고 오늘날 많은 실험을 통해서 돌연변이는 생명체의 조직을 망가뜨릴 뿐 새로운 기능을 가진 조직을 만들어 내지 못한다는 사실이 확인되었다. 돌연변이는 진화가 아니라, 오히려 퇴화(멸종)를 가져온다는 말이다. 그래서 그들은 이렇게 단서를 내세우며 변명을 한다. 우리가 지금 보는 것은 돌연변이에 의한 퇴화이지만, 과거에 지금과는 다른 알 수 없는 어떤 조건하에서는 진화가 가능했을 것이다. 그 어떤 알 수 없는 조건, 즉 진화를 가능하게 했던 그 어떤 조건이 무엇인지 찾아보자. 이러고 있는 실정이다.

그들의 과학적(?) 이론이라는 것은, 사실상 오로지 생긴 게 비슷하다는 것만으로 진화를 상상하는 동화적 해석에 불과하다. "원숭이 하고 사람이 생긴 게 비슷하잖아. 원숭이가 사람으로 진화했음이 분명해." 그런데 문제는 비슷함이라는 것은 분류의 기준이지 결코 진화의 증거가 아니라는 사실이다. 아버지가 아들을 낳으면 아들이 아버지와 비슷한 점이 있을 것이다. 그렇다고 해서 역으로 비슷하기만 하면 다 아버지라고 할 수는 없는 것이다. 논리적 오류이다.

진화했다면 뭔가 비슷할 것이다. 하지만 뭔가 비슷하니까 진화했다고 말하는 순간 멍청이가 되는 것이다. 게다가 비슷함이라는 것은 상대적이라서 어디든 적용할 수가 있다. 원숭이와 사람은 비슷하다, 말미잘에 비해서(포유류가 아니니까)... 말미잘은 사람과 비슷하다, 바위에 비해서(동물이 아니니까)... 사람은 바위와 비슷하다, 공기에 비해서(만져지지 않으니까)... 그게 진화의 증거인가? 그냥 어벙한 상상일 뿐이다.

이 비슷함에 근거한 오류 논증에 의지해서, 멀고 먼 옛날 지구의 암석 위에 비가 내리고 거기서 생겨난 배양액(원시 수프)으로부터 어쩌다 보니 우연히 저절로 조금씩 생명체(원시 세포)가 생겨났고 그것으로부터 오랜 시간 동안 우연히 저절로 어쩌다 보니 조금씩 인간으로 진화했다고 그들은 믿는다. 물론 원시 수프로부터의 생명체 탄생은 절대로 관찰하지 못한다. 그들이 상상하고 믿을 뿐이다. 원시 수프라고 하니까 그럴 듯해 보이기는 한다. 뭔가 있을 거 같다. 그냥 빗물 고인 것이다. 고인 빗물로부터 오랜 시간이 지나자 자연적으로 인간이 나왔다는 믿음이다. 게다가 종에서 종으로의 진화도 관찰하지 못한다. 종 내에서의 변이만을 볼 수 있을 뿐이다. 〈개구리에게 키스했더니 왕자가 되었다는 동화이다. 그러나 개구리에게 오랜 시간이 주어졌더니 우연히 저절로 조금씩 사람이 되었다는 과학이다.〉 이게 도대체 무슨 논법일까? 그게 바로 진화론의 핵심 주장이다.

이제 도킨스의 논법에 따라 다윈주의를 정의해 보자. 누군가 망상에 사로잡히면 정신 이상이라고 한다. 다수가 망상에 사로잡히면 종교라고 한다. 따라서 다윈주의는 종교다. 그들은 우주 만물과 생명체를 창조하신 오랜 시간(어쩌다 보니 우연히 저절로 조금씩)이라는 우상을 상상해 내서 믿고 신앙한다. 인간의 어리석음은 자신이 만든 우상을 믿고 숭배하는 데 이르는 순간 정점을 이룬다. 우상 숭배. 그게 바로 출애굽해서 아라비아 반도의 시내 산에 이르렀던 이스라엘 백성이 황금 송아지 상을 만들어 섬기면서 벌였던 일이다. 이러한 인간들의 행태는 오늘날까지도 어디서나 변함없이 나타나는 고질적인 증상이다.

'그들이 호렙에서 송아지를 만들고 부어 만든 우상을 경배하여'(시 106:19) 말하기를 이는 너희를 구원한 여호와라.

기적

왈(曰),

"기근이나 죽음과 같은 자연 재해가 지나간 뒤에는 보다 더 진화된 동물들이 생겨났다. 아주 옛날 어떤 물질에 약간의 능력과 함께 생명력이 주어졌고, 지구가 중력의 법칙대로 자전과 공전을 거듭하는 동안, 아주 단순했던 아미노산 덩어리들로부터 놀랍고도 아름다운 숱한 생명체들이 진화해 왔으며 그 진화의 과정은 지금도 진행 중이다."

　자연의 전쟁 즉, 기근과 죽음이 있고 난 뒤에는 보다 고등한 동물들이 생겨난다니? 이 말이 과연 사실일까? 어떤 재난이 닥치고 나면 그 환경에 적응하기 위해(돌연변이와 자연 선택에 의해) 보다 고등한 동물로 어쩌다 보니 우연히 저절로 자연히 진화하게 된다고? 그건 기적이다. 현실에서 관찰 가능하지 않기 때문이다. 진화교 광신자인 도킨스는 본인도 의식하지 못하면서 아주 쉽게 기적을 과학이라는 명칭으로 부르며 그냥 믿어 버린다. 과연 기적인지 아닌지는 현실에서 벌어지는 현상을 살펴보면 알 수 있다.

　히로시마에 원자 폭탄이 터지고 나니 돌연변이와 자연 선택에 의해 더 고등한 생명체로 진화하던가, 뭐든지 간에 단 하나라도 그런 사례가 있었던가? 아니면 방사능 피폭으로 장애가 있는 생명체로 퇴화하던가? 장애와 질병과 이상 현상에 관한 그런 기사는 우리가 많이 봤다. 체르노빌 방사능 유출 후에는 어떠했던가? 암환자 증가, 장애 발생 등등 방사능 오염으로 인한 위험에 대한 소식들만 들었다. 게다가 산업화로 인해 오염된 강에서 등이 굽거나 이상한 물고기 발견 뭐 이런 기사들이 나오고 있다. 자연 선택에 의한 진화인가, 퇴화인가?

　번개, 지진, 화산, 오염, 기근, 산불 등 무엇이든 유전자에 돌연변이를 가져오는 재난에 직면한 동물에게는 언제나 퇴화하는 쪽으로 변이가 일어난다. 그게 우리가 관찰하는 현실이고 과학적 사실이다. 진화론자들이 진화를 확인하기 위해서 실험실에서 초파리 돌연변이를 통해 실험을 한 결과도 마찬가지이다. 숱한 돌연변이 시도에도 장애가 있는 초파리를 양산했을 뿐, 더 발전(진화)된 새 기능으로 무장한 다른 종은 결코 나타나지 않았다. 도킨스는 무슨 상상에 빠져서 기적과 같은 동화를 쓰고 있는 것인가? 자연에서만 그런 것이 아니라, 실험실에서 해봐도 역시나 마찬가지 결과가 나온다. 그런데도 불구하고 도킨스라는 진화교 광신자는 그냥 돌연변이라는 걸 통해서 고등한 동물로 진화해 왔다고 강변하고 있으니, 이게 지능의 문제인가, 아니면 정신적 장애인가?

지구라는 행성이 중력의 법칙에 따라 자전과 공전을 반복하는 동안 그 단순했던 단세포 생명체서 아름답고 경이로운 숱한 생명체들이 진화해 왔다니? 이 말에 담긴 의미는 뭘까? 도대체 중력의 법칙이라는 것이, 생명체를 탄생하게 했던 지구의 자전과 공전이 오랜 시간 동안 우연히 저절로 생겨났다는 발상이 어떻게 가능한 것일까? 왜 어떻게 지구가 일정한 속도로 도는가? 어디서 생긴 무슨 힘으로 태양의 중력에 끌려가지 않고 일정 간격을 유지(생명체가 살 수 있는 환경을 위한 적당한 거리 유지)하며 돌고 있는 것일까? 조금만 더 태양에 가까이 있거나 조금만 더 멀리 있어도 생명체가 살 수 없는 곳이 되었을 텐데 말이다.

이게 쉽게 설명하자면, 수류탄이 갑자기 뻥하고 빅뱅하면서 날아가다가, 그 파편 조각들이 일정한 궤도를 만들면서 공전하기 시작했다는 것이다. 그건 사실상 불가능한 얘기다. 그러니까 이런 식으로 또 상상을 한다. 만약에 무수히 많이 수류탄을 한없이 터뜨리다 보면, 그런 불가능한 경우도 어쩌다 보니 한번쯤은 생길 수 있다는 것이다. 우연히 저절로 수류탄 파편들이 자전과 공전을 하면서 유지하는 그런 희한한 기적 같은 경우가 한번쯤은 가능할 것이다. 그게 바로 다중 우주론이다. 우주가 무수히 많이 뻥뻥 터지면서 생기고 있다고 상상하는 것이다. 그러다 보면 그 중 하나가 우연히 정밀하게 세팅된 법칙 세계, 즉 우리가 살고 있는 우주가 될 수 있다는 것이다. 물론 그 무수히 많다는 다중 우주들은 절대로 관찰할 수가 없는 상상의 산물에 불과하다. 그래서 진화론자의 머릿속에만 있고, 현실에서는 영원히 관찰 불가이다.

게다가 지구가 공전하는 힘의 균형이 조금만 깨져도 태양으로 끌려가거나 태양 밖으로 멀어져 가야 하는 상황인데, 수십억 년 동안 지칠 줄 모르는 일정한 힘(어디서 공급되는지도 모르는데)으로 정확하게 균형을 유지하며 돌고 있다니? 그것도 우연히 저절로 어쩌다 보니 그러고 있다? 그러는 사이에 그토록 단순했던 물질(빗물 바위 배양액)에서 경이로울 정도로 복잡한 생명체인 인간으로 우연히 저절로 어쩌다 보니 진화해 왔다? 빗물 바위 배양액에서 오랜 시간이 흐르면서 우연히 저절로 어쩌다 보니 인간이 나왔다면 그건 분명 기적이다. 철광석에서 오랜 시간이 흐르자 우연히 저절로 어쩌다 보니 로봇이 나왔다는 게 기적이듯이 말이다.

도킨스의 믿음대로 하자면 아주 먼 옛날 고인 빗물에서 우연히 저절로 어쩌다 보니 인간도 진화했는데, 왜 훨씬 더 단순한 로봇은 아주 먼 옛날 철광석으로부터 우연히 저절로 어쩌다 보니 진화해 오지 않은 것일까? 그건 기적이기 때문에 일어날 수가 없다는 게 인간 지성의 결론이다. 인간 진화도 마찬가지이다. 기적이다. 자연 선택, 돌연변이, 적자생존 등등 개념을 만들어 내서 그럴 듯하게 포장했지만, 그냥 우리가 발견한 물리 법칙상 불가능한 일이 일어났다고 상상하는 것이다. 즉 기적이 일어난 것이다. 그런데 그들은 기적이 아니라, 놀라운 우연(오랜 시간 어쩌다 보니 저절로 조금씩)이란다. 말장난하자는 것인가?

매사에 모든 설명이 그런 식이다. 놀랍도록 정밀하게 짜 맞춰진 우주와 생명체의 신비한 질서를 발견할 때마다, 우연히 저절로 어쩌다 보니 어떤 알 수 없는 방식에 의해(그것을 미래에는 알게 될 것이라 확신하며) 기적처럼 그렇게 되었다는 것 외에는 달리 할 말이 없다. 물론 그들은 기적을, 자연적으로 아주 조금씩 자연 선택에 의해서 이루어졌다고 수사학적으로 그럴 듯하게 포장함으로써 마치 기적이 아닌 것처럼 위장한다.

도대체 무엇이 우주 먼지와 가스가 뭉쳐서 거대한 행성이 될 수 있도록 서로 붙어 버리게 했다는 말인가? 가스는 압축하면 팽창해 버린다는 보일의 법칙을 그냥 무시해도 되는 것인가? 그 누구도 우주 공간에서 가스와 먼지가 압축되어 거대한 별이 만들어지는 과정을 결단코 관찰한 적이 없다. 오직 진화론자의 머릿속에서 상상되고 있을 뿐이다. 현대 천문학의 암묵적 부끄러움 중 하나는 이 수많은 별 중에 하나도 어떻게 생겨났는지 알 수가 없다는 사실이다. 보일의 법칙에 따르면 별의 탄생 신화는 과학적으로 불가능한 얘기인 셈이다. 그냥 경험적으로는 관찰 불가인 머릿속 상상일 뿐이다. 진화교 신자의 믿음 속에 존재하는 기적 말이다.

'누가 티끌이 덩어리를 이루게 하며 흙덩이가 서로 붙게 하겠느냐?'(욥38:38)

한 러시아 천문학자가 이런 말을 했다. "신이 존재할 수도 있고 존재하지 않을 수도 있다. 이 두 가지 가능성은 모두 두렵다. 만일 신이 존재한다면 우리는 그가 누구인지 그리고 무엇을 원하는지 알아내서 그의 말대로 해야 한다. 만일 신이 존재하지 않는다면 우리는 정말 곤경에 처해 있는 것이다. 우리 지구는 우주를 시속 66,000마일(총알의 30배에 해당하는 속도)로 돌아가고 있는데, 아무도 그것을 책임지고 있지 않다. 참으로 두려운 생각이다."

신

왈(曰),

"'신은 주사위 놀이를 하지 않는다'는 아인슈타인의 말은 '우주 질서는 무작위적이지 않다'는 말로 이해되어야 한다. 또 그는 말하였다. '경험의 세계 너머에 인간 이성으로는 알 수 없는 뭔가 있으며, 어렴풋하게나마 그것을 감지하는 순간, 인간은 종교적이 된다.' 아인슈타인이 말한 의미대로라면 나도 종교적이다. 물론 알 수 없다는 말이 영원히 알 수 없다는 뜻이 아니라는 것을 전제해야 한다."

도킨스는 철학적 빈약함을 근거로 신나게 무신론이라는 약을 팔고 있다. 무신론이 인간의 문제를 해결하고 행복을 가져다 줄 수 있다는 듯이 말이다. 그는 스스로를 무신론자라고 말한다. 알버트 아인슈타인도 자기와 같은 무신론자인데, 종종 신이라는 명칭을 사용함으로써 초자연주의자(도킨스는 유신론자라는 의미로 사용하는 듯)들의 오해를 사곤 한다고 비아냥대듯 이죽거린다. 생각이 없는 건가, 안 하는 건가?

아인슈타인이 왜 신이라는 명칭을 사용했을까? 그는 우연이 아니라 지성(설계/법칙/미세 조정의 경이)을 염두에 둔 것이다. 우리가 경험할 수 있는 우주의 질서를 가능하게 하는 근거로서 말이다. 인간의 지성을 훨씬 뛰어넘는 그래서 인간의 이성으로서는 도무지 알 수 없는 초경험적인 존재를 염두에 두고 있었던 것이다. 그런데 도킨스는 오랜 시간(우연에 의한 진화, 무작위성)을, 우리가 경험할 수 있는 세계의 이 놀라운 법칙과 복잡한 질서를 가능하게 하는 근거로 삼는다. 아인슈타인과 그는 전혀 반대쪽에 뿌리를 내리고 있는 것이다.

그럼에도 불구하고 아이슈타인과 같은 의미에서 자신 역시 종교적이란다. 그렇다. 알 수 없는 그 무엇을 믿는다는 점에서 말이다. 하지만 알 수 없는 그 무엇의 정체에 대해서 그는 아인슈타인과 정반대다. 우연과 설계는 가장 근본적인 차원에서 서로 다른 것이다. 그런데 어떻게 같은 처지라고 하는지 모르겠다. 아마도 아인슈타인처럼 자기도 기독교적 의미에서의 인격적인 신을 믿지 않는다는 정도에서 그리 말하는 것 같다. 쉽게 말하자면, 기독교인이 아니라는 점에서 같다, 이런 것이다.

아인슈타인은 분명 기독교인이 아니다. 하지만 그는 유신론자이다.

그가 말하는 신은 우연이 아니라, 지적 설계나 작위성 등의 개념과 통하는 입장이다. 그래서 그는 신은 주사위를 던지지 않는다는 말을 했다. 주사위의 결과는 우연 즉 무작위성이지만, 이 우주의 움직임은 우연에 의해 마구잡이로 벌어지는 게 아니라는 것이다. 그것을 지탱하고 있는 인간이 알 수 없는 그 무언가가 있다는 것이다. 영원히 인간이 도달할 수 없는 초자연적인 그 무엇 말이다.

도킨스도 기독교인이 아니다. 더불어 그는 무신론자이다. 아인슈타인이 신으로 인정한 적이 없는 우연(오랜 시간 무작위성)의 개념과 통하는 입장이다. 물론 도킨스가 궁극적인 존재로서 우연을 믿으며 그것을 신이라고 부를 수도 있다. 그의 자유니까. 하지만 두 사람은 신에 대한 개념에서 정반대의 입장에 서 있다. 아인슈타인은 계획과 섭리와 질서를 신이라 얘기하고 있지만, 도킨스는 무계획과 무섭리와 무질서를 신이라고 얘기하고 있다. 왜냐하면 그는 우연(오랜 시간 무작위성)이 우주라는 질서의 창조자라고 믿기 때문이다. 우연히 만들어진 질서가 질서인가? 어느 순간 우연히 무너질 터인데 말이다.

그걸 그는 자연 선택에 의한 진화라고 이름만 그럴 듯하게 붙여서 부르고 있을 뿐이다. 솔직히 까놓고 얘기하자면, 그냥 어쩌다 보니 저절로 즉 우연이다. 여기서 도킨스는 그가 그토록 혐오하고 조롱하던 신이라는 개념을 생뚱맞게도 자신이 믿는 우연 즉 오랜 시간이라는 무작위성에다가 갖다 붙이고 있다. 아인슈타인의 의도와는 상관없이 같은 편이라는 걸 주장하기 위해서 말이다. 신의 의미를 어찌 규정하느냐에 따라 도킨스든 아인슈타인이든, 그 누구든지 간에 유신론자로도 무신론자로도 얼마든지 입맛대로 분류할 수 있을 것이다. 그래서 그가 아인슈타인을 무신론자라고 우기는 것이다.

하지만 분명한 것은, 어떤 식으로 정의를 하든 간에, 도킨스가 믿는 신(무작위성, 우연)과 아인슈타인이 믿는 신(작위성, 질서)의 속성이 전혀 상반된다는 사실이다. 그래서 아인슈타인이 '경험할 수 있는 무언가의 배후에 우리 이성이 알 수 없는 무언가'라고 말한 것을 그는 도무지 받아들일 수가 없었다. 그래서 '알 수 없는'이라는 말이 '영영 파악이 불가능하다'는 의미가 아니라는 조건을 임의적으로 덧붙였다. 영영 파악할 수 없다면 초자연적인 것이 되기 때문이다.

그가 그토록 혐오해 마지않던 초월적 신의 존재를 인정해야 하는 모순에 빠지기 싫었기 때문에 아인슈타인의 말에다가 검증되지도 않을 가정을 갖다 붙인 것이다. 하지만 이 세상에는 이미 인간이 이해할 수 없는 것들로 가득 차 있다. 천문학이든 물리학이든 생물학이든 철학이든 신학이든 그 분야의 최정상 즉 궁극적인 지점에 도달하는 순간, 인간의 이성은 갈 길을 잃어버린다. 설명 불가의 무언가가 거기에 버티고 있기 때문이다. 그 지점에서는 믿음 외에는 인간의 이성에게 달리 길이 없음을 깨닫게 된다.

'그가 세상에 계셨으며 세상은 그로 말미암아 지은 바 되었으되, 세상이 그를 알지 못하였고'(요1:10)

도킨스가 가정하고 믿는 우연(무작위성)이 만든 질서는 언제든지 그 우연에 의해 사라질 수 있기에 질서(작위성/규칙성/법칙)가 될 수 없다. 그냥 우연이다. 우연이 만든 우연에 의해서 우주가 움직인다면, 법칙이

1장 못마땅한 종교 31

나 질서라는 것도 존재(유지 보장)할 수 없는 것 아닌가? 그래서 아인슈타인은 신은 주사위 놀이(무작위성/우연)를 하지 않는다고 말한 것이다. 자동차가 질서와 법칙에 따라 작동하고 기능하는 것은 의도를 가지고 그렇게 작위적으로 설계해서 만들었기 때문이다. 우주가 자연 법칙에 따라 작동하고 있다면, 우주 역시 그렇다고 보는 것이 합당하지 않겠는가?

유신론자가 기독교인은 아니다. 기독교는 신의 존재에 대한 답이 아니기 때문이다. 기독교의 본질은 신의 존재 여부에 대한 고민에 있는 게 아니다. 신을 믿는 철학과 종교는 세상에 널려 있다. 심지어 아인슈타인 앞에서는 도킨스조차도 자신이 과학으로 착각하고 있는 우연(오랜 시간 무작위)에 의한 창조라는 믿음을 종교적이라면서 너스레를 떨고 있지 않은가? 기독교는 신의 말씀(계시)에 대해 반응한다. 기독교 이론은 인간과 우주가 처해 있는 죽음과 망가짐(열역학 제2법칙)이라는 현실에 대한 답이다. 기독교는 단순히 신의 존재를 믿는 신앙이 아니다. 그런 신앙은 너무나도 많다. 도킨스도 언급하지 않았나? 너무도 많은 신이 있다고 말이다. 기독교는 죽음 즉 망가짐과 악의 원인인 죄의 정체와 그 해결책에 관한 신의 계시를 믿는 종교이다. 그게 기독교의 핵심이고 정체성이다.

'하나님이 세상을 이처럼 사랑하사 독생자를 주셨으니 이는 그를 믿는 자마다 멸망하지 않고 영생을 얻게 하려 하심이라.' (요3:16)

학살

왈(曰),
"북아일랜드에서의 구교도와 신교도 간의 분쟁은 민족주의자와 왕당파 간의 분쟁으로 묘사된다. 종교가 집단이라는 단어로 교체되자, 종교 분쟁이 집단 간의 분쟁으로 바뀌었다. 소위 완곡어법이다. 이라크에서는 수니파와 시아파 간에 내전이 발생했다. 분명히 종교 학살이었지만, 언론은 인종 청소라고 보도했다. 종교가 인종이라는 단어로 교체된 것이다. 하지만 그것은 분명 종교 학살이었다."

히틀러에 의한 유대인 학살은 어떤 종교 갈등에 의한 것일까? 진화교에 의한 인종 청소인가? 진화에 뒤떨어진(열등한 종인) 유대인들을 제거함으로써 인류 문명의 진보를 추구한다고 하였으니, 진화교에 대한 종교적 신앙이 저지른 학살이다. 우월한 종에 의해 열등한 종이 멸종되는 것이 자연 선택의 길이라는, 아주 자연스런 자연의 법칙이라는 『종의 기원』의 가르침에 따라 600만 유대인이 청소(도태)되었다. "적합한 자 즉 우월한 종은 살아남고, 부적합한 자 즉 열등한 종은 제거된다는 것, 그게 바로 자연 선택이고 적자생존이다."

그러나 진화교라는 말은 나치즘이라는 말로 교묘하게 변형된다. 종교(진화교)라는 단어는 이념이라는 말로 바뀌었고 나치주의(이념)에 의한 학살로 불렀다. 도킨스식 해석이다. 스탈린에 의한 학살 역시 공산주의의 행태였다고 하나, 실상은 진화론에 근거한 무신교의 인간 청소였다. 반동분자, 반혁명 분자라는 낙인에 의해 마치 범죄자 처벌처럼 포장되었지만 말이다. 물적 생산 관계에 의해 역사가 발전한다고 믿는 무신교가 시도한 역사적 과정(학살)이었다. "프롤레타리아의 독재는 역사의 진보를 위한 어쩔 수 없는 역사의 법칙에 따른 자연스런 현상이다. 역사의 진보를 거부하는 세력은 제거되고 도태되는 게 역사의 자연스런 선택이고 적자생존의 원리에 맞는 것이다."

역사 이래로 내전이나 정복 등을 통해 발생했던 제국의 학살이나 폭압은 시대마다 있어 왔다. 저 멀리 로마 황제 네로의 학살로부터 최근 히틀러와 스탈린의 학살에 이르기까지 역사상 크고 작은 온갖 학살과 폭압은, 종교나 이념이나 전통이나 진보나 혁명 등 그 무엇을 빙자하든지 간에 그 본질은 인간 세력 사이의 대립 투쟁이었으며, 그 근원적 뿌리는 인간의 탐욕이었다.

'욕심이 많은 자는 다툼을 일으키나'(잠28:25)

식욕에 대한 숭배(식탐)가 가져온 결과가 배금주의 즉 돈에 대한 집착과 숭상이다. 성욕에 대한 숭배(색탐)가 가져온 결과가 프리섹스주의 즉 성적 문란과 동성애와 동물성애와 소아성애 등 섹스에 대한 집착과 숭상이다. 그게 바로 구약 성경이 줄기차게 경고하고 있는 우상 숭배의 핵심이다.

고대 가나안 땅에 있었던 바알 신전은 인간의 식욕과 색욕을 채우기 위한 공간이었다. 남신을 상징하는 하늘에서 비가 내려서 여신의 상징인 땅을 적셔 풍작을 거두도록 하기 위해서 섹시하게 생긴 남자와 여자가 신전에서 직접 성행위를 통해서 남신과 여신을 자극하는 제사를 드렸던 것이다. 풍요와 쾌락을 향한 갈망의 성취를 위한 의식이었다.

그리스나 로마나 인도의 고대 문명도 비슷하다. 그래서 신전이 일종의 사창가 역할을 했던 것이다. 우상을 섬긴다는 것은 그것을 통해서 돈의 풍요와 성적 쾌락을 맘껏 누리기 위해서이지 우상 자체를 위해서가 아니었던 것이다. 내 안에 있는 식욕과 성욕에 대한 숭상일 뿐이다. 즉 나에 대한 숭배인 것이다.

오늘날 벌어지고 있는 가장 참혹한 다툼과 학살은 여자의 인권(다른 말로 행복권 혹은 선택권)이라는 이름하에 자행되는 태아에 대한 학살(생명권 박탈)일 것이다. 한때는 신분이 노예라서 인간이 아니라 그랬다. 피부 검기 때문에 사람이 아니라고도 했다, 장애 때문에 사람이 아니라고도 했고, 진화가 덜 돼서 인간이 아니라고도 했고, 성별이 달라서 여자는 인간이 아니라고도 했다.

그런데 현대 극렬 페미들이 아직 태어나지 않아서 인간이 아니라는 새로운 기준을 만들어 낸 것이다. 아직 태어나지 않았다는 기준에 의해서 태아는 사람이 아닌 것(세포 덩어리 혹은 신체 일부 등)으로 규정되고, 제 어미인 여자에 의해 그들의 생명권은 사지를 찢어 내는 방식으로 제거된다. 그야말로 능지처참인 것이다.

심지어는 여자의 행복을 위한 선택권을 부르짖으면서 낙태를 권리라고까지 외쳐 대는 판이다. 자기 자녀를 죽이는 게 권리라니... 세상에서 생명권보다 더 중요한 권리가 어디에 있다는 말인가? 그것도 자기 자녀의 생명권을 본인 의사를 물어보지 않은 채 그냥 빼앗아 버리다니... 그렇게 해서 엄마인 여자는 좀 더 자유롭게 섹스를 즐기고, 경제적 넉넉함을 누리고, 시간적 여유를 누리겠다고?

이제까지 낙태라는 이름으로 행해진 학살 수치의 규모는 인간 역사 이래 숱한 학살 사건들과 비교했을 때, 타의 추종을 불허한다. 태아는 어미인 여자와는 다른 유전자를 가진 인간이라는 사실은 무시된다. 태아의 생명은 여자의 것이 아니다. 아직 독립적 생존 능력이 안 돼서 엄마의 자궁을 잠시 빌려서 살고 있는 일종의 세입자인 셈이다. 남자와 여자의 유전자가 만났기에 엄마와는 또 다른 유전자를 가진 독립체이지 엄마의 일부가 아니다. 그래서 시편 기자는 이렇게 고백한다.

'주께서 내 내장을 지으시며 나의 모태에서 나를 만드셨나이다.'(시 139:13)

차별 금지

왈(曰),
"미국 대학의 기독교 동아리들이, 동성애자 혐오나 차별을 금지하는 규칙을 대학 당국이 일방적으로 강제하고 있다면서 소송을 제기하고 나섰다. 이런 행위들에 대해서 기독교 목사가 21세기 시민권 투쟁이라며 지지하고 나섰다. 〈기독교인들은 기독교인이 될 권리를 위해 적극적으로 나서야 한다.〉 종교적 차별 반대를 명분으로 동성애자 차별을 위한 소송을 벌이고 있는 것이다."

사랑을 강조하는 교회가 왜 동성애자를 미워하느냐고 비난하는 사람들이 있다. 기독교의 정답은 동성애자가 아니라, 동성애를 반대하고 동성애가 정상이라고 우기는 행위를 비판하는 것일 뿐이라는 것이다. 물론 늘 어느 곳에서든 정답대로 행동하지 않는 사람들이 있기 마련이다. 기독교의 정답에 따르면, 동성애자나 알코올 중독자나 살인자나 기독교인이나 마찬가지로 죄인으로 대하고 긍휼히 여긴다.

다만 동성애자들 중 특이한 이들이 있는데, 동성애는 정상이라며 그것을 인정하라고 강요하고 법제화하려고 하는 자들이다. 동성애는 생물학적으로 해부학적으로 역기능적인 행위, 비정상적인 행위라는 건 분명하다. 그런데도 이걸 뒤집어서 정상으로 만들고 이를 받아들이지 않는 사람을 혐오자로 규정하고 처벌하는 법을 만들려 한단 말이다. 이런 이들은 동성애자와는 또 다른 부류의 사람들이다. 잘못을 하는 사람과 잘못을 옳음으로 탈바꿈시키고 법제화하려는 사람은 전혀 다른 차원에 속하는 것이다.

동성애는 사람 좋아하는 문제가 아니다. 어떤 성기(아동, 동성, 이성, 동물, 시체 등)를 좋아하느냐의 문제이다. 동성애는 인권 문제가 아니다. 올바른 신체 사용 방식 또는 성욕 충족 방식의 문제이다. 동성애(항문 섹스)는 생물학적으로 역기능적이기에 비정상적인 신체 사용 방식이다. 호모들의 성욕의 대상인 항문은 배설 기관이지 생식 기관이 아니다. 항문을 통한 동성애(항문 섹스)는 의학적으로도 반건강적이기에 부적절한 욕구 충족 방식이다. 에이즈 등 감염병에 취약하며 변실금을 초래한다.

누군가에게는 콧구멍에다가 빨대를 끼고 음료수를 먹는 것이 자기의 선택이고 자유일지는 모르나, 그것을 정상이라고 우기면서 남들에게 인정하라고 강요하거나 올바른 것이라고 가르치려 해서는 안 되는 것이다. 그것을 비정상이라고 말하는 사람을 혐오주의자라고 정죄하고 매도해서는 더더욱 안 될 말이다. 생물학적 사실을 거짓으로 조작하는 행위는 진실과 양심의 자유에 대한 폭력이기에 반인권적 행태이다.

사회학적으로 동성애 결합(동성혼)은 종족 보존(임신과 출산)을 거스르기에 반사회적인 가정 형성 방식이다. 자손을 낳지 않는다는 것은 곧 공동체를 멸망으로 향하게 하겠다는 소리다. 지금 한국도 급속하게 초고령화 사회를 향해 가고 있다. 왜? 애를 안 낳아서다. 그 끝은 공동체 소멸이다, 멸망. 우리 사회가 목숨 걸고 임신 출산을 권하고 강조해야 할 시점에 있는 것이다. 시간이 흐를수록 늙고 병든 자들만 남게 되는 사회가 우리 공동체가 추구할 목표는 아니지 않은가? 그걸 원하고 추구하는가? 그렇다면 그건 공동체를 향한 폭력이고, 공동체의 인권 즉 생존권 침해이다.

결과적으로 동성애 결합은 개체의 생존(건강)과 종족의 보존(임신 출산)이라는 생명체의 핵심 권리를 해치는 신체 사용 방식이고 욕구 충족 행위이기에 당연히 사회적으로 지양의 대상이 되어야 한다. 그게 올바른 인권 보호(생명 존중)이다.

'남자들도 순리대로 여자 쓰기를 버리고 서로 향하여 음욕이 불 일 듯하매 남자가 남자와 더불어 부끄러운 일을 행하여'(롬1:27)

객관적 사실 여부를 떠나서 동성애에 대한 부정적인 언급 자체가 동성애자에 대한 차별이고 모욕이고 혐오인가? 동성애는 신성한 성역에 속하는가? 감히 그 어떤 반대나 비판을 해서도 안 되는 숭배의 대상(우상)인가 말이다. 동성애가 인권이라는 동성애주의는 성욕에 대한 숭배에 불과하다. 성욕을 채우기 위해서라면, 생물학적으로 역기능적이고 의학적으로 반건강적인 행위이고 사회학적으로 공동체 소멸을 지향하는 반생명적 행위일지라도, 보호하고 권장되어야 한다는 기가 막힌 우상숭배란 말이다.

구약 성경에 등장하는 고대의 가나안 사회에서도 이를 추종하는 자들이 있었고 그게 구약 성경이 말하는 심판의 이유이기도 했다. 그리스 로마 인도 소위 문명이라는 게 꽃 피웠던 곳에는 항상 성욕에 대한 숭배, 소위 프리섹스주의가 번성하곤 했다.

동성애주의는 인권 이념의 진보가 아니다. 식욕이 해결되니까 발생하는, 성욕 숭배로의 이행이라는 인간 욕망의 패턴일 뿐이다. 그러니 무슨 동성애를 외치면서 인권 운동합네 하는 가식은 제발 그만 좀 벗어 버리라. 꼴사나운 일이니까.

실제로 동성애 행위에 대한 비판이나 그 행위가 초래하는 결과(치부)에 대한 부정적인 언급 자체가, 모욕이나 괴롭힘이나 차별이나 혐오로 간주되어서, 법적 고발이나 처벌의 대상이 되고 있는 게 미국과 영국의 현실이다. 소위 차별 금지법 혹은 평등법 등으로 불리는 법의 제정을 통해서 성 지향이라는 단어를 차별 금지 기준에 슬쩍 집어넣었기 때문이다.

한국에서도 평등법, 차별 금지법이라는 그럴 듯한 명칭으로 위장해서 동성애 숭배를 사람들에게 주입시키려 하고 있다. 소위 인권 법안이란다. 가짜 인권, 맛이 간 인권이라고 해야 할 법안이다. 동성애 유전자가 있다는 허위 논문으로 사기를 쳐서 동성애 운동을 이끌었다는 게 이미 드러났다. 그런데 아직도 동성애가 선천적인 성 지향이라고 믿고 있는 이들이 인권 위원회라는 자리를 차지하고서 사람들을 미혹시키고 있는 게 우리 현실이다.

만일 동성애주의자들의 논리를 인권이라는 이름으로 수용한다면 같은 논리대로 거짓말 지향, 살인 지향, 가학성애 지향, 소아성애 지향, 동물성애 지향도 선천적이라고 우기면, 차별 금지 대상에 포함시켜야 하는 것 아닌가? 거짓말이나 살인이나 가학성애나 아동성애는 죄라거나 잘못된 행동이라고 말하고 비판하는 것 역시 그들에 대한 모욕이고 혐오이고 차별이고 괴롭힘이니, 인권의 이름으로 그런 언급 자체를 못하게 막아야 되지 않겠는가?

동성애 비판이 동성애자에 대한 혐오이고 차별이라면, 다른 유형의 지향들에 대한 비판도 혐오이고 차별이다. 지향의 종류에 따라 차별하는 것은 차별 금지법이나 평등법의 명칭과 그 본래 취지에 어긋난다. 성적 지향이라는 것들을 결정짓는 유전자 따위는 없다는 것이 과학의 결론이니, 차별해야 할 이유가 전혀 없는 것이다.

진정 그런 사회를 원하는 것인가? 개인과 사회의 생존에 부작용을 일으키는 행위들이 선천적 성향이라는 탈을 쓰고 마치 무슨 성역이라도 되는 듯이 반대와 비판으로부터 보호받으며 학교에서 가르쳐지고 권장되는 사회 말이다.

식욕이든 성욕이든 모든 육체의 욕망은 생명을 지키고 유지하기 위해서 존재하는 것이다. 그 기준을 해치는 순간, 그 욕망은 자제되어야 한다. 통제의 대상이 되는 것이다. 그래서 소위 계명이나 법이 주어진 것이다. 가나안 땅에서 파괴되어 버린 개인과 공동체의 생명을 회복시키기 위해서 하나님이 이스라엘 백성을 향해서 이렇게 말씀하셨던 것이다.

'너희는 내 명령을 지키고 너희가 들어가기 전에 행하던 가증한 풍속을 하나라도 따름으로 스스로 더럽히지 말라.'(레18:30)

도킨스는 진화(우연/오랜 시간 어쩌다 보니 조금씩 저절로)라는 새로운 신 가설을 만들어 냈다. 과연 도킨스의 믿음대로 <오랜 시간 우연히 저절로>라는 신에 의한 진화의 과정이라는 게 과학적으로 가능할 수 있는 것일까? 불행하게도 오랜 시간의 흐름은 보다 나은 질서(유전자 정보)를 만들어 내는 게 아니라, 이미 있던 질서를 망가뜨린다는 것이 과학의 법칙이다. 시간이 흐르면 흐를수록 세상 모든 것들이 낡아지고 망가지고 죽어 간다. 그게 과학으로 무장한 인류가 관찰하고 있는 분명한 사실이다.

2장 또 다른 신

도킨스의 신

왈(曰),
"구약 성경의 신은 질투심에 가득 찬, 거만하고도 옹졸한 존재이다. 불공정한데다가 아량이라고는 없는 권력욕의 화신이다. 인종 청소를 명령하고, 여성 혐오와 동성애 혐오를 부추긴다. 과대망상에 변덕쟁이에다가 심술 사나운 폭군이다.

 기독교는 본래 계시 종교였으나 여러 설화와 혼합되면서 가장 피를 많이 부르는 종교가 되었다.

 <어떤 무신론자의 고백>이란 글은 미국 무신론자들의 고립감에 대해 감명 깊게 서술하고 있다. 그러나 사실 그런 고립감은 편견에 불과하다.

실제로는 세간에 알려진 것보다 무신론자들이 훨씬 더 많기 때문이다."

이게 무식한 건가? 아니면 편협한 건가? 구약 성경을 실제로 읽기나 했던 것일까? 재미있는 현상은, 왜 똑같은 책을 읽고 어떤 사람은 사랑과 공의가 넘치는 신이라고 하는데, 도킨스는 잔인하고 복수심 많고 변덕스럽고 불공평하고 끔찍한 성격을 지닌 신이라고 하는 것일까? 요즘은 저자의 의도는 무시하고 독자가 읽고 싶은 대로 읽는 감상법(해석학)도 유행하고 있으니, 도킨스판 구약 성경도 가능하리라고 본다. 저자인 여호와의 의도와는 전혀 무관한 도킨스식의 계시 말이다.

항상 문제는 독법이다. 제 입맛대로 선택해서 읽고 그냥 결론을 내는 것이다. 놀랍게도 성경에는 하나님이 없다는 구절이 있다. 그걸 근거로 내세우면서 성경조차도 신이 없다고 자인하지 않는가라고 말할 수도 있다. 그런데 그 앞에는 '어리석은 자는 그 마음에 이르기를'이라고 나와 있다.

도킨스의 신랄한 비난에도 불구하고 성경에는 너무나도 약자를 배려하는 법들이 많이 나온다. 항상 예나 지금이나 인간 사회 문제의 핵심은 강자에 의한 약자에 대한 갑질이었다. 고대 사회나 현대 사회나, 조폭 사회나 교수 사회나 어디를 가든 말이다. 국가의 법이라는 게 있어도 결국 그 법의 집행이 사회적 강자에게는 무력하고 약자에게는 엄격해서 사회 문제가 되는 것 아닌가? 그게 기득권 그룹의 제도적 갑질인 것이다.

고대 사회에서 가장 약하고 무시당하는 계층인 고아와 과부와 나그

네를 잘 대접하라. 땅을 가진 자들은 땅 없는 가난한 자를 위하여 추수 때는 일부 곡식을 밭에 남기라, 그 남은 건 가난한 자의 몫이다. 희년에는 담보 잡았던 땅을 무조건 돌려주고 갚지 못한 빚도 탕감시켜 주라. 물건을 거래하는 자들은 저울을 속이지 말라, 왕은 아내를 많이 두지 말고 은금을 많이 쌓지 말고 병마를 많이 두지 말라 등등 인자와 정의가 넘치는 구절들은 읽지도 않았다는 것인가? 그런 것들은 후대에 편집된 가짜라고 주장할 건가?

'요나가 매우 싫어하고 성내며 여호와께 기도하여 이르되, 주께서는 은혜로우시며 자비로우시며 노하기를 더디 하시며 인애가 크시사, 뜻을 돌이켜 재앙을 내리지 아니하시는 하나님이신 줄을 내가 알았음이니이다.'(욘4:1,2)

요나는 이스라엘의 선지자다. 하나님의 메시지를 사람들에게 전달하는 자이다. 그런데 하나님이 이스라엘의 적국 수도인 다메섹에 가서, 죄를 회개하지 않으면 멸망당할 것이라는 심판의 메시지를 전하라고 하신다.

그러자 요나가 하나님의 명령을 거부하고 이런 식으로 변명을 한다. "이스라엘의 적들이 회개하면 결국 하나님이 그들을 용서하고 심판을 철회할 것을 알기에 적국 수도인 다메섹에 가서 심판의 메시지를 외치라는 명령을 따르고 싶지 않습니다." 적들이 회개하고 용서받을 게 싫은 것이다. 그냥 멸망시키라는 것이다.

도킨스는 구약 성경에서 심판하겠다는 장면만 골라서 읽은 모양이다. 죄에서 돌이키라 안 그러면 심판하겠다고 수도 없이 경고하며 참아

주고 용서하는 구약 성경의 숱한 장면들은 아예 거들떠보지도 않는다. 왜 그런 독법을 고집하는 것일까? 그냥 인간의 행위를 판단하는 신이라는 존재 자체가 싫은 것이다. 다른 이유는 없어 보인다.

도킨스는 이제까지 인간 역사에서 벌어졌던 온갖 것들 중에서 자기를 만족스럽게 한 것들은 다 제쳐 두고, 자기를 못마땅하게 한 것들만을 모아 놓고서는 이게 모두 신이라는 주인공이 저지른 일이라고 단언하기로 마음먹은 사람인 듯하다. 객관적으로 말하자면 여성 혐오와 인종 차별과 대량 학살(낙태 포함)은 도킨스의 교주 다윈의 진화론 교리(우월한 종에 의한 적자생존)의 실천(우생학) 아니었던가?

"열등한 인간의 씨를 말려라." 그게 결국에는 제국주의의 비서구 식민지 약탈과 미국의 흑인 노예제와 히틀러의 유대인 학살, 그리고 극렬 페미들의 낙태 권리론까지 이어진 것이다. 도킨스가 구약의 신이 지닌 특성이라고 나열하고 있는 것들은 오히려 다윈의 진화교 신자였던 백인 우월주의자, 인종주의자들에게서 나타났던 것들임을 도킨스는 외면하고 있다.

진화교 경전인 『종의 기원』의 원제에도 나타나 있다. 〈자연 선택 또는 생존 경쟁에서 유리한 종의 보존에 의한 종의 기원〉 우월한 종이 열등한 종을 제거하고 살아남는 게 자연 선택이요 당연한 일이라는 거 아닌가? 우월한 남성이 여성 차별하는 것, 우월한 게르만이 열등한 유대인들을 소멸시키는 것, 건강한 자가 장애자 도태시키는 것, 성인 여자가 미숙 태아를 낙태시키는 것, 이거 당연한 일이라는 얘기다. 그게 생존 경쟁에서 유리한 종의 보존, 즉 자연 선택이라는 교리이다.

도킨스는 왜 자신이 믿는 진화교 핵심 교리에 근거해서 만들어 놓은 신을 도킨스의 신이라 하지 않고, 구약 성경의 신이라 하는 것일까? 그 심리적 이유가 참으로 궁금증을 불러일으킨다. 그는 자기 마음의 충동에 따라 나오는 주장을, 구약 성경의 신이 주장하는 것이라고 떠들고 있는 것이다. 신으로부터 들은 바도 없이 자기 마음대로 신의 의도에 대해 이러쿵저러쿵 확언하는 자에 대해서 구약 성경은 이렇게 말하고 있다.

'주 여호와의 말씀에, 본 것이 없이 자기 심령을 따라 예언하는 어리석은 선지자에게 화가 있을진저.'(겔13:3)

도킨스는 기독교가 행한 학살이 역사상 가장 많았다고 자랑스레(?) 믿고 있는 듯하다. 과연 그는 기독교의 이름으로 학살당한 사람들의 숫자를 조사해 보기나 한 것일까? 중세로부터 현대에 이르기까지 기독교에 의한 학살의 수치를 다 합쳐도 진화교 신자인 히틀러나 스탈린이나 폴포트가 한방에 행한 학살의 수치의 반에 반에도 미치지 못할 것 같은데 말이다. 아, 그 때는 지금보다 인구가 적었었기 때문이라고 주장할 건가? 어쨌든 그가 기독교에 대한 지독한 혐오감에 사로잡힌 사람임에는 틀림이 없는 듯하다.

무신론자가 핍박을 당한다거나 무신론자의 수가 훨씬 많다거나 하는 주장 역시 객관적 통계에 근거한 것은 아니다. 그저 그의 감정적 통계일 뿐이다. 초중고등대학교 교과서조차도 무신론인 진화교를 공식적으로 지지하는 판에 무신론자가 박해를 받는다는 주장으로 엄살 내지는 피해자 코스프레를 하는 이유는 무엇일까? 그런 식으로 해서 자기 주장을 인정받으려는 것인가?

그만 징징거리고 본인이 의도했던 신에 대한 진화교의 논리나 보여주었으면 좋겠다. 설마, '기독교는 나쁜 놈이에요. 그러므로 신은 없고 우연히 모든 만물이 진화를 통해 창조되었어요'라고 주장하려는 것은 아니겠지… 도킨스는 서구 문명의 나쁜 것뿐만 아니라, 자랑으로 여기는 좋은 것들도 다 기독교에 근거하고 있다는 사실을 모르고 있는 모양이다. 동양을 유교 문명이라고 하듯이 서양을 기독교 문명이라고 하지 않던가?

신 가설

왈(曰),

"신 가설이란, 우주와 인간을 설계한 초월적 창조자가 있다는 것이다. 우주와 인간을 설계할 정도라면 신은 그보다 훨씬 더 복잡한 존재여야 한다. 가장 복잡한 존재인 신은 점진적 진화(단순한 것에서 복잡한 것으로)의 과정에서 최종 단계에 나타날 수밖에 없다. 진화 맨 끝에 등장할 수밖에 없는 신이 어떻게 태초에 우주와 인간을 설계할 수 있다는 건가? 신은 망상에 불과하다.

자연신교(지적 설계론)의 신은 우주 법칙과 상수를 미세하게 조정해서 빅뱅을 일으키고 난 뒤, 다시는 나타나지 않는다. 성경의 신보다는 한결 그럴 듯해 보인다. 그렇다고 해도 그런 신이 존재할 가능성은 거의 없다. 신을 어떻게 정의하든지 간에 신 가설은 전혀 필요하지가 않다."

도킨스는 진화(우연/어쩌다 보니 조금씩 저절로)라는 신 가설을 만들어 냈다. 그리고 자신의 신은 분명히 존재한다고 확신한다. 과연 도킨스의 믿음대로 점진적 진화의 과정('우연히 저절로'라는 속성의 새로운 신)이 초자연적 지성인 신을 대체할 수 있는 것일까? 그렇다고 주장할 만한 어떤 근거를 도킨스가 가지고 있는지 살펴볼 필요가 있다. 도킨스는 자랑스럽게 다음과 같이 설명한다.

"사진기나 시계같이 복잡하고 정교한 기계가 우연히 만들어졌다? 정신 나간 소리처럼 들릴 것이다. 그렇다면 무한히 더 정교하고 복잡한 독수리가 우연히 만들어졌다? 누가 보더라도 새들은 생존을 위해서 설계된 것처럼 보인다. 복잡한 구조와 기능을 가진 생명체가 우연히 저절로 만들어졌다는 것은 말도 안 되는 소리다. 그토록 복잡한 생명체(유전자 정보)가 무(無)의 상태에서 한 번에 우연히 생겨날 수는 없기 때문이다.

그러나 아주 작은 행운이 한 세대에 일어나고, 그 다음 세대에 또 우연히 작은 행운이 주어지고, 이런 식으로 아주 작은 행운들이 하나씩 누적되어 간다면, 마침내 전혀 가능할 것 같지 않을 정도의 그 어떤 복잡성(유전자 정보)에도 도달할 수 있게 된다. 다만 그렇게 아주 작은 행운들이 충분히 누적될 수 있을 만큼의 오랜 시간이 필요할 뿐이다"

육상 선수 우사인 볼트가 세운 100미터 달리기 세계 신기록은 9.58초다. 이 세계 신기록이 갱신될 수 있을까? 육상 선수가 0.1초를 줄이는 것은 쉽지 않지만, 0.000000001초를 줄이는 것은 가능해 보인다. 여러 번 달리다 보면 우연히 0.000000001초가 줄어드는 경우가 있을 것이다. 또 다시 여러 번 달리다 보면 그 다음 0.000000001초가 줄어드는 경우가 있을 것이다. 아주 드물지만 말이다. 한 번 발생한 일이 다음에 또 발생하기는 쉽다. 일단 진화의 공이 구르기 시작하면 말이다.

그렇게 줄여 나가다 보면(아주 약간의 행운이 한 번 일어나고 또 다시 약간의 행운이 일어난다면, 이런 약간의 행운이 반복되면서 하나씩 쌓여 가기만 한다면) 언젠가는 100미터를 9초 안에 달리는 것이 가능해질 것이다. 그 다음에는 역시 같은 식으로 8초가 가능해질 것이다. 우리에게 필요한 것은 여러 번 달릴 수 있을 만한 충분한 시간뿐이다. 그 다음에는 7초도, 6초도… 마침내 0초 안에 달리는 것도 가능해질 것이다. 아직도 미심쩍은가? 그렇다면 좀 더 가능하게 만들어 보자. 0.0000000000000000000000000000001초씩 줄이는 것은 더욱 가능해 보이지 않겠는가? 이 논리를 아주 간단히 요약하자면 이렇다.

'기적도 아주 수많은 단계로 분할해서 보면, 결코 기적이 아니다. 그래서 초자연적 기적은 과학적 사실이 된다.'

우사인 볼트가 조금씩 아주 조금씩 시간을 줄여서 마침내 5, 4, 3, 2, 1초를 거쳐 0초에 100m를 달릴 수 있게 되는 것이 불가능하듯이 아메바가 조금씩 아주 조금씩 복잡해져서 마침내 인간이 되는 것 역시 불가능하다. 아메바나 인간을 구성하고 있는 유전자가 정해 놓은 한계가 있기 때문이다. 자동차 엑셀을 계속 밟는다고 해서 조금씩 아주 조금씩 빨라져서 마침내 제트기처럼 속도를 낼 수 있게 되는 게 결코 아니다.

자동차의 구조가 낼 수 있는 속도의 한계가 이미 설계에 의해서 정해져 있기 때문이다.

생명체의 유전자도 마찬가지다. 유전자가 허용하는 범위 내에서 변이(적응)할 수 있을 뿐이다. 그게 과학적으로 관찰한 사실이다. 단순한 생명체가 조금씩 아주 조금씩 복잡한 생명체로 어쩌다 보니 저절로 자연스럽게 진화해 간다는 것은 그냥 머릿속 상상에 불과할 뿐이다. 핀치새의 부리가 유전자가 허용하는 범위 내에서 길어졌다 짧아졌다(변이)하는 것을 보고, 그 부리가 마침내 오랜 시간이 흐르면 조금씩 저절로 자연스럽게 유전자의 한계를 넘어서 인간의 입술로 변해 갈(진화할) 수도 있을 것이라고 다윈이 상상한 것에 불과하다.

단순한 것이 서서히 어쩌다 보니 조금씩 복잡한 것으로 자연스럽게 스스로 진화해 가는 게 아니다. 과학이 관찰한 바는 복잡한 것이 시간이 흐를수록 자연스럽게 망가져서 복잡성을 상실해 간다는 사실이다. 따라서 아주 복잡한 것(신)이 맨 나중에 자연스럽게 나타날 것이라는 도킨스의 믿음은 망상에 불과하다. 머릿속 상상이 아닌, 관찰한 바의 현실에서는 복잡한 것(인간)이 덜 복잡한 것(로봇)을 만들어 낸다. 그게 과학적 사실이다.

도킨스가 신 가설은 확률 법칙에 따라 배제된다는 요상한 말을 한다. 확률 가설이 아니라 확률 법칙이라니? 확률에 무슨 법칙이 있다는 것인지, 굉장히 궁금하다. 확률은 어떤 사건이 발생할 가능성을 계산해 보는 것이다. 이것보다 저것이 발생 가능성이 더 높다는 정도의 판단을 할 수는 있지만, 그렇다고 그 판단대로 반드시 된다는 보장도 없다. 그냥 선택의 기로에서, 마치 동전을 던져서 앞뒤 나오는 것에 따라 선택을 하듯이, 소위 확률 계산이라는 것을 해보는 것이다.

거기에 무슨 법칙이 있어서 생명체의 발생이라는, 인간이 만든 컴퓨터나 비행기나 로봇보다 거의 무한 배나 더 확률적으로 발생하기 어려운 사건이 우연히 저절로 자연스레 발생했음을 입증할 수 있다는 것인지 굉장히 궁금하다. 컴퓨터나 비행기나 로봇이 진화를 통해 우연히 생길 확률이, 단세포 생명체가 진화를 통해 우연히 생길 확률보다도 엄청나게 더 크다는(가능성이 높다는) 사실을 도킨스는 알고나 있는지 모르겠다.

볼츠만의 두뇌 가설이란 게 있다. 물리학자들에 따르면 이론적으로 다중 우주를 만들어 내는 양자 요동이 지금 우리가 사는 복잡하고 정교한 우주를 만들어 내고 거기서 인간이라는 생명체를 만들어 낼 확률보다, 어떤 공간에 떠 있는 뇌(컴퓨터)를 만들어 낼 확률이 무한하게 더 크다는 것이다. 그렇기 때문에 우리가 사는 세상이 마치 내가 생생한 꿈을 꾸는 것처럼 우주에 떠 있는, 양자 요동에 의해 만들어진 뇌(컴퓨터)가 만들어 내는 허상(컴퓨터 게임 세상)이며 우리가 생각하는 이 세상은 실제로 존재하지 않는다고 판단하는 것이 확률적으로 더 타당하다는 것이다.

이 이론에 대한 유일한 과학적 대응은, 좀 비겁(?)하기는 하지만, 확률적으로 아무리 발생 확률이 무한히 크다고 해도 실제로 그렇게 된다는 보장은 없는 것이기에 무시해 버린다는 것 외에는 그다지 없을 듯하다. 그렇다면 확률적으로 발생 가능성이 희박한 것 역시 그렇게 된다는 보장이 없으니 무시해야 하는 것 아닌가? 발생 가능성이 무한히 희박한 사건이 발생한 것이라면, 우리가 믿고 있는 물리학의 법칙이라는 게 아무 의미가 없는 것이 되고 만다. 물리학자들을 정말 곤혹스럽게 하는(반박할 수 없는) 난제이다.

아주 쉽게 비유하자면, 우주 공간에 내 두뇌(인간 생명체)가 뽕하고 우연히 생길(진화할) 확률보다는 컴퓨터가 뽕하고 우연히 생길 확률이 무한히 무한히 더 크다. 따라서 컴퓨터가 뽕하고 우연히 생겨나서 그 컴퓨터 내에서 진행되는 컴퓨터 게임 속에서 내 두뇌(인간 생명체)가 활동하고 있다고 보는 것이 확률적으로 더 타당한(혹은 과학적이고 합리적인) 예측이다. 나라는 인간과 내가 살고 있는 세계가 사실은 매트릭스(컴퓨터에 있는 게임 속의 세계)라는 얘기다.

그런데 도킨스라는 과학자는 우리가 사는 우주가 실재할 가능성(가설)보다 확률적으로 수천억만 배나 더 타당한 매트릭스가 실재할 가능성(가설)을 거부하고 기어코 우연히 저절로 우주와 인간이 진화했(실재한)다는 가설을 믿겠다고 하니… 도킨스의 과학은 확률 무시를 탐구의 법칙으로 삼겠다는 것인가? 아주 훌륭한 진화(우연)교 광신도의 태도라고 하지 않을 수 없다.

과학과 종교

왈(曰),
"신의 존재와 섭리에 관한 문제는 과학이 다룰 수 없는 영역이라는 그릇된 관념이 있다. 굴드는 신의 섭리에 관한 한 과학이 뭐라 말할 수 없다고 한다. 과학적으로는 입증도 반증도 불가능하다는 것이다. 과연 굴드의 생각은 타당한가? 과학자가 신에 관해서 논하지 말아야 할 이유가 있을까?

굴드는 중복되지 않는 교도권(NOMA)이라는 말을 사용한다. '과학은 경험 세계를 다룬다. 우주가 무엇으로 이루어졌고(사실) 어떻게 작동하고 있는지(법칙)를 다룬다. 왜 비존재가 아닌 무언가가 존재하게 되었는지는 과학의 영역이 아니다. 종교는 존재의 궁극적 의미와 가치를 다룬다. 과학과 신학의 영역이 서로 다른 것이다.'

과연 신학자들만이 그런 문제에 답할 자격을 갖춘 것일까? 왜 구차스럽게 그런 문제들을 신학에게 양보하려는 것일까? 과학은 '어떻게?'에 대해서, 신학은 '왜?'에 대해서라는 말은 정말 신물 나도록 상투적인데다가 타당하지도 않다."

과학이 신의 존재에 대해서 입증할 수도 부정할 수도 없다는 것에 대해 도킨스는 맹렬한 거부감을 표한다. 그는 신이 존재하지 않음을 입증할 수 있다고 믿는 듯하다. 그가 신 대신에 떠올리고 있는 것은 아마도 다윈의 진화(우연히 저절로 조금씩 자연스럽게 어쩌다 보니 그냥 생겨남)일 것이다.

"어디서인지 모르나 그 옛날 지구 어딘가 물속에서 어쩌다 보니 저절로 조금씩 세포가 만들어졌고, 그 세포가 어쩌다 보니 우연히 살아나 생명이란 것을 갖게 되었고, 조금씩 아주 조금씩 뼈와 핏줄과 신경과 심장과 콩팥과 뇌 등을 저절로 만들어 가서 마침내 인간으로 진화했다."

그는 생명이 우연히 저절로 조금씩 만들어 질 수 있다는 소위 진화를 입증함으로써 신을 부정할 수 있다고 믿는 듯하다. 진화가 입증된다고? 우연히 저절로 생겨남을 입증한다고? 그게 사실적으로 과학적으로 가능할까? 게다가 진화(우연)조차도 신의 섭리라고 말해 버리면 과학적으로는 반박할 방법이 없어진다는 걸 모르나? 사실 과학은 존재의 기원에 대해 뭐라 판단할 자격이 없다. 존재가 만들어진 이후에 즉 경험과 관찰의 주체와 대상이 생기고 난 이후에 가능한 게 과학이니까. 철학적 사고의 깊이라는 점에서 보면 도킨스는 굴드보다 한수 아래이다.

천재 물리학자라는 양반이 이런 말을 했다. "양자 요동과 중력의 법칙에 의해 우주가 우연히 생겨날 수 있다." 헐... 그 양자는 어떻게 생겨났는데? 그냥 어쩌다 보니 저절로... 그 양자가 요동하는 에너지나 법칙은 어떻게 생겨났는데? 그냥 어쩌다 보니 저절로 우연히 생겨났다... 그냥 우연히 어쩌다 보니 저절로 자연스럽게 생겨난 것은, 마찬가지로 그냥 우연히 어쩌다 보니 저절로 자연스럽게 없어진다는 건데, 그런 게 어떻게 법칙일 수 있을까?

우연이 아니라 필연인 법칙이라는 것이 성립하려면, 그 법칙의 지속성을 보장할 뭔가가 있어야 하는데, 그러자면 법칙 유지자로서 신을 가정하거나 혹은 영원부터 법칙이 존재했다고 해야 한다. 그러니까 지속성 있는 법칙의 존재를 인정하려면 빅뱅 우주론이 아니라, 논리적으로는 정상 우주론이어야 한다는 얘기다.

도대체 관찰과 경험으로 입증한다는 과학이 그 문제를 어떻게 해결할 수 있다는 건가? 그냥 멋대로 상상하고 믿을 뿐이다. 그래서 존재의 기원에 대한 논의는 철학의 영역이고 종교의 영역일 수밖에 없다.

'내가 땅의 기초를 놓을 때에 네가 어디 있었느냐? 네가 깨달아 알았거든 말할지니라.'(욥38:4)

신이 만들었다(창조)고 믿으나 우연이 만들었다(진화)고 믿으나, 자연이 영원부터 그냥 존재하고 있다고 믿으나, 과학은 뭐가 옳다고 가타부타 할 말이 없다. 도킨스가 거기에 대해서 떠드는 순간 그는 과학(관찰)을 하는 게 아니라, 철학(상상)을 하고 있는 것이다. 왜냐하면 과학은 물질과 법칙과 에너지와 생명체가 이미 만들어진 다음에, 즉 그것들에 대한 우리의 경험이라는 것이 시작되고 난 다음부터 비로소 가능하기 때문이다. 그 이전에 뭐가 있었는지 과학으로는 알 방법이 없다. 그게 과학의 한계이다. 과학은 전능이 아니다.

'무지한 말로 이치를 가리는 자가 누구니이까? 나는 깨닫지도 못한 일을 말하였고 스스로 알 수도 없고 헤아리기도 어려운 일을 말하였나이다.'(욥42:3)

과학은 지금 우리가 관찰하는 경험의 영역을 다루는 학문이다. 현재 즉 경험을 가능하게 되는 상태까지 어떻게 진행되어 왔는지(경험 이전 상태)를 우리가 어떻게 경험할 수 있다는 말인가? 우리가 관찰하는 물질과 법칙조차도 없었던 상황에서, 그것들을 관찰할 우리 자신마저 없는 상태에서 그것들이 어떻게 생겨났는지를 어떻게 경험적으로(관찰을 통해) 알겠다는 것인가? 거기에는 경험(관찰)이라는 것 자체가 아예 존재하지도 않는데 말이다. 구체적으로 뭐가 있었는지 상상조차도 불가능할 지경이다. 아니 뭐가 있기나 했는가? 설령 있었다고 해도 그 '있는 것'도 우리가 지금 경험하는 '있는 것'과는 전혀 다른 무엇일 텐데 말이다.

과학은, '왜 어떻게 존재하게 되었는지는 모르지만 이미 존재하는 법칙이 어떻게 작동하는가, 그리고 왜 어떻게 존재하게 되었는지 모르지만 이미 존재하는 물질과 생명체가 어떻게 움직이는가?', 여기에 대해 오직 관찰을 통해서 답할 수 있을 뿐이다. 그 법칙이, 그 물질과 생명체가 어떻게(혹은 왜) 존재하게 되었는지는, 현재 관찰하는 것과는 전혀 다른 차원이기에 과학으로서는(관찰한 바를 가지고는) 뭐라 말할 수가 없다. 과학의 이름으로 무슨 소릴 하든 그냥 머릿속 상상일 뿐이다.

경험할 주체와 경험의 대상이 만들어지기 이전에 무슨 사건이 있었는지를, 어떻게 경험과 관찰을 통해서 알 수 있다는 말인가? 아무리 그럴 듯한 개념을 만들어서 방정식을 만들어 내고, 어렵게 썰을 교묘하게 풀어 봐야 그냥 구라이고 상상일 뿐이다. 믿거나 말거나 수준의 만담일 수밖에 없다.

신이 생명체를 설계했다면, 신은 누가 설계했느냐는 멍청한 질문은 이제 제발 그만 하기를... 그건 출발점으로서 선택하고 믿어야 하는 전제이다. 우연히 저절로 물질과 법칙이 생겨났다고 전제하거나, 물질과 법칙은 영원히 존재한다고 전제하거나, 신이 영원히 존재한다고 전제하거나 그건 철학과 종교의 분야이지, 과학의 분야가 아니다. 과학은 그 다음부터 할 말이 있는 것이다.

기적과 이성

왈(曰),

"신자들이 신앙을 갖게 되는 것은 대부분 기적 때문일 것이다. 기적은 과학 법칙과 충돌하는 현상이다. 굴드가 말하는, 소위 기적이 없는 종교라는 것이 신자들에게는 실망스러운 것이기 때문에 거의 호응을 얻지 못할 것이다.

신을 향한 기도는 나를 위해서 자연 법칙을 묵살해 달라는 이기적인 요청에 불과하다. 운동선수가 신의 도움을 믿는다는 것은, 자기에게 승리를 달라고 억측을 부리고 있다는 의미가 된다. 신이 주차 공간을 마련해 줄 것이라 믿는 운전자는 결국 다른 사람의 주차 공간을 가로채겠다는 것 아니겠는가?

굴드의 말대로 초자연적인 기적을 행하지도, 인간의 기도에 응답하지도 않는 신이 존재한다고 하자. 그런 신이라면 고작 시간의 흐름에 따라 우주가 생겨나고 생명체가 진화하도록 태초에 슬쩍 숟가락을 얹은 것에 불과하기에 있으나 마나 한 존재이다."

나는 많은 진화교 신자들이 진화교 신앙을 갖게 되는 강력한 이유는 이른바 기적 때문이 아닐까 추측한다. 진화교 교리에 따라 먼 옛날 원시 수프(초창기 지구의 바위 위에 떨어진 빗물이 모인 것)라는 물질에서 자기 복제 능력이 있는 생명체(아메바 같은 단세포 생물)가 만들어졌다고 그들은 믿는다. 다윈이 진화교 경전인 『종의 기원』을 발간했을 즈음, 파스퇴르는 실험을 통해서 생명은 생명에서만 나온다는 사실을 과학적으로 입증함으로써 진화교의 교리인 '생명 자연 발생설'을 기각시켰다. 그 이후 그 누구도 파스퇴르의 실험 결과를 뒤집지 못하였다.

물질에서 생명체가 우연히 만들어지는 것은 과학 원리에 위반되고 자연적으로는 결코 관찰되지 않는 상황이기에 초자연적이며, 기적이다. 그런데도 진화교 신자들은 아주 오랜 시간이 흐르다 보면, 알 수 없는 어떤 환경에서는 생명의 자연 발생이 가능할 수 있다고 믿는다. 물론 그 알 수 없는 환경이 무엇인지 그 오랜 시간이라는 것이 과연 그런 신비한 능력을 갖고 있는지 그들은 여전히 전혀 모르고 있다. 이런저런 개념을 내세우면서 그럴 듯한 가설들을 과학의 이름으로 제시하고 있지만, 그게 다 사실은 진화교 신자의 머릿속에서만 가능한 상상에 불과한 것들이다.

분명한 과학적 사실은 생명의 자연 발생 현상은 현재까지 결코 자연 세계에서는 관찰(경험)되지 않고 있다는 것이다. 그리고 오랜 시간은 존재하는 모든 것을 망가지게 하고 썩게 하고 죽게 한다는 것이다. 그들이 내세우는 개념이 원시 수프가 되었든, 해저의 열수공이 되었든 간에 생명의 자연 발생은, 그야말로 자연 세계에서는 결코 관찰되지 않는 초자연적 기적이다.

'여호와 하나님이 땅의 흙으로 사람을 지으시고 생기를 그 코에 불어넣으시니 사람이 생령이 되니라.'(창2:7)

어쩌다 보니 우연히 생겨났다는 원시 세포 즉 아메바 같은 것에서 팔, 다리, 신경, 눈, 콩팥, 심장, 두뇌 등 온갖 고도한 정밀 기능 조직을 갖춘 인간까지 진화했다는 것 역시 기적이다. 그들은 오랜 시간이라는 것을 거론하면서 기적을 기적이 아닌 것처럼 위장하려 한다. 없던 날개가 생겼다. 기적이다. 오랜 시간이 흐르자 없던 날개가 조금씩 자연적으로 생겨났다. 과학이다. 정말 웃기지 않는가? 다시 말하지만 오랜 시간은 모든 걸 조금씩 망가뜨리지 조금씩 만들어 내는 게 아니다.

현재까지 확인된 바에 따르면 유전자 정보에 있지 않은 것을 생명체가 스스로 우연히 저절로 만들어 내지는 못한다. 다시 말해서 아메바가 어쩌다 보니 우연히 자신에게 없던 새로운 신경과 핏줄과 눈과 뼈와 심장과 두뇌 등 훨씬 더 복잡한 유전자 구조물을 만들어 내는 것은 과학적으로 불가능한 일이라는 말이다. 종 내에서의 변이가 아닌 종에서 다른 종으로의 진화는 과학 원리들에 위반되는 것이다. 자연적으로는 불가능하다. 관찰 불가능한 초자연적 현상이라는 말이다. 그야말로 기적이다. 물리 법칙에 위배되는 현상이다. 오직 진화교 신자의 머릿속 상상에서만 가능하다.

그런데도 그들은 아주 오랜 시간이 흐르다 보면 우연히 저절로 조금씩 아주 조금씩 변해서 가능할 것이라고 상상하며 실제로 이루어진 사실이라고 믿는다. 하지만 없던 폐가, 심장이, 핏줄이, 척추가 아주 조금씩 아주 조금씩 어쩌다 보니 우연히 저절로 자연스럽게 생겨나면서 완성되어 가는 것을 보여 주는 동물의 화석은, 다윈의 기대했던 것과는 달리 어디에서도 발견되지 않았다. 정말 대단한 믿음이다.

진화에 대한 과학적 관찰 증거는 없지만, 문헌학적인 증거는 있다. 삼국유사를 보면, 알에서 사람이 탄생했다는 기록이 있다. 파충류의 알, 혹은 조류의 알에서 포유류인 인간이 태어났다는 것이다. 교주 다윈과 광신도 도킨스가 믿는 바가 바로 그것이다. 그들이 즐겨 찾는 과학에서는 그것을 기적이라고 부른다. 진화는 과학이 아니라, 기적을 믿는 종교에 불과하다. 그런 점에서 보면, 기적을 기적으로 인정하고 믿고 있는 기독교 신자가, 기적을 과학이라고 왜곡하고 사실이라 믿고 있는 진화교 신자보다 더 정직하고 이성적이다.

그들은 단지 원숭이 두개골과 사람의 두개골이 비슷하게 생겼다는 식, 즉 겉 형태의 비슷함을 근거로 아메바류에서 인간으로까지 생명체가 진화했을 것이라고 상상하며 믿고 있을 뿐이다. 비슷함은 상대적인 비교다. 기준을 어떻게 정하느냐에 따라 세상 모든 존재가 서로 비슷하기도 하고 서로 비슷하지 않기도 하다. 그래서 서로 다른 것들을 분류할 때 사용하는 범주다. 비슷함은 진화의 증거가 아니라, 분류의 기준일 뿐이라는 말이다.

진화했다면 비슷할 것이다. 이 논리는 성립한다. 그러나 그 역은 성립하지 않는다. 비슷하다고 진화한 것은 아니라는 말이다. 명백한 논리적 오류이다. 자식이라면 부모를 닮을 것이다. 그러나 닮았다고 다 자식은 아니다. 자식이 아니라도 비슷한 사람 많고, 형제가 아니라도 딱 닮은 사람들이 얼마든지 있다.

자전거와 오토바이가 비슷하다고 해서 진화한 게 아니다. 같은 수준의 지성을 가진 인간이 만들었기 때문에 비슷한 것이다. 신이 생명체를 창조했다면 그 생명체들은 어떤 형태로든지 간에 비슷한 점을 가질 수밖에 없다. 진화 여부는 둘 사이의 비슷함에 달려 있는 것이 아니라, 둘 사이의 출산 관계에 달려 있다. 그러므로 둘 사이의 비슷함이라는 것이 출산을 통해서 전해진 것임을 입증해야만 한다.

그들의 논리를 이해하기 쉽게 단순화 해보자. 사람은 개구리보다 원숭이와 유사하다. 원숭이에서 진화했을 것이다. 원숭이는 붕어보다 개구리와 더 비슷하다. 아마 개구리에서 진화했을 것이다. 개구리는 말미잘보다 붕어와 더 비슷하다. 아마 붕어에서 진화했을 것이다. 이런 식으로 아메바 나중에는 바위에 내린 빗물의 배양액인 원시 수프까지 이어진다. 진화의 단계는 바위 배양액(원시 수프)/물질, 아메바/단세포 생물, 말미잘/다세포 생물, 붕어/어류, 개구리/양서류, 원숭이/포유류 그리고 사람이다.

오랜 시간의 흐름은 보다 나은 질서(유전자 정보)를 만들어 내는 게 아니라, 이미 있던 질서를 망가뜨린다는 것이 과학적 원리이다. 지금까지 과학이 밝혀낸 바로는 세대를 이어 가면서 모든 생명체는 유전자 돌연변이로 인해서 조금씩 퇴화해 가고 있다는 사실이다. 그럼에도 불구하고 진화교 신자들은 과거의 어떤 알 수 없는 환경에서는 돌연변이를 통한 유전자의 진화가 가능했을 것이라고 믿는다. 그들은 기적을 믿고 있는 것이다.

사람들은 꽉 찬 주차장을 들어서다가 기적같이 나를 기다리는 한 자리가 비어 있는 경우를 경험할 수도 있다. 만일 어떤 사람이 그런 일이 자신에게 일어나기를 기대하면서 주차장에 들어섰는데 마침 한 자리가 비어 있었다고 하자. 두 가지 반응이 가능하다. '우연히 재수가 좋았네.' '내 소망대로 되었네.' 과연 신이 기도라는 명목하에 누군가를 위해서 다른 누군가의 것을 빼앗거나, 혹은 우주의 법칙을 무효화하는 것일까? 그렇다면 우연 역시 재수 좋음이라는 명목하에 마찬가지 짓을 하고 있는 것이다.

기적의 원인을 진화 즉 우연(무작위)이라고 하든 신 즉 지성(작위)이라고 하든, 각자의 믿음(철학/종교)대로 고백하는 것일 뿐, 과학이 가타부타 판단할 영역은 아니다. 조선 시대에는 TV 방송이라는 것이 기적이었다. 사람은 가만히 있는데, 알아서 스스로 주행하고 스스로 주차하는 자율 주행 자동차(수레), 역시 기적이었다. 심부름도 하고, 청소도 하고, 춤도 추는 로봇들 역시 기적이었다. 왜 그런가? 그 때에는 그걸 만들 줄 아는 자(지적 능력)가 없었기 때문이다. 그런 점에서 보면, 기적이란 우주 법칙을 무효화하는 게 아니라, 우리가 아직 알지 못하는 또 다른 존재(지적 능력, 물리적인 에너지)의 세계가 있음을 암시하고 있을 뿐이다.

'이는 내 생각이 너희의 생각과 다르며, 내 길은 너희의 길과 다름이니라.'(사55:8)

세상 모든 것에는 원인이 있다는 것이 과학을 하고 있는 인간이 갖고 있는 기본적 사고의 틀이다. 원인이 없는 결과는 없다. 존재하고 움직이는 무언가 있다면, 반드시 그 움직임을 가능하게 하는 앞선 원인으로서 시작점이 있어야 한다는 말이다. 세상 모든 것의 움직임을 가능하게 했던 최초의 시작점을 아퀴나스는 신이라고 정의한다. 그 신의 움직임으로부터 세상 모든 것들의 움직임이 창조된 것이다. 반면에 다윈은 그 최초의 시작점을 우연이라고 가정한다. 우연히 만들어진 질서가 질서일 수 있을까? 우연히 만들어진 법칙이 과연 법칙일 수 있을까? 우연이 그 질서와 법칙의 항상성을 어떻게 보장할 수 있는가?

3장 신 존재 증명

신 존재 증명

왈(曰),

"그 유명한 중세 철학자 토마스 아퀴나스의 신 존재 증명은 실상 말만 요란할 뿐, 아무것도 증명한 게 없다.

<원동의 부동자. 모든 운동에는 반드시 그 원인이 있다. 하지만 다른 존재의 원인이면서 자신에게는 원인이 없는 어떤 존재가 있어야만 한다. 그렇지 않다면 운동의 인과성에 의해서 원인의 원인의 원인이라는 연결 고리가 무한히 이어질 것이기 때문이다. 아무런 도움(원인) 없이 스스로 존재하면서 운동을 일으켜야만 하는 무언가를 신이라 부른다.>

원인과 결과의 무한 회귀를 끝내기 위해서 신을 가정하는 것보다는, 차라리 빅뱅의 특이점이나 혹은 다른 물리학적 개념을 가정하는 것이 훨씬 더 간편하다.

다윈은 한때 페일리의 신 존재 증명 방식인 시계공 논증에 감탄하였다고 한다. 하지만 좀 더 시간이 지난 뒤에 다윈은 페일리의 논증을 폐기 처분 했다. 다윈의 '자연 선택에 의한 진화'는 생명체의 복잡성을 아주 놀라운 단계로까지 이끌어 간다. 그래서 설계되지 않았음에도 불구하고 마치 설계된 것처럼 보이게끔 착각을 일으킨다."

뉴턴은 만유인력을 발견했다. 그가 만유인력의 존재를 증명했던 것일까? 좀 더 구체적으로 표현하자면, 만유인력의 실제 모습을 보았을까? 과연 어떤 모습일까? 그는 사과가 떨어지는 것을 보고, 이를 근거로 만유인력의 존재라는 것을 추정하였을 뿐이다. 만유인력의 존재는 눈으로 볼 수 있느냐로 결정되는 게 아니다. 사과가 떨어지는 현상을 설명할 수 있느냐로 결정되는 것이다.

신 존재 증명은 신을 어떻게 정의하느냐의 문제이다. 과연 신을 눈으로 관찰할 수 있느냐의 문제가 아니다. 존재를 눈으로 볼 수 없는 것들은 얼마든지 있다. 신도 만유인력처럼 얼마나 합리적으로 그 존재를 추정할 수 있느냐가 관건이다. 이 세상 모든 것에는 원인이 있다는 것이 과학을 하고 있는 인간이 갖고 있는 기본적 사고의 틀이다. 존재하고 움직이는 무언가 있다면, 반드시 앞선 원인으로서 시작점이 있어야 한다는 말이다. 그냥 발생하는 것은 없다. 이를 인과성의 원리라고 한다. 자동차(존재)가 있으려면 그 원인으로서 자동차를 만들기 위한 의도(설계)와 행동(에너지)이 있어야 한다고 인간은 누구나 생각한다. 그렇다면 최첨단 자동 로봇인 인간이 있으려면 그 원인으로서 인간을 만들기 위한 의도와 행동이 있어야 한다. 바로 그 최초의 시작점을 아퀴나스는 신이라고 정의한다. 원동의 부동자, 원인 없는 원인(최초의 원인), 존재의 근거(필연성), 비교의 기준(완전성), 존재의 목적(설계자).

'하나님이 모세에게 이르시되 나는 스스로 있는 자이니라.'(출3:14)

다윈은 그 시작점을 우연이라고 가정한다. 어쩌다 보니 저절로 자연적으로 그렇게 되었다는 것이다. 우연에 의해 어쩌다 보니 저절로 그렇게 되었다는 것을 증명할 수 있을까? 불가능할 뿐더러 아주 비과학적이다. 역사학자들은 땅 속에서 도자기 조각을 발견하면 인과적 사고에 따라 인간이 거기에 살았다는 증거라고 해석한다. 물론 도자기를 만들었다는 그 인간의 존재는 이성에 따른 추정일 뿐, 실제로 그 존재를 관찰하는 것은 아니다.

왜 그렇게 추정하는가? 도자기가 가지고 있는 질서와 정보 때문이다. 얇고 평평해서 뭔가를 담을 수 있게 생겼다는 것이다. 그런 게 우연히 자연적으로 생길 수는 없다는 것이다. 도자기 조각에 담겨 있는 설계를 직관하고 그것을 만든 지성을 추정하는 것이다 그게 과학적인 해석이다. 그냥 우연히 어쩌다 보니 지진과 태풍과 화산 폭발 등 무작위적인 운동에 의해서 자연적으로 그 도자기 조각이 만들어졌다고 해석할 수도 있지만, 그렇게 말하는 인간에 대해서 합리적인 사고방식을 가진 역사학자들은 뭐라고 하겠는가? 멍멍 소리라고 할 것이다.

신이 있다는 말은 다른 말로 하자면 시작점이 있으며 어쩌다 보니 우연히 저절로가 아니라, 지적인 의도와 행동이 있었을 것이라는 추정이며, 그 이후의 결과는 전부 그 시작점의 의도와 행동에 따라 나타난 것이라는 의미이다. 인과성이라는 과학적 사고방식에 따른 것이다. 그리고 그 시작점이 그 이후의 결과를 원인과 결과의 이어짐이라는 과정을 통해서 다 포함하고 있는 것이기에 전지하고 전능하다고 말한다. 인간의 사고가 갖고 있는 이 논리 즉, 모든 결과에는 앞선 원인이 있다는 사고방식을 인정하지 않는 순간, 인간의 모든 지식은 갈 길을 잃어버린다. 그 논리가 인간이 세상을 바라보는 눈깔(인식 구조)이기에 그렇다. 도킨스가 한 일이라고는 최초의 원동자의 이름을 신(설계/의도)에서 우연(저절로/무작위)으로 바꾼 것에 불과하다.

과연 우연이 자연적으로 뭔가 복잡한 구조와 설계를 가진 존재를 만들어 내는 것을 본 적이 있는가? 전혀 없다. 열역학 제2법칙에 따르면, 모든 존재하는 것들은 시간이 오래되면 오래될수록 자연적으로 점점 더 망가져 가고 그래서 점점 더 단순해져 간다는 것이 과학이 관찰하고 확인한 바이다.

도킨스의 사고방식대로 인간 사회에 존재하고 있는 복잡성에 대해서 설명해 보자.

앙코르 와트가 어떻게 존재하지?

- 그냥 조금씩 자연 선택을 통해 진화한 거지. 그것을 만들겠다고 의도(설계)한 지성 따위는 있지도 않았어. 태양과 번개와 태풍과 지진과 화산 폭발 등등 뭔가 알 수 없는 운동들이 한도 끝도 없이 발생하다

보니 그냥 어쩌다 보니 우연히 아주 조금씩 아주 조금씩, 무진장 오랜 시간이 흐르는 동안에 저절로 만들어 낸 거지. 어떤 지성의 설계나 의도가 필요한 게 아니야. 앙코르 와트가 어쩌다 보니 자연적으로 만들어질 수 있을 만큼 무한히 많은 운동이 일어나기에 충분한 아주아주 오랜 시간만 있으면 돼.

디즈니랜드 가봤어? 그런 걸 어떻게 다 생각해 냈을까... 그 구조와 설계가 너무나 놀랍지 않아?

- 누가 보더라도 얼핏 설계한 것처럼 보이지만 사실은 절대로 설계한 게 아니야. 그냥 자연 선택을 통한 진화가 우연히 의도나 설계 없이 무작위적으로 발생하는 운동만을 통해서, 마치 누군가가 설계한 것처럼 보이게끔 복잡하고 정교하게 아주 조금씩 자연적으로(저절로) 만들어 갔을 뿐이야. 그냥 어쩌다 보니 우연히 저절로 자연 선택에 의해서 그렇게 된 거지. 확률의 법칙에 따른 것일 뿐, 어떤 지성이 있어서 의도한 게 아니라구. 진화의 놀랍고 신비한 능력을 보여 주는 예는 너무나도 많아서 넘쳐날 지경이야. 그 중 한 예를 들어 보면, 아주 작은 곤충의 몸속에도 신경이라는 게 있잖아. 그 정교한 신경계도 그냥 우연히 저절로 만들어지는 판에 디즈니랜드 정도야 정말 별 거 아니지.(도킨스 복음 1장 1절).

우연히 저절로 그렇게 되었다 즉 어쩌다 보니 자연적으로 그렇게 진화했다는 것은 증명 불가능한 전제이며, 동시에 아주 비과학적인 추정이다. 왜냐하면 그런 예를 전혀 관찰할 수 없기 때문이다. 자연 세계에 있는 복잡한 기능과 정교한 구조를 가진 모든 생명체는 이미 주어진 유전자에 의해 성장하는 것이지, 무작위적인 운동에 의해 자연적으로 생겨나는 게 아니다. 인간 세계에 있는 모든 문명의 이기들은 인간 지성이 의도한 설계에 따라 만들어진 것이지 시간이 흐르면서 자연적으로 어쩌다 보니 생겨난 게 아니다. 복잡한 기능과 정교한 구조를 가진 존재가 어쩌다 보니 자연적으로 만들어지는 예는 이제껏 관찰된 적이 없다. 진화는 상상이고 종교적 믿음일 뿐이다.

'네가 하나님의 오묘함을 어찌 능히 측량하며 전능자를 어찌 능히 완전히 알겠느냐?'(욥11:7)

신의 정의

왈(曰),
"칸트는, '존재가 비존재보다 완전하다'는 안셀무스의 명제가 지닌 모호성을 알아챘다. 존재가 완전하다는 명제는 아주 이상하다. 집에 창문이 있는 것이 없는 것보다 더 좋다는 말은 이해가 된다. 하지만 집이 존재하지 않는 것보다 존재하는 것이 더 완전하다니, 그게 대체 뭔 말인가?"

중력의 법칙이라는 게 있다. 과연 중력의 법칙(혹은 중력)은 존재하는가? 존재한다는 것은 경험을 통해서 알게 되는 것이다. 단순히 논리적인 논증만으로는 중력의 법칙(혹은 중력)의 존재를 증명할 수가 없다.

모든 것에는 원인이 있다는 사고방식을 인정하지 않는다면 말이다. 마치 신의 존재가 그런 것처럼 말이다.

사실 감각적으로 경험할 수 있는 것(존재)들은 개별적 현상(사물들이 아래로 떨어진다)들 뿐이다. 중력의 법칙(혹은 중력)의 존재는 감각적으로 경험된 게 아니다. 이 여러 현상을 묶어서 중력이라고 불렀을 뿐이다. 모든 것에는 원인이 있다는 인간의 사고방식에 따라서 이런 식으로 사물이 떨어지게 하는 뭔가가 있다고 추정하고 중력이라 정의한 것이다. 중력에 대한 정의가 중력의 존재인 셈이다.

안셀무스의 신 존재 증명의 핵심도 신에 대한 정의에 있다... '그 이상 큰 것을 생각할 수 없는 그 무엇'을 신이라 한다... 이 명제에서 더 이상 큰 것이 없다는 말은 존재하는 모든 것들 중 어느 하나도 신 밖에 있을 수 없다는 의미이다. 신은 모든 존재가 다 그 안에 포함되어 있는 존재이다. 존재하는 것으로 경험되는 것들은 모두 신 안에 있다. 마치 법칙이란 존재(?)에 우리가 감각적으로 경험하는 모든 개별 현상들이 다 포함되듯이 말이다. 중력의 법칙(혹은 중력)의 존재가 사실이라면, 신의 존재도 사실이다.

신의 정의에 따라 그 이상 더 큰 것이 없다고 하였기에, 신이 존재하지 않는 것보다 존재하는 것이 신의 정의에 더 완벽하게 맞는다. 만일 신이 존재하지 않는다면, 존재하는 것이 존재하지 않는 것(신) 안에 있다는 모순에 직면하게 된다. 안셀무스의 신에 대한 정의에 대해 동의하든 하지 않든 상관없이 말이다. 만일 그 정의가 못마땅하다면, 신에 대한 다른 정의를 내세우면 될 일이다.

오해

왈(曰),

"루이스는 말했다. '예수는 스스로 신의 아들이라고 했다. 그는 진짜 신의 아들이든가, 미치광이이든가, 사기꾼이든가 셋 중 하나일 수밖에 없다.' 그러나 예수가 스스로를 신으로 여겼다는 역사적 증거는 없다. 설령 증거가 있다고 하더라도, 삼자 택일을 할 이유는 전혀 없다. 너무나도 확실해 보이는 네 번째 선택지가 있기 때문이다. 그것은 제자들이 예수를 신으로 오해했다는 것이다. 오해한다는 것은 예나 지금이나 흔한 일이다.

예수에 관한 기록들에 대해 우리는 따져 보아야 한다. '진짜 저자는 누구며, 쓴 시기는 언제인가?' '그 내용을 어떻게 알고 기록한 것일까?' '과연 우리가 아는 의미대로 기록한 것일까?' '객관적인 기록인가, 아니면 의도가 담긴 기록인가?'

19세기 이후로 복음서의 기록이 실제 사건을 사실대로 적은 것이 아님을 보여 주는 여러 사례들이 제시되었다. 복음서는 예수가 죽고 오랜 시간이 흐른 뒤 기록되었다. 게다가 종교적인 의도를 가진 이들이 베끼는 과정에서 왜곡과 과장을 피할 수 없었을 것이다.

설령 예수가 역사상 실존 인물이었다고 하더라도, 유명한 성서학자들이 복음서가 실제로 발생한 사건을 사실대로 기록했다고는 생각하지 않는다는 것이다."

도킨스는 그 당시 예수를 따르던 사람들이 예수를 오해했다는 견해를 밝히는데, 도대체 이천 년 전 살았던 그들이 오해했다는 것을 이천 년 지난 지금 살고 있는 도킨스가 어떻게 알았을까? 도킨스는 어떠한 편견이나 의도가 없는 객관적인 관찰자인가? 도킨스의 견해에 대한 역사적 증거는 있는 것일까? 없다. 그냥 예수가 자신을 신이라고 했다는 복음서 기록을 믿고 싶지 않은 것이다.

유일한 증거는 예수가 신이 아닐 것이라는 자신의 믿음이다. 그래서 그 기록은 꾸며 내거나 오해에 기인한 것이라고 추정할 뿐이다. 이를 근거로 예수가 자신을 신이라고 생각했다는 역사적 증거는 없다고 결론을 내린다. 도킨스가 예수인가? 본 적도 없는 예수가 했던 생각을 어찌 안다는 말인가? 아니면 환상 가운데서 예수를 만나 계시를 받기라도 했다는 것인가?

예수의 제자들은 예수가 신이라는 믿음을 전하기 위해서 인생 전부를 걸었다. 인생뿐만 아니라 자기 생명까지도 바쳤다. 초기 기독교의 역사는 전도와 순교의 피로 얼룩져 있다. 그들은 자신들이 예수에게서 듣고 본 것을 목숨을 걸고 전하였다. '여러분 형제들아 나 바울은 바리새인이요 또 바리새인의 아들이라. 죽은 자의 소망 곧 부활로 말미암아 내가 심문을 받노라.'(행23:6) 바울은 예수의 제자들을 핍박하고 죽이려던 사람이었다. 그랬던 그가 부활하신 예수를 만나고 난 후, 도리어 예수의 제자들 편이 되어서 배신한 자기를 죽이려는 사람들 앞에 섰던 것이다.

그런데 이천 년이나 지난 후에 태어났기에 예수를 들은 적도 본 적도 없는 인간들이 이천 년 전에 예수와 함께 살았던 그들이, 부활한 예수를 만나고 인생이 돌변한 사람들이 예수를 오해한 거라고 친절하게 결론을 내려 준다. 도킨스는 자신이 아주 유능한 점쟁이라고 믿고 있는 듯하다. 도킨스도 예수가 신이 아니라는 자신의 믿음을 증언하기 위해서 돌에 맞기도 하고 감옥에 갇히기도 하고 마침내 십자가에 거꾸로 매달려 순교하는 것까지도 감수할 수 있을지 참으로 궁금하다.

'예수께서 이르시되, 빌립아 내가 이렇게 오래 너희와 함께 있으되 네가 나를 알지 못하느냐? 나를 본 자는 아버지를 보았거늘 어찌하여 아버지를 보이라 하느냐?'(요14:9) 놀랍게도 예수를 오해한 것이라고 도킨스가 규정한 그 제자들은 예수를 직접 듣고 보았고 함께 생활했던 사람들이거나, 또는 예수를 직접 보고 들은 제자들을 경험한 사람들이다. 그 예수를 증언하기 위해서 죽음조차 감수했던 사람들이다. '베드로가 열한 사도와 함께 이르되, 너희가 십자가에 못 박은 이 예수를 하나님이 살리신지라. 우리가 다 이 일에 증인이로다.'(행2:14, 32)

도킨스가 말하는, 복음서의 신뢰성을 훼손하는 압도적인 사례들이 과연 어떤 것일까?

20세기 전까지 로마의 총독 본디오 빌라도와 유대의 대제사장인 요셉 가야바에 대한 성경 이외의 증거는 발견되지 않았다. 2009년까지는 예수의 고향인 나사렛이 그 때 있었다는 성경 이외의 증거가 없었다. 회의론자들은 이를 근거로 예수 신화론(복음서 오류론)을 뒷받침하는 증거라고 주장했다. 다른 곳에는 없고 성경에만 있는 내용들은 거짓이고 조작이고 신화이기에 믿을 수 없다는 것이다.

그런데 1961년 '본디오 빌라도, 유대의 총독'이라 새겨진 석회석 벽돌이 발견되었다. 1990년에는 가야바의 이름이 새겨진 납골 상자도 발견되었다. 2009년에는 1세기 나사렛에서 사용된 점토 조각도 발견되었다. 성경 이외의 곳에서 기록이나 유물이 발견된 것이다. 성경에만 기록이 있는 것은 성경이 거짓임을 의미하는 증거라는 도킨스식의 판단이 얼마나 무모한 믿음인지를 보여 준다. 도킨스는 자신이 이제까지 인류 역사에 있었던 세상의 모든 기록과 유물을 다 발굴해서 갖고 있다는 엄청난 확신에 빠져 있는 것이다.

케임브리지의 역사학자이자 무신론자인 미카엘 그랜트의 견해는 이렇다.

'역사적 자료가 담긴 고대 기록과 동일한 기준을 신약에도 적용한다면, 우리는 다른 역사 기록에 등장하는 이교도 인물들을 부정할 수 없는 것처럼 더 이상 예수의 존재도 부정할 수가 없게 된다.'

유명 고고학자인 윌리엄 램지는 누가복음의 역사성에 대해 회의적이었다. 그가 수십 년간 팔레스타인 지역 발굴에 참여하고 난 후, 누가복음과 사도행전의 저자인 누가는 사건, 지명, 연대 등 아주 정확한 기록을 남긴 최고의 역사학자라고 평가했다. 누가가 남긴 역사 기록은 그 신뢰성에 있어서 최고라고 할 수 있다는 것이다.

신약의 필사본(그리스어) 수는 5천 건에 이른다. 타 언어 번역본까지 합치면 2만 4천 건이나 된다. 다른 어떤 고대 문서보다 월등히 많은 양이다. 성경 이외에 가장 잘 보관된 고대 문서인 호머의 일리아드는 사본이 643건에 불과하다. 그 사본들 간의 일치성 역시 다른 어떤 고대 문서들보다 성경이 더 정확하다. 도킨스가 떠벌여 대듯이, 오류에 빠지기 쉬운 필경사들에 의해서 이루어진 수많은 왜곡과 조작들이 복사되고 전달된 것이 결코 아니었다. 전 세계 고대 문서 중 가장 증빙이 확실하고 뚜렷하게 검증된 문서였던 것이다. 어떻게 그럴 수 있었을까?

'여호와께서 모세에게 이르시되, 너는 이 말들을 기록하라.'(출34:27)

원숭이가 키보드 문자판을 두드려서 어쩌다 보니 저절로(자연 선택으로) 『춘향전』을 쓸 수 있는 가능성은 어느 정도일까? 원시 지구에 내린 빗물(원시 수프)에서 벼락을 맞고 생성된 아미노산들이 어쩌다 보니 우연히 저절로 조금씩 결합해서(자연 선택으로) 『춘향전』보다 무한히 복잡한 조직과 질서와 기능을 갖고 있는 생명체를 만들어 낼 수 있는 가능성은 또 어느 정도일까? 둘 중 어느 쪽이 더 실현 가능한 것일까? 확률로만 따져 본다면 전자가 무한히 더 가능하다. 그럼에도 불구하고 전자는 실현 불가능하지만, 후자는 실현 가능하다고 믿는 진화교 신자의 뇌 구조는 어떤 것일까? 분명한 사실은 둘 중 어느 쪽도 불가능하다는 것이다. 양쪽 모두 지성(지적인 의도와 설계)이 결여되어 있기 때문이다.

4장 불신하는 까닭

누적의 힘?

왈(曰),

"창조론의 논리는 이렇다. 생명 현상이 우연을 통해서 생겨났다고 보기에는 너무나 복잡해서 확률적으로 거의 불가능해 보인다. 그러므로 설계자가 있음에 틀림없다. 그러나 과학적으로 보자면 설계보다는 자연 선택이 더 합리적인 설명이다. 설계자는 또 누가 설계했는가라는 헤어날 수 없는 수렁에 빠질 우려가 없기 때문이다.

자연 선택이 어떻게 우연의 대안이 될 수 있는 걸까? 자연 선택은 누적적이다. 불가능해 보이는 과정을 무수히 많은 작은 단계로 분할하는 것이다. 각 부분(사건)들은 약간 비개연적이긴 해도 불가능할 정도는 아니다. 이런 사건들이 계속 쌓이다 보면 마침내 아주 불가능해 보이는 것까지도 가능하게 된다. 단번에가 아니라, 아주 조금씩 누적해 가는 것이다.

험한 산의 앞쪽은 절벽일지라도, 뒤쪽에는 완만한 길이 있기 마련이다. 산 밑은 아미노산 같이 단순한 물질의 단계이고, 산꼭대기는 인간의 눈과 같이 복잡 정밀한 생명의 단계이다. 그런 것이 우연에 의해 생겨난다는 것은 절벽 밑에서 꼭대기까지 단번에 오르는 것에 해당된다. 반면에 진화한다는 것은 산 뒤쪽 등산로로 조금씩 올라가는 것에 해당된다."

태산을 한 걸음에 꼭대기까지 오르지는 못한다. 그건 절대 불가능할 것처럼 보인다. 하지만 한걸음 한걸음씩 올라가면 꼭대기에 이를 수 있다. 문제는 충분한 시간이 필요할 뿐이다. 그게 바로 진화다? 불가능한 것을 가능하게 하는 기적이라니... 그런데 이게 신 가설과 뭐가 다르다는 얘기인지... 불가능한 모든 것은 조금씩 누적으로(진화로) 가능하다는 도킨스의 사고방식이 놀랍기만 할 뿐이다.

인간은 암벽 등반으로 오를 수 있다. 새는 날개 짓으로 절벽을 한 번에 날아올라 정상에 이를 수 있다. 표범은 빠른 속도로 비탈길을 뛰어오를 수 있다. 개미는 아주 작은 걸음으로 아주 천천히 정상에 오를 수 있다. 단지 오랜 시간이 필요할 뿐이다.

이들의 차이점은 움직이는 수단이 다르다는 것이다. 공통점은 위로 올라가겠다는 의도와 설계(올라가는 방법)를 가지고 있다는 것이다. 하지만 돌멩이는 올라가겠다는 의도도 설계(계획)도 없다. 지진이나 태풍 등에 의해 위쪽으로 잠시 이동할 수도 있으나, 꼭대기에 이르기까지 매번 그런 과정이 계속 누적되리라는 보장은 없다. 인간이나 표범이나 개미도 오르겠다는 의도와 설계가 없으면 정상에 이르지 못한다.

문제의 핵심은 조금씩(완만)이냐 한 방(절벽)이냐가 아니다. 왜 위로 올라가느냐이다. 누가 오르게 하는가? 오르도록 의도(설계)한 자가 없다면, 굳이 왜 계속 올라가야(누적의 힘) 하는가? 한 계단 올라갔다가 다시 내려갔다가 다시 올라갔다가 다시 내려갔다가를 무한 반복하느라 결코 꼭대기까지 올라가지 못한다. 그게 바로 우리가 경험하는 현실이다.

아이들 장난감 중에 레고라는 것이 있다. 동일하게 생긴 레고(아미노산)이지만, 이것을 가지고 서로 결합함으로써 온갖 것(신체 조직과 생명체)들을 만들 수 있다. 그런데 그 레고가 사람(지성, 설계)의 손이 아니라, 둥근 통 속(오랜 시간, 무작위)에 있다고 해보자. 과연 뭐가 만들어질까? 레고 조각들을 둥근 통에 넣고 무한히 돌려 보라. 전기 자극을 주기도 하고, 마구 흔들기도 하고... 36억 년이든 138억 년이든, 200억 년이든 간에... 그러면 과연 자연 선택(누적의 힘)을 통해서 무엇이 자연적으로(그냥 저절로) 만들어지는가?

우연히 한두 개가 서로 끼워지는 경우도 있을 것이다. 그런데 그것들이 그냥 그대로 남아 있던가? 아니다. 다시 빠진다. 우연히 발생한 것은 우연에 의해 파괴된다. 레고들이 어쩌다가 우연히 한번 결합되면, 혹시라도 그게 빠지지 않도록 잘 보존되고, 차곡차곡 결합이 누적되어서 아주 조금씩 자동차나 빌딩이나 로봇이 되어 가는 경우는 결코 경험할 수 없다.

'그가 만일 뜻을 정하시고 그의 영과 목숨을 거두실진대, 모든 육체가 다 함께 죽으며 사람은 흙으로 돌아가리라.'(욥34:14,15)

이어지는 무작위 운동이 우연히 만들어진 그 질서를 그냥 내버려두지 않는 것이다. 다른 하나가 또 그 위에 끼워지기도(집적되기도) 전에 수도 없이 무작위적으로 움직이는 통의 힘에 우연히 해체되어 버린다. 그게 현실에서 관찰하는 바이다. 이른 바 무질서 관성의 법칙이다. 무질서는 무질서를 재생하고 유지하려 한다. 어쩌다 한번 우연히(의도 없이) 저절로 생겨난 질서가 시도 때도 없이 우연히 생기는 무수한 해체 시도들로 영락없이 무질서가 되고 만다. 도로 나무아미타불이다.

의도와 설계가 없는 무작위 자연 운동(번개, 지진, 화산, 태풍, 오염, 폭염, 홍수 등등)은 결코 질서를 유지하고 집적해서 단순한 것에서부터 복잡한 것으로의 진화를 만들어 내지 못한다. 모든 자연 생물은 신이 부여한 유전자의 의도와 설계대로 생산되고 자라날 뿐이다. 진화의 방법이라는 자연 선택이나 돌연변이는 이미 주어진 유전자의 의도와 설계를(생명체의 적응을) 방해하는 수단으로서 퇴화를 가져다 줄 뿐이다.

게다가 레고 로봇이 어느 순간 조금씩 스스로 작동하게 되고, 어쩌다 보니 자기를 닮은 2세를 복제하는 능력까지 조금씩 서서히 저절로 생기는(살아나는) 경우는 절대로 발생하지 않음(불가능함)을 우리는 안다. 인간의 지성을 통해서 그 정도의 예측은 누구나 할 수 있다는 말이다. 그런데도 만일 누군가가 레고 로봇의 진화가 오랜 시간 동안 아주 조금씩 누적의 힘을 통해서 가능하다고 우긴다면... 그는 정신 병원에 가야 되는 것 아닌가?

　레고는 물질이기에 생명체와는 다르다고? 아미노산, 단백질, 세포도 물질이다. 생명을 갖게 되기 전까지는 말이다. 자율 주행 자동차도 물질이고, 말하는 로봇도 물질이고, 예수의 시체도 물질이다. 그 물질이라는 것들이 어떻게 생명을 갖게 되는 것일까? 생명체와 가장 유사한 물질인 시체는 살아날 수 없지만, 엄청나게 훨씬 덜 유사한 물질인 원시 수프에서 만들어진 아미노산 덩어리(단백질, 세포)들은 살아날 수 있다고? 과연 어떻게 그게 가능한 것일까? 어쩌다 보니 그냥 저절로... 그게 바로 자칭 자신은 우연이 아니라고 울부짖는 진화의 실체이다. 진화의 수단이라는 돌연변이가 뭔가? 돌연 즉 어쩌다 보니 우연히 생긴 변이이다. 어떤 의도나 설계 없이 돌연히(예기치 않게 우연히) 생긴 변이 말이다.

　'너는 별자리들을 각각 제 때에 이끌어 낼 수 있으며 북두성을 다른 별들에게로 이끌어 갈 수 있겠느냐?'(욥38:32)

중간 단계 화석(잃어버린 고리)

왈(曰),
"진화에는 중간 단계가 있게 마련이며, 우리는 그 사례를 충분히 제시할 수 있다. 눈의 경우를 보면, 편형동물의 눈은 인간의 눈에 비해 그 기능이 현저하게 떨어진다. 앵무조개는 편형동물보다는 낫지만, 인간보다는 못한 눈을 갖고 있다. 빛과 어둠만을 구분하는 편형동물의 눈과는 달리, 앵무조개의 눈은 어슴푸레하게나마 형체를 본다. 앵무조개가 중단 단계인 셈이다. 구조적 복잡성과 기능의 차이를 보면, 진화의 순서를 알 수가 있다."

두 바퀴의 오토바이는 불안하다. 구르지 않으면 서 있지를 못한다. 세 바퀴의 자동차는 두 바퀴보다는 좀 더 안정적이다. 반면에 네 바퀴 자동차는 아주 안정적이다. 그 안전성의 정도 차이를 정확히 수치로 표시할 수는 없지만, 이들이 진화라는 완만한 산비탈에 놓여 있다는 사실을 부정할 수 없는 것일까? 이를 근거로 두 바퀴가 세 바퀴로 그 다음에는 네 바퀴로 조금씩 변해서 진화했음을 입증한다고 해도 되는가?

우리는 과연 머릿속의 상상이 아닌 두 눈으로 확인할 수 있는 관찰을 통해서 두 바퀴가 아주 조금씩 세 바퀴로 진화해 가는 것을 볼 수 있는가 말이다. 그 다음에는 네 바퀴로 조금씩 진화해 가는 것을 볼 수 있는가 말이다. 지성을 가진 누군가가 필요와 상황에 맞게끔 두 바퀴, 세 바퀴, 네 바퀴를 각각 설계했다는 생각은, 과연 도킨스가 믿고 있듯이 멍청한 상상일까?

'하나님이 이르시되 땅은 생물을 그 종류대로 내되 가축과 기는 것과 땅의 짐승을 종류대로 내라 하시니 그대로 되니라.'(창1:24)

두 바퀴(편형동물의 눈)가 자연 선택에 의해 조금씩 생긴 게 아니다. 두 바퀴가 자연 선택에 의해 조금씩 변해서 세 바퀴(앵무조개의 눈)가 된 게 아니다. 네 바퀴(인간의 눈)가 오랜 시간 동안 어쩌다 보니 자연 선택에 의해서 두 바퀴(편형동물의 눈)와 세 바퀴(앵무조개의 눈)를 거쳐서 조금씩 변화(진화)한 게 아니다.

처음부터 두 바퀴, 세 바퀴, 네 바퀴로 설계했을 뿐이다. 그게 우리가 경험하는 현실이다. 완만한 산비탈은 도킨스의 상상이 지어낸 머릿속의 기대일 뿐, 실제가 아니다. 빙빙 돌아가는 통 속에 담긴 레고들이 서서히 조금씩 하나 둘 서로 끼워져서 멋진 로봇이 될 것이라는 상상만큼이나 비현실적이다. 슈퍼맨과 비슷하게 차려 입으면, 슈퍼맨처럼 날 수 있을 것이라 상상하는 아이처럼 도킨스는 상상과 현실을 혼동하고 있는 것이다.

편형동물의 눈이 앵무조개의 눈을 거쳐서 인간의 눈으로 진화했다고? 물론 편형동물의 눈보다 앵무조개의 눈이 더 성능이 좋고, 앵무조개의 눈보다 인간의 눈이 더 성능이 좋다는 진술은 이해가 간다. 그렇다고 해서 편형동물의 눈이 앵무조개의 눈의 조상이라고 주장하는 것은 얼토당토않은 논리적 비약일 뿐이다. 비슷하다고 조상이라는 것인가? 비슷하다는 것은 상대적인 비교일 뿐, 진화 즉 조상이라는 증거가 아니다. 비슷한 사람은 다 내 아버지라는 말인가? 비슷함은 분류의 기준이지 진화(조상)의 증거가 아니다. 이걸 혼동하면 안 된다.

도킨스의 논리대로 하자면, 우리는 해부학적인(?) 비교를 통해 숟가락이 포크로부터 변화했음을 주장할 수도 있다. 포크는 숟가락의 조상이다. 오랜 시간 동안 조금씩 포크 날이 숟가락으로 변화했다. 포크가 단번에 숟가락이 되는 것은 불가능하다. 하지만 오랜 시간 자연 선택에 의해서 조금씩 변해 간다면 불가능한 게 아니다. 포크와 숟가락은 비슷한 형태를 갖고 있기 때문이다. 오랜 시간 동안 조금씩 아주 조금씩 포크 날의 틈이 채워지면서 숟가락으로 진화했다.

포크가 땅에 떨어지거나 갑작스레 충격이 가해지면, 포크 날 끝이 휘어져 날들이 서로 붙어 버린다. 우연히 저절로 조금씩 변화(진화)의 증거(중간 단계)이다. 소위 중간고리의 존재가 입증된 것이다. 게다가 포크겸숟가락의 발견이라니... 와우, 숟가락의 끝 부분이 포크처럼 갈라져 있지 않은가? 포크에서 숟가락으로의 우연히 조금씩 저절로 변화(진화)를 보여 주는 너무나도 확실한 중간고리이다. 과연 그런가? 결단코 중간고리가 우연히 저절로 조금씩 변화(진화)를 입증하는 게 아니다. 중간고리가 진화의 증거라는 얘기는 그냥 상대적이고 주관적인 상상에 불과하다. 과학이 아니다.

과학의 할 일은, 포크가 어떻게 숟가락으로 오랫동안 조금씩 변해 갈 수 있는지를 연구하는 게 아니다. 눈이 어떻게 오랜 시간 동안 조금씩 진화(우연히 저절로 변화)할 수 있는지를 상상(연구?)하는 게 아니다. 그것들이 그런 식으로 서서히 조금씩 변해 가는 과정을 경험할 수 없기에 그렇다. 그것은 철학적 상상, 종교적 신앙의 영역이다. 객관적인 실험이나 관찰로 입증이 불가능하기 때문이다.

만약 어느 순간 실험실에서 인간(지성)이 눈을 제대로 만들어 냈다면, 그건 과학이다. 그런데 자연 선택이 아니라, 설계(지성의 능력)이다. 우연히 저절로 조금씩이 아니라, 인간이 설계하고 의도해서 얻어 낸 결과이다. 그렇기 때문에 자연 선택에 의한 생성이라는 가정은 어차피 철학적 상상의 범주를 벗어날 수가 없다.

과학의 할 일은 경험할 수 없는 눈의 기원이 아니라, 실제로 경험하고 있는 눈의 작동 방식을 밝히는 것이다. 눈의 기원은 머릿속에서 이루어지는 상상이지만, 눈의 작동 방식은 실제로 경험하고 확인할 수 있는 현상이기에 그렇다. 도킨스는 상상을 하면서도 자신은 과학을 하고 있다는 착각에 빠져 있다. 그게 그의 문제다. 도킨스가 숭배하는 진화라는 게 바로, 만들어진 신(MADE BY 도킨스)인 것이다.

'그들이 하나님의 진리를 거짓 것으로 바꾸어 피조물을 조물주보다 더 경배하고 섬김이라.'(롬1:25)

도킨스의 자연 선택이라는 것이 결국은 신이라는 의미(도킨스에 의해 만들어진 신)인데도, 그는 자연 선택은 과학적이고 신은 비과학적이란다. 자동차나 우주선이나 로봇이나 앙코르 와트나 디즈니랜드를 보면서 지적인 설계를 생각하는 것은 비합리적이고, 무작위적인 자연 선택(오랜 시간 동안 어쩌다 보니 우연히 저절로 조금씩 만들어졌음)을 생각하는 것은 합리적이고 과학적이라니? 자연 선택이 과연 앵무조개의 눈이 편형동물의 눈으로 진화해 가도록 이끌었을까? 왜 그래야 하는가? 앵무조개는 그 눈으로 잘 적응해서 살고 있는데 말이다. 편형동물의 눈 역시 진화해야 할 이유가 없었다. 그래서 옛날처럼 지금도 인간의 눈으로 진화하지 않고, 편형동물의 눈으로 잘 적응해서 생존하고 있지 않은가?

오랜 시간

왈(曰),

"생명의 발생이라는 사건은 단 한 번뿐이어야 한다. 너무나도 비개연적이라서 도저히 있을 수 없을 것 같은 일이기 때문이다. 하지만 생명 탄생 이후의 진화 과정들은 꽤나 있을 법한 방식으로(조금씩 아주 조금씩 단계적으로) 오랜 시간 숱한 종들에게서 반복되었다.

생명의 생존이 가능한 조건을 갖춘 행성을 찾기는 쉽지 않다. 그런 행성이 너무나도 희귀해서 하나 있기도 쉽지 않다고 하더라도 우리는 그런 행성 하나(지구)에 지금 존재하고 있다. 마찬가지로 생명의 발생이 도저히 가능할 것 같지 않다고 하더라도, 우리가 지금 여기 있으므로 지구에서 생명이 발생했음을 입증할 수 있다고 말할 수 있다."

생명의 발생은 단 한 번이었다니? 왜 굳이 한 번이어야 하는가? 그렇게 전제하지 않으면, 지금도 생명의 자연 발생 현상을 관찰해야 하는데, 그런 현상은 눈을 씻고 찾아 봐도 일어나지 않기 때문이다. 다윈 이후 진화론자들이 눈에 불을 켜고 찾고 있지만 여전히 생명의 자연 발생 현상은 감감 무소식이다. 그래서 잽싸게 도킨스는 생명의 발생은 한 번만 일어났어야 한다고 전제하는 것(철학, 종교)이다. 실제로는 도무지 경험할 수가 없기 때문이다. 즉 과학적으로 입증이 불가능하다는 말이다. 그럴 수밖에 없지 않겠나? 다윈이 『종의 기원』을 출간할 때, 파스퇴르는 생명은 생명에서만 나온다는 것을 과학적 실험을 통해서 입증했다. 생명의 단 한 번 발생이든 아니든 간에 상관없이 자연 발생은 비현실이다. 물질로부터 자연적인 생명의 발생은 기존의 과학 법칙과 어긋나는 비과학적 전제이다.

도킨스의 논법대로 하자면, 로봇의 자연적 발생이나 앙코르 와트의 자연적 발생이 아무리 있을 법하지 않은 일이라고 해도, 로봇이나 앙코르 와트가 지금 여기에 존재하고 있으므로 지구에서 과거에 그런 일이 있어났음을 증명할 수 있다고 역설할 수가 있다. 로봇뿐이랴? 인간이 보고 있는 모든 문명의 이기들이 다 그런 식으로 설명이 된다. 백화점에 쌓인 그 많은 존재(상품)들을 설계자가 없다면, 누가 도대체 만들었단 말인가? 자연 선택이 아주 오랜 시간 동안 조금씩 조금씩... 아주 있을 법하지 않은 일이지만, 우리는 지금 그 일이 일어난 결과를 백화점에서 보고 있다... 이 무슨 멍청한 논리인가?

'여호와여 주께서 행하신 일이 어찌 그리 크신지요. 주의 생각이 매우 깊으시니이다. 어리석은 자도 알지 못하며 무지한 자도 이를 깨닫지 못하나이다.'(시92:5,6)

도킨스의 의도에 따르자면, 자연 선택에 의한 진화란, 아주 오랫동안 조금씩, 아무런 지성도 의도도 없는 무작위적인 운동에 의해서 조직체(복잡한 정보와 기능을 가진 존재)가 만들어지는 것(창조)을 말한다. 모든 창조의 과정은 단계별로 조금씩 이루어지는 법이다. 다만 그 속도가 어떠하냐의 차이가 있을 뿐이다. 구두공이 혼자서 구두를 만드나 공장에서 대량으로 구두를 만드나 그 만드는 과정은 동일하다. 다만 속도의 차이가 있을 뿐이다.

그런 관점에서 보자면, 자연 선택이란 결국 절대 자연적으로는 있을 법하지 않은 것(기적)을 창조하는 데에 시간이 아주 오래 걸리는 신인 셈이다. 도킨스에 의해서 〈만들어진 신〉이다. 그리고 그 신(자연 선택)이 일으킨 기적은 기적이 아니라고 도킨스는 강력히 주장한다. 왜? 아주 있을 법하지 않은 불가능한 일이기는 하지만, 아주 오랫동안 우연히 저절로 조금씩 아주 조금씩 일어났기 때문이다. '오랫동안 조금씩 아주 조금씩 눈치 못 챌 정도로 조금씩'이라는 묘약이 기적을 기적이 아닌 것으로 만들어 버리는 기적이 일어났다.

그런데 과연 도킨스의 믿음대로 자연 선택에는 설계가 없었던 것일까? 천천히 만들어진다고 설계가 없었다고 단정해도 되는 것일까? 실제로 설계가 있었는지 없었는지 그 실체를 도킨스가 어찌 알 수 있겠는가? 자기가 자연 선택인 것도 아닌데 말이다. 자연 선택에게 물어서 설계 여부에 대한 확인을 받은 것인가? 그냥 도킨스의 상상이요 해석이요 믿음일 뿐이다. 결국 그에게서 기적과 기적 아닌 것의 차이는, 그 결코 있음직하지 않은 사건의 발생이 빠르냐 천천히냐는 속도(걸린 시간)에 달려 있다는 것이다.

개구리에게 키스하니 금방 사람이 되었다. 당연히 기적!!! 개구리가 일 년 만에 사람이 되었다. 기적이지... 개구리가 천년 만에 사람이 되었다. 기적이라 해야겠지... 개구리가 십만 년 만에 사람이 되었다. 기적인가??? 개구리가 백만 년 만에 사람이 되었다. 기적이 아니네... 개구리가 수억 년 만에 사람이 되었다. 당연히 과학이지... 도대체 어디서부터가 진실로 과학이라는 것일까? 도킨스의 복음은 참으로 신묘막

측(?)하다.

'백성 중의 어리석은 자들아 너희는 생각하라. 무지한 자들아 너희가 언제나 지혜로울까?'(시94:8)

확률

왈(曰),

"생명이 자연적으로 발생할 확률이 10억 분의 1이라고 하자. 그렇게 터무니없을 만큼 낮은 확률이라 하더라도 행성 10억 개 중 하나에서는 발생할 것이다. 물론 그런 행성을 발견하기는 쉽지 않을 것이다. 그러나 생명 발생에 유리한 조건들에 대한 지식이 늘어나고 그 조건들을 적용하면, 어떤 행성들에서는 생명 발생 확률이 더 높아질 수 있다. 지구처럼 생명 발생에 유리한 조건을 갖춘 행성들이 우주 어딘가에는 있을 것이기 때문에 생명의 자연 발생은 불가능한 것이 아니다."

도킨스는 확률에 대해서 착각을 하고 있다. 확률에는 두 가지 종류가 있다. 복권에 당첨될 확률의 경우는 복권 당첨이라는 사건이 반드시 발생한다. 이미 발행한 복권 중에서 고르기 때문이다. 내 복권이 아니더라도 어떤 복권이든 반드시 당첨된다. 복권 당첨이라는 사건 자체는 필연적이다.

그러나 교통사고가 날 확률의 경우는 교통사고라는 사건이 반드시 발생하는 게 아니다. 과거 경험에 비추어서 보니 그 정도일 것이라는 추정이기 때문이다. 그래서 어느 누구에게든 교통사고라는 사건 자체가 전혀 발생하지 않을 수도 있다. 교통사고라는 사건 자체가 우연적이기 때문이다.

생명체가 발생할 확률이라는 것 역시 마찬가지이다. 발생 확률이 10억분의 1이라고 해서 10억 개의 행성 중 하나에서 반드시 발생하는 게 아니다. 전혀 발생하지 않을 수 있다. 심지어 20억 개, 100억 개의 행성이 있더라고 전혀 발생하지 않을 수 있다. 생명체 탄생이라는 사건 자체가 우연적이기 때문이다.

게다가 생명체 탄생의 경우는 교통사고의 경우와는 달리 전혀 발생해 본 적이 없는 사건이라는 치명적 약점까지 있다. 교통사고는 앞으로 발생할 수도 있다는 것을 과거 경험을 근거로 확인할 수 있다. 그러나 생명체의 발생은 한 번도 경험해 본 적이 없는 사건이다. 과거의 경험치라는 통계적 근거조차도 전혀 허용하지 않는 사건이다. 그야말로 허무맹랑한 확률인 것이다.

최초의 세포는 어떻게 발생했을까? 세포를 이루는 요소인 단백질은 아미노산으로 구성되어 있다. 자연에는 300개 이상의 아미노산이 존재하지만, 단 20개만이 생명체에 사용된다. 하나라도 엉뚱한 아미노산이 끼어들면 단백질은 제대로 기능하지 못한다. 그리고 단백질은 적게는 50개에서 많게는 3만 개가 넘는 아미노산으로 구성되어 있다. 이 아미노산들은 특정한 순서대로 조립되어야 한다.

『코스모스』의 저자인 세이건(진화론자)은 100개의 아미노산으로 구성된 단백질 하나가 우연히 만들어질 확률을 $\frac{1}{10^{130}}$로 계산했다. 세포도 아니고 그냥 단백질 하나다. 10에 0이 130개가 붙어 있다. 100억은 0이 10개이다. 그러므로 100억 × 100억 × 100억 … 이렇게 13번을 곱해서 얻어지는 수치다. 게다가 이런 단백질들이 다시 모여서 질서대로 조립되어야 세포가 될 수 있다.

가장 간단한 세균이 625개의 단백질로 이루어져 있다고 한다. 그렇다면 그 세균이 자연 선택으로 생겨날 확률은 $\frac{1}{10^{130 \times 625}}$이다. 그걸로 끝이 아니다. 그게 살아나야 한다. 생명력을 얻어야 한다. 세균이 갖고 있는 신체 조직과 기관이 다 만들어졌다고 그 세균(물질)에 생명이 저절로 주어지는 것은 아니다. 생존에 필요한 신체 조직과 기관이 다 있어도 시체는 생명력이 없지 않은가? 게다가 그냥 복제 능력이 주어지는 것도 아니다. 우연히 저절로 자기와 똑같은 생명체를 만들어 내는 능력까지도 어쩌다 보니 조금씩 아주 조금씩 저절로 생겨나야만 한다.

'나는 깨닫지도 못한 일을 말하였고 스스로 알 수도 없고 헤아리기도 어려운 일을 말하였나이다.'(욥42:3)

모든 조직과 기관이 다 있고 숨만 끊어진 시체(물질)가 자연 선택으로 다시 살아나는(생물이 되는) 게 쉬울까? 아니면 어떤 조직이나 기관도 없는 원시 수프/빗물 배양액(물질)이 자연 선택으로(어쩌다 보니 저절로 조금씩 아주 조금씩) 신체 조직과 기관을 만들어 내고 난 후, 어쩌다 보니 자연 선택으로(저절로) 생명이 생겨서 생물이 되는 게 과학적으로 쉬울까? 예수의 부활(시체라는 물질이 생명을 갖게 됨)은 절대로 있을 수 없는 일이고, 비과학적인 신화에 불과하다고 목청 돋우는 자가, 무생물(물질)이 생명을 갖게 되는(살아나는) 것은 가능하다고 해도 되는 것인가?

시체는 무생물이 아닌가? 죽어서 생명이 없으니 무생물 즉 물질로 돌아갔다. 세상에서 생명체에 가장 가까이 가 있는 무생물(물질)이 시체 아닌가? 생명체에 필요한 모든 조직과 기관이 다 갖추어져 있다. 단지 생명만 없을 뿐이다. 그런데 생명체와 가장 가까이 근접해 있는 시체라는 무생물(물질)이 생명을 갖게 되는 것은 불가능한 일이지만, 시체 아닌 다른 무생물(물질/원시 수프/아미노산 덩어리)이 생명을 갖게 되는 것은 가능한 일이라니? 그런 논법의 과학적(?) 근거는 도대체 무엇일까?

'무지한 말로 생각을 어둡게 하는 자가 누구냐?'(욥38:2)

가정(假定)

왈(曰),

"자연 선택은 생명체를 향해 조금씩 아주 조금씩 변이라는 누적의 과정을 사용한다. 그 처음 시작은 어쩌다 보니 주어진 행운에 의지할 수밖에 없다. 무수히 많은 행성들이라는 인본 원리가 그런 행운의 근거가 된다. 지적 설계는 조금씩 아주 조금씩이라는 누적의 과정이 아니기에, 그 설계자가 어떻게 생겨났느냐는 더 곤란한 질문에 직면하게 한다.

우리는 생명 발생에 유리한 행성에서 살고 있다. 지구라는 환경 조건에 맞게끔 생명이 진화했다. 자연 선택이다. 우주에는 너무나도 많은 행성들이 있다. 거기다가 파도의 거품 방울들처럼 무수히 많은 우주들이 생겨나고 있다. 다중 우주다(진화론자들에게는 불행하게도 다중 우주는 결코 관찰한 적도, 관찰할 수도 없다. 그냥 머릿속 상상일 뿐이다). 무한히 존재하는 다중 우주 가운데는 생명이 진화하기에 적합한 우주가 하나쯤은 반드시 존재할 수밖에 없다."

도킨스 표현에 따르면, 인본 원리의 핵심은, 결코 있을 법하지 않은 사건(기적)이 발생할 수 있는 것은 경우의 수가 아주 많기 때문에 가능하다는 것인 듯하다. 그리고 그는 설령 아무리 적다고 해도 이미 우리는 운 좋게도 그런 사건 발생의 결과로서 존재하고 있음이 분명하다고 믿는다. 왜 그렇게 믿는가? 경우의 수가 아주 많을 것이고(가정), 그러면 반드시 그 중에는 적합한 것이 있을 것이고(가정), 우리는 분명 그 적합한 것 중 하나에 있어야 하기 때문이다(가정).

원숭이도 타자를 칠 수 있다. 그러나 소설이나 시를 쓸 수는 없다. 원숭이가 무차별적으로 타자를 친다고 해서 소설이나 시가 써질 수는 없다고 믿는다. 현실적인 경험도 그러하다. 왜냐하면 소설이나 시에는 정보(지성, 설계, 의도)가 담겨 있기 때문이다. 인본 원리에 따라서 많은 원숭이를 도입하면(경우의 수를 늘리면) 과연 어떻게 될까?

원숭이 36억 마리가 타자를 친다면 어쩌다 보니 저절로(자연 선택)에 의한 정보(문장) 생성이 가능해질까? 좀 더 경우의 수를 늘려 보자. 원숭이 36억 마리가 36억 년 동안 타자를 친다면, 그 중에 하나는 『춘향전』이나 『홍길동전』이나 윤동주의 〈서시〉와 같은 작품을 쓸 수 있을까? 없을 것이다.

　'이는 하나님이 지혜를 베풀지 아니하셨고 총명을 주지 아니함이라.'(욥39:17)

　도킨스의 논법에 따르면, 그렇다고 대답하는 순간 당신은 진화론자이다. 아주 합리적이고 과학적인 사고방식(?)을 가진 자이다. 고개를 갸우뚱하며 아니라고 말하는 순간, 당신은 설계나 지성이나 의도를 가정하는 창조론자이다. 굉장히 비합리적이고 비과학적인 사고방식(?)에 빠져 있는, 맹목적으로 신 가설을 믿는 자가 되는 것이다.

　원숭이가 키보드 문자판을 두드려서 어쩌다 보니(자연 선택) 『춘향전』을 쓸 수 있는 가능성과 아미노산들이 우연히(자연 선택) 결합해서 생명체를 만들 수 있는 가능성 중 어느 쪽이 더 가능할까? 확률로만 따져 본다면 전자가 무한히 더 가능하다. 하지만 사실상으로는 어느 쪽도 불가능하다. 양쪽 모두 지성(지적인 의도와 설계)이 결여되어 있기 때문이다.

　설령 그 무수한 원숭이의 타이핑 중에 나, 우리, 가방과 같은 단어들이 간혹 발견된다고 해서 이를 가지고 원숭이가 『카라마조프 가의 형제들』이나 『춘향전』을 쓸 수 있음을 보여 주는 증거라 주장한다면 정신과적 치료가 필요하다고 봐야 하지 않을까? 이런 억지 비약을 도킨스는 과학적이라고, 인본 원리 혹은 자연 선택이라는 말로 포장을 하는 것이다. 그래서 자연 선택은 지성은 없으나 무한한 능력을 지닌 그래서 진화를 이끌어 가는 전능한 신이다. 도킨스에 의해 〈만들어진 신〉 말이다.

'가슴 속의 지혜는 누가 준 것이냐? 수탉에게 슬기를 준 자가 누구냐?'(욥38:36)

정신

왈(曰),
"우주의 정교한 질서와 경이로울 정도로 복잡한 생명체를 설계할 수 있는 신이라면, 우주나 생명체보다 훨씬 더 복잡해야 할 것이다. 그렇다면 그런 신은 우주나 생명체보다도 훨씬 더 생겨나기 어렵지 않겠는가? 신학자들에게 있어서 신은 단순한 존재로 정의되어 왔다. 그런데 과학자 주제에 신은 복잡한 것이라며 함부로 신학의 경계를 침범해 들어갔던 것이다. 그게 신학자들을 불편하게 만들었다."

신을 뇌(물질)라고 생각하면, 그 구조의 복잡성을 비교할 수 있겠다. 신이 정신(비물질)이라면 어떻게 복잡성 여부를 따질 수 있을까? 담고 있는 생각이 복잡하다고 할까? 질문을 바꿔서 해보자. 칸트의 뇌와 도킨스의 뇌 중 어떤 것이 더 복잡할까? 천재의 뇌와 바보의 뇌 중 어떤 것이 더 복잡할까? 우주선을 만드는 사람의 뇌와 시계도 만들 줄 모르는 사람의 뇌 중 어느 것이 더 복잡하며 통계적으로 있을 법하지 않을까? 바보 같은 질문이다.

물리학자들에 따르면 이론적으로 다중 우주를 만들어 내는 양자 요동이, 우리가 사는 정교한 우주와 인간을 만들어 낼 확률보다는 어떤 공간에 떠 있는 뇌(컴퓨터)를 만들어 낼 확률이 통계적으로 무한하게 더 있을 법하다는 것이다. 그러므로 우리가 사는 현실이라는 것은 우연히 만들어진 뇌(컴퓨터) 속에서 일어나는 허상(게임 세상)이다.(볼츠만의 두뇌 가설)

신이 어떻게 생겨났는지 알 수가 없다. 생겨나는 게 어려운지 쉬운지도 알 수가 없다. 아니 생겨났는지 원래 있었는지도 모른다. 확인이 안 된다. 그래서 그냥 전제할 수밖에 없다. 철학이고 종교의 문제다. 수소라는 원소가 어떻게 생겨났는지 알 수가 없다. 생겨나는 게 어려운지 쉬운지도 알 수가 없다. 아니 생겨난 것인지 원래부터 있었던 것인지도 모른다. 확인이 안 된다. 그래서 그냥 전제할 수밖에 없다.

'너희 무리는 마땅히 일어나 영원부터 영원까지 계신 너희 하나님 여호와를 송축할지어다.'(느9:5)

양자 법칙도 그렇고, 에너지도 그렇고, 공간도 그렇고, 생명체도 그렇고, 모든 존재의 기원이라는 게 그렇다. 다만 그 존재들이 어떻게 움직이는지를 확인할 수는 있다. 분명한 것은, 전혀 있을 법하지 않은 사건의 발생(생명의 자연 발생, 별의 탄생, 빅뱅/시공간 생성, 종에서 종으로의 대진화)이 우연히 어쩌다 보니 조금씩 아주 조금씩 오랫동안 저절로 이루어지는 것(진화)을 전혀 관찰할 수가 없고, 오직 그럴 수도 있지 않을까라는 무책임한 상상만이 가능하다는 사실이다.

하지만 사람의 지성이 온갖 놀라운 문명의 이기들을 만들어 내는 것(창조)에 대한 관찰은 너무나도 많다는 사실이다. 이것이 철학과 과학이 확실하게 도달한 결론이다. 그렇다면 어떤 놀라운 설계된 듯한 조직체를 보면서 지성(창조)을 가정하는 게 합리적인가, 아니면 우연히 어쩌다 보니 저절로 조금씩 아주 조금씩(진화)을 가정하는 게 합리적인가?

'너는 별자리들을 각각 제 때에 이끌어 낼 수 있으며 북두성을 다른 별들에게로 이끌어 갈 수 있겠느냐?'(욥38:32)

생물은 설계된 것이 아니며 설계된 것처럼 보일 뿐이라고 도킨스는 강변한다. 왜 도대체 설계된 것처럼 보이는 걸까? 합리적인 답변은 설계되었기 때문이다.

그러나 도킨스는 전혀 엉뚱한 논리를 펼친다. "늘 그랬듯이 우리는 그 진화(어쩌다 보니 조금씩 저절로)의 세세한 과정들을 관찰할 수가 없으며, 오직 그 진화의 결과만을 볼 수 있을 뿐이다. 그래서 설계되지 않았음에도 불구하고, 설계된 것처럼 착각하게 되는 것이다."

글쎄, 진화하는 과정을 볼 수 없는데, 진화했다는 걸 어찌 알 수 있다는 걸까? 오직 상상과 믿음으로… 와우, 도킨스의 말씀이 마치 사이비 종교 교주의 교리처럼 들리는 이유는 뭘까?

5장 자연 선택 교리

자연 선택

왈(曰),
"자연 선택은 자연 세계를 샅샅이 뒤져 가면서 생명체들의 모든 변이를 세세히 살핀다. 그래서 나쁜 것은 도태시키고 좋은 것은 지지함으로써 매순간마다 생명체의 개선(진화)에 기여한다. 어떤 생명체가 생존과 번식에 거스르는 행동을 반복한다면, 자연 선택은 생존과 번식을 위해서 시간과 에너지를 쏟는 다른 경쟁자가 살아남게 할 것이다."

와우, 자연 선택이 지성을 가지고 있네? 나쁜 것은 버리고 좋은 것은 보존하고 추가하며... 단지 비유적 표현이라고 할 건가? 그런 식의 의도와 설계가 지성 아니던가? 자연환경은 아무 짓도 안 한다. 생명체가 그 자연의 환경에 대해 반응한다. 도킨스는 주체(생명체)와 환경(환경 조건) 사이에서 벌어지는 일을 마치 생명체가 아닌 자연(환경 조건)이 뭔가를 하는 것처럼 표현하고 있다.

그렇게 함으로써 마치 자연이 지성을 가지고 행동하는 것처럼 착각하게 만드는 것이다. 그런 식으로 표현함으로써 오랫동안 어쩌다 보니 우연히 저절로 조금씩이라는 진화 현상이 가능할 것처럼 왜곡한다는 말이다. 어쩌다 보니 우연히 저절로 조금씩 아주 조금씩 날개가 생겼다고 하는 것보다는 자연에 의해서 날개가 선택되었다고 하는 게 훨씬 더 있음직하고 과학적이라고 그들은 믿고 있는 것이다.

어떤 생명체가 생존과 번식에 도움이 안 되는 쓸데없는 행동을 습관적으로 한다면, 자연 선택은 생존과 번식을 위해서 시간과 에너지를 투자하는 다른 경쟁자를 선호하고 지지한다고? 상상이 지나치다. 물어봤나? 자연(환경)한테, 아니면 그 생명체한테? 그냥 도킨스의 상상일 뿐이다. 객관적인 사실은 자연환경이 좋은 곳을 찾아 생명체가 이동한다는 것이다. 그러다가 재수 좋게 먹잇감을 잘 만나면 배불리 먹고 빈둥거린다.

동물은 배부르면 쓸데없이 빈둥거린다. '이유 없이'가 아니다. 배부르니까, 굳이 먹이 사냥을 하지 않을 뿐이다. 인간만이 배부른데도 열심히 모아서 천년만년 먹어도 다 쓰지 못할 만큼 쌓으려 할 뿐이다. 운이 좋으면 동물들이 때로는 남이 사냥해 놓은 것을 슬쩍 하기도 하고, 센 놈이 먹다 남은 것을 얻어먹기도 한다. 하지만 배부르면 더 이상 그런 행동을 하지 않는다.

자연(환경)이 선택하는 게 아니다. 생명체가 자기 유전자가 허용하는 범위 내에서 적응할 뿐이다.

'주는 때를 따라 그들에게 먹을 것을 주시며'(시145:15)

힘 센 종이 다른 종을 멸종시키는 게 아니다. 인간의 탐욕이 생명체의 멸종을 초래할 뿐이다. 인간을 배제한 자연 세계에서는 각 종들 간의 전쟁이 아니라, 각 종들 간의 균형이 유지된다. 강한 동물이든 약한 동물이든 상관없이 말이다.

동물은 배가 부르면 더 이상 사냥(약육강식)하지 않는다. 인간은 배불러도 욕심을 내지만 말이다. 그래서 자연 세계에는 인간이 경험하고 느끼는 것과 같은 생존 경쟁이 발생하지 않는다. 예상치 못한 재해(홍수나 지진이나 산불이나 가뭄 같은)가 닥치지 않는 한, 동물들의 종족 보존이 위험에 빠지는 경우는 거의 없다. 모든 동물이 배부르면 모든 것(약육강식)을 멈추기 때문이다. 그래서 인간 사회처럼 피눈물 나는 생존 경쟁(제로섬 게임)도 없다.

자연은 인간들처럼 개선을 힘쓰는 게 아니라, 원래대로 균형과 조화를 유지할 뿐이다. 회복이지 진화가 아니다. 자연 세계에서는 굳이 더 나은 능력을 얻기 위해 진화할 필요가 없다. 굳이 날개 없는 동물이 하늘을 날기 위해서 날개를 만들려고 돌연변이를 일으킬 필요가 없다. 물고기가 물 밖에서 살아보겠다고 지느러미를 다리로 진화할 이유도 없다. 그런 현상을 결단코 관찰하지도 못한다. 다만 도킨스처럼 상상만 할 뿐이다.

'주는 손을 펴사 모든 생물의 소원을 만족하게 하시나이다.'(시 145:16)

생명체는 자기가 타고난 유전자의 범위를 벗어나는 새로운 신체 조직과 유용한 기능을 창조하지 않는다. 유전자가 허락하는 범위 내에서 적응하려 할 뿐이다. 욕심이 발동한 인간들이 인공 교배를 통해 유전자의 허용 한계를 넘기려 시도하지만, 어느 한계에 이르면 반드시 장애가 생기거나 불임 쪽으로 진행하고 만다. 이를 유전자 풀(유전자 한계)이라고 한다. 과학적으로 관찰(입증)된 사실이다.

불행의 원인

왈(曰),

"종교적 행동은 신자의 생명뿐만 아니라, 다른 이의 생명까지도 위태롭게 할 수 있다. 인간들은 종교 때문에 박해를 당하고, 종교 때문에 핍박을 가한다. 종교는 그 화려함을 위하여 자원을 소비한다. 중세 성당에는 숱한 노동과 자원이 투자되었지만, 실생활의 필요를 위해 사용된 경우는 드물다. 신자들은 신을 위해 순교를 당하기도 하고, 남을 죽이기도 하고, 고행을 자초하기도 하고, 독신으로 살기도 한다. 도대체 무슨 유익을 위한 것일까?"

중국의 만리장성을 짓느라 얼마나 많은 노고가 들어갔을까? 우주를 탐사한답시고 얼마나 많은 돈을 평생 가 보지도 못할, 돈도 안 되는 시커먼 허공(우주)에다가 쏟아부었을까? 그게 거주나 생계 등 다른 유용한 목적에 사용된 적이 있는가? 목성의 모습을 알아서 뭐하게? 수백만 광년 수억 광년 멀리 있다고 추정하는 별이나 은하가 도대체 지금 지구 땅덩어리에 살고 있는 유전자 생존에 무슨 혜택이 있는가?

인간 유전자는 생존에 적합하게 세팅되어 있지만, 인간의 정신은 지와 선과 미와 성이라고 불리는, 생존 유전자와는 별 관계도 없는 가치라는 것을 추구한다. 이런 사실을 도킨스는 모르고 있는 것일까? 아니면 모르는 체하는 것일까? 왜 그는 중세 성당을 가지고 거주 등 다른 유용한 목적을 거론하는 것인지, 사고 수준이 의심스럽다.

도킨스의 사고 수준은 생존 유전자에만 머물러 있는가? 인간의 모든 문명이 오직 유전자에 따라 형성된 육신의 생존만을 위한 것인가?

'사람들에게는 영원을 사모하는 마음을 주셨느니라.'(전3:11)

인류 문명에 나타난 의미 추구는 생존 유전자에게는 어리석은 짓이지만, 인간 정신에게는 아주 영리한 짓이다. 그래서 인간이란 존재의 행태가 헷갈리는 것이다. 다른 생명체와 다른 것이다.

종교 때문에 고초와 박해와 죽음이 있었다. 그 말이 의도 하는 바는 무엇일까? 과연 그런 사건이 단순하게 종교 때문일까? 권력 때문에 알렉산더는 숱한 전쟁을 일으키며 파괴와 살상을 저질렀다. 진화론 때문에 히틀러는 유태인 600만을 죽였다. 무신론 공산주의 때문에 스탈린 역시 그 이상의 사람들을 역사의 진보라는 미명하에 강제 수용소로, 죽음으로 내몰았다. 그게 단순히 권력이나 진화론이나 무신론 공산주의 때문인가? 도킨스라면 그렇게 말할 수도 있겠다.

하지만 좀 더 깊은 분석은 이렇다. 종교가, 이념이, 권력이 그런 역사의 불행을 일으킨 게 아니다. 군대가 전쟁을 일으킨 것(원인)이 아니듯이 말이다. 군대가 없어지면 평화가 온다는 주장이 헛소리이듯, 종교가 이념이 권력이 없어지면 인간 사회의 학살과 불행이 없어진다는 것 역시 헛소리이다. 진짜 원인은 인간이다. 인간의 탐욕 때문에 발생한 거다.

왜 그런가? 탐욕에 사로잡히지 않은 권력자나 종교인이나 진화론자나 무신론 공산주의자나 군대는 그렇게 행동하지 않기 때문이다. 오히려 평화를 위하여 기여한다. 달리 표현하자면, 도킨스 역시 탐욕에 사로잡히는 순간, 똑같은 짓들을 진화론 반대자들에게 행할 것이 분명하다는 말이다. 이미 그런 일이 벌어지고 있는지도 모르겠지만 말이다.

'각 사람이 시험을 받는 것은 자기 욕심에 끌려 미혹됨이니, 욕심이 잉태한즉 죄를 낳고 죄가 장성한즉 사망을 낳느니라.'(약1:14,15)

다윈주의

왈(曰),

"다윈주의의 설명 방식은 이렇다. 만일 뇌에서 신(神)과 연관된 신경 중추를 발견한다면, 다윈주의는 그런 신경의 진화를 가져온 자연 선택적 근거에 대하여 탐구할 것이다. 왜 신(神) 중추를 진화시킨 자들이 더 많은 후손을 낳을 수 있었던 것일까?

성욕에 대한 다윈주의 설명은 뭘까? 성은 후손을 생산하므로 성을 갈망하게끔 자연 선택이 뇌를 설정한 것이다. 때로는 목적 달성을 위해서 고문을 하기도 한다. 다윈주의는 고문 효과에 대해 뭐라 설명할 것인가? 인간은 고통을 피하기 위해서 애를 쓴다. 자연 선택이 고통을 생명의 위협으로 느끼게 함으로써, 고통을 회피하려는 성향을 만들어 냈다."

빗물 바위 배양액(원시 수프/고인 빗물)이 고통을, 목숨을 위협하는 신체적 손상의 표시로 지각하도록 수억 년에 걸쳐서 프로그램화 했다는 자연 선택은 도대체 어디에 있는 것일까? 도킨스의 두뇌 속에 있는가? 뇌 수술을 해 볼 일이다. 도킨스는, 복잡한 질서(설계)를 보고 설계자를 추정하는 게 멍청한 짓이라는데, 자연 선택은 도대체 뭘 보고 그 존재를 추정하는 것일까? 그런 추정이 멍청하지 않은 이유는 또 뭘까?

빗물 바위 배양액(원시 수프)이 그대로 있으면 되는데, 굳이 왜 생명체로 진화해서 죽음을 경험하는 비극적(?) 존재가 되었을까? 자연 선택은 그 현상에 대해서 어떤 식으로 궁극적 설명을 할 수 있을까? 물질이 굳이 고통과 불안과 죽음의 위협을 겪는 생명체로 진화할 필요가 있을까? 빗물 바위 배양액(원시 수프)의 이기적 유전자는 그게 자신을 살리는 길이라고 선택한 것일까? 아예 안 살아나고 물질 그대로 있으면 (생명체로 진화하지 않으면) 훨씬 더 속 편하지 않았겠나?

– 내 죽으면 한 개 바위가 되리라. 아예 애련에 물들지 않고 희로

에 움직이지 않고… 두 쪽으로 깨뜨려져도 소리하지 않는 바위가 되리라.(바위, 유치환)

아하, 빗물 바위 배양액(원시 수프)에게는 이기적 유전자라는 게 없었다고 가정하려나? 그렇다면 이기적 유전자는 도대체 어떤 방법으로 생겨났을까? 물질이 굳이 그런 것을 만들어 낼 수 있는 방법이라는 게 있기나 하나? 그런 현상이 관찰된 적이 전혀 없는데 어쩔 것인가 말이다. 아, 답이 있다. 우연히 어쩌다 보니 저절로 조금씩 아주 조금씩 생겨났을 것이다. 여기에는 물론 단서가 붙는다. 알 수 없는 어떤 조건하에서라고, 아주 상투적으로 애용하는 단서 말이다.

'사람이 그 귀를 진리에서 돌이켜 허탄한 이야기를 따르리라.'(딤후 4:4)

게다가 굳이 성욕이란 것을 개발해서 아기를 만드는 고생을 자초하는 이유는 또 무엇일까? 이기적 유전자에게 물어 보고 싶다. 자연 선택에게서 궁극적인 설명을 듣고 싶다. 배양액(원시 수프) 그대로 있으면, 슬픔과 기쁨도 분노도 없이 잘 지낼 수 있을 텐데, 굳이 생명을 진화시켜서 고통스런 죽음을 자초하고, 또 이를 해결하기 위해서 굳이 성욕을 개발하고 그 바람에 아기 낳아 기르는 고초를 자초한 이유는 무엇일까? 출산과 양육의 기쁨을 맛보기 위해서라고 할 것인가? 왜 굳이 기쁨이라는 것을 진화시킨 것일까?

그러다가 어느 틈엔가 임신과 출산이라는 것이 기쁨이 아니라, 오히려 고통과 불행을 가져다준다면서 뱃속 태아를 살해하는 지경에까지 이르게 되었다. 왜 자연 선택은 그런 진화의 과정을 선택하도록 한 것일까? 이기적 유전자에 의해서 어쩌다 보니 저절로 조금씩 아주 조금씩 그렇게 진화한 것이라고 하겠지. 과연 그런 진화의 과정에 대해서 이기적 유전자는 또 뭐라고 할 것인가? 유전자의 생존과 유익을 위해서 그렇게 한 것이라고 하겠지. 이런 식의 설명이 도대체 인간이란 존재에 관해 무슨 의미 있는 답변을 해 주고 있기나 한 것인가?

'하나님을 알되 하나님을 영화롭게도 아니하고 오히려 그 생각이 허망하여지며 미련한 마음이 어두워졌나니'(롬1:21)

아예 자연 선택이라는 게 없었을 가능성은 생각해 보지를 않는가? 아니 자연 선택이 실제로 있기나 했었나? 뭘 근거로 그게 있었다고 확신하는가? 우리가 관찰하는 바는 이미 그렇게 설계되어 돌아가고 있는 기계들, 즉 주어진 환경에 다양하게 적응하면서 생존하려는 생명체들뿐이다. 거기다가, 그것을 보면서 자연 선택이 오랜 시간 동안 조금씩 그렇게 프로그램 하느라 애썼다고 상상하는 도킨스를 관찰하고 있을 뿐이다.

도킨스의 그러한 머릿속 상상이 자연 선택의 존재 근거가 된다는 것인가? 로봇의 작동 질서를 보고 철광석이 자연 선택에 의해서 오랫동안 저절로 조금씩 진화한 결과라고 믿든, 로봇의 작동 질서(설계)를 보고 설계자(지성)가 그렇게 만든 것이라고 믿든 각자의 선택이다. 당신의 선택은 어느 쪽인가?

'어리석은 자도 알지 못하며 무지한 자도 이를 깨닫지 못하나이다.'(시92:6)

신앙 고백

왈(曰),
"기독교인들은 다음과 같은 내용을 믿고 있을 것이다.
- 한 남자(예수)가 처녀인 여자의 몸에서 태어났다.
- 그는 무덤 앞에서 나사로를 불렀고, 죽어 악취가 나던 나사로는 살아났다.
- 그는 십자가에 달려서 죽은 지 3일 만에 부활하였다.
- 부활한 지 40일 만에 그는 하늘로 올라갔다.
- 누가 무슨 생각을 하든, 그는 대응할 것이다. 모든 인간의 생각을 알고 있기 때문이다.
- 몰래 악행을 하더라도, 그가 다 보고 있기에 죽은 후에라도 심판을 받을 것이다."

도킨스는 진화론자로서 아마도 다음과 같은 것들을 믿을 것이다.
- 아주 먼 옛날에 빗물 바위 배양액(원시 수프)이 있었는데, 그 고인 빗물에서 어쩌다 보니 저절로 우주선보다 더 복잡한 질서를 가진 세포가 생겨났다.
- 그 세포라는 단백질 덩어리를 향해서 자연 선택이 지시를 했고, 죽은 물질에 불과했던 그 단백질 덩어리는 어쩌다 보니 저절로, 살아서 활동하는 생명체가 되었다.
- 그 뒤 생명을 가진 단백질 덩어리는 자기가 곧 죽을 것임을 알게

되었고 어쩌다 보니 저절로 자기를 닮은 새끼를 낳는 기능을 진화시켰다. 모두가 다 자연 선택의 은총 덕분이다.

- 그 뒤 그 세포는 알 수 없는 방식(돌연변이)으로, 피와 핏줄과 심장과 근육과 뼈와 간과 폐와 눈과 뇌 등 정교한 기관들을 어쩌다 보니 저절로 조금씩 만들어 냈다.

- 혼자서 새끼를 낳는 것보다는 암수 성관계를 통해 새끼를 낳는 것이 좋겠다는 자연 선택의 강력한 지도에 따라, 어쩌다 보니 저절로 그들은 암수로 나뉘어졌고 성관계로 임신하는 몸의 구조를 만들어 냈다. 자연 선택의 놀라운 인도 때문이다.

- 그 중 일부는 물속에서 사는 것보다는 땅 위로 진출해서 새 세상을 누리는 것이 좋겠다는 자연 선택의 계시에 따라, 힘겹게 지느러미를 오랜 시간 동안 조금씩 다리로 진화시키고 공기로 숨 쉬는 허파까지도 만들어 냈다. 그들 중 어떤 것은 다시 물로 돌아가서 살라는 자연 선택의 계시에 따라 다리와 팔을 지느러미로 조금씩 진화시켜서 마침내 물속 포유류가 되었다.

- 그들 중 일부는 하늘을 나는 꿈을 꾸라는 자연 선택의 환상에 힘입어서 어쩌다 보니 저절로 조금씩 손을 날개로 변화시켰다. 그래서 마침내 하늘을 날 수 있는 날개와 가벼운 몸 구조를 만들어 냈다.

- 그냥 어쩌다 보니 저절로 그렇게 된 것이 아니라, 이기적 유전자에 의해서 그렇게 된 것이라는 자연 선택의 교지에 대해서 열렬히 아멘으로 응답하는 맹한 지능도 어쩌다 보니 저절로 조금씩 생겨났다.

- 자연 선택은 생명체들이 무슨 짓을 하든 샅샅이 살펴서 그에 대한

보상과 처벌을 엄하게 행할 것이며, 그에 따라 그들은 적자생존하면서 진화와 멸종을 되풀이하며 더 고등한 생명체로 발전해 갈 것이다.

고인 빗물(바위 배양액/원시 수프)이 자연 선택의 능력에 힘입어서 어쩌다 보니 조금씩 인간으로 변해 가듯이, 철광석 역시 자연 선택의 능력을 힘입어서 로봇으로 어쩌다 보니 조금씩 변해갈 수 있어야 하는 것 아닌가? 다만 충분히 오랜 시간이 필요할 뿐이다.

지적 설계나 의도 따위는 필요가 없다. 그런 게 필요하다고 가정하면 그건 정말 비과학적이고 멍청한 생각이다. 오직 '어쩌다 보니 저절로 조금씩'의 인도를 받는 전능한 자연 선택만 있으면 된다.

이 무슨 멍멍 소리일까?

어쩌다 보니 저절로 조금씩

왈(曰),
"이원론은 물질과 마음을 독립된 것으로 본다. 육체는 영혼이 잠시 머무는 곳이다. 정신병은 육체에 악한 영이 깃든 것이다. 반면에 일원론은 마음을 물질(뇌)이 일으키는 현상으로 본다. 이성은 진화의 과정에서 뇌의 기능이 향상됨으로써 도달한 결과이다.

자연 선택이 이룩한 진화의 결과는 마치 생물이 어떤 목적을 위해 창조된 것처럼 보이게 한다. 하지만 생물은 결코 어떤 의도에 의해서 설계된 것이 아니다. 다만 조금씩 조금씩 진행된 진화의 과정이 오래 누적되어 마치 설계된 것처럼 보일 정도까지 이르렀을 뿐이다."

컴퓨터라는 물질도 어쩌다 보니 저절로 생각이라는 현상을 만들어 내는 때가 과연 올 것인가? 왜 인간의 두뇌에서 생각이라는 현상을 진화시킨 자연 선택이 컴퓨터에게서는 생각이라는 현상을 진화시키지 않는 것일까? 아직 자연 선택이 정한 때에 이르지 못했기 때문일까? 컴퓨터에 소프트웨어를 깔면 컴퓨터도 인간 두뇌가 하는 생각과 비슷한 작업을 한다. 소프트웨어를 깔지 않으면(설계가 없으면) 컴퓨터는 그냥 고물이다.

인간 두뇌에 소프트웨어를 우연히 저절로 깔아 준 자연 선택이 컴퓨터에게는 관심이 전혀 없는 것인가? 왜 컴퓨터에게는 자기 복제를 할 수 있는 유전자 정보를 만들어 주지 않는 것일까? 하기야 애당초 컴퓨터라는 하드웨어를 자연 선택이 만든 것이 아니니, 자연 선택의 입장에서는 관심이 없을 수도 있겠다. 자연 선택은 좀스러운 신인가?

설마 도킨스가 이런 식으로 답변하려는 것은 아니리라고 믿는다.

'생물은 설계된 것이 아니다. 그래서 인간의 두뇌는 소프트웨어(설계)를 깔지 않아도 자연 선택에 의해 생각이라는 현상을 만들어 낸다. 하지만 컴퓨터는 설계된 것이다. 그래서 거기다가 다시 소프트웨어(설계)를 깔아야만 생각이라는 현상을 만들어 낼 수가 있다.'

도킨스는 계속 생물은 설계된 것이 아니라, 저절로 어쩌다 보니 오랫동안 조금씩 아주 조금씩 그렇게 된 것(자연 선택)이라고 한다. 슈퍼컴퓨터나 우주선보다 더 복잡한 유전자 정보를 가지고 있지만, 결단코 설계된 것은 아니며 설계된 것처럼 보일 뿐이라고 강변한다. 왜 도대체 설계된 것처럼 보이는 걸까? 합리적인 답변은 설계되었기 때문이다.

'창세로부터 그의 보이지 아니하는 것들 곧 그의 영원하신 능력과 신성이 그가 만드신 만물에 분명히 보여 알려졌나니'(롬1:20)

그러나 도킨스는 전혀 엉뚱한 논리를 펼친다. 생물은 설계된 것이 아니기 때문에 설계된 것처럼 보일 뿐이라고 말해야 한다는 것이다. 그는 설계자가 없다는 확신을 입증할 증거는 제시하지 못한다. 다만 우리는 설계자가 없다는 사실을 알고 있다고 주장한다. 그렇기 때문에 설계자의 존재는 멍청한 생각이라는 것이다. 설계자가 없다는 그의 믿음(종교)은 절대적 진리인가?

자연 선택은 왜 심장을 만들었으며, 왜 혈액을 만들었을까? 그냥 심장이 없는 대로 사는 생명체도 많이 있는데 말이다. 자연 선택이 심장과 핏줄과 혈액을 조금씩 조금씩 오랫동안 서서히 생겨나게 하는 동안, 그것들은 도대체 어떤 식으로 작동을 했을까? 전혀 작동하지 못했을 것이다. 완성이 아직 멀고도 먼데, 무엇을 하겠는가? 그냥 쓰레기 차원이었다. 없어도 좋은, 차라리 없는 게 더 나은 그런 것 말이다.

조금씩 뭔가가 만들어지는 그 처음 단계에서는 정말 쓸모가 없는 것임에도 불구하고, 마치 심장을 만들도록 설계된 듯이 아주 조금씩 오랫동안 악전고투해 가면서 기어이 심장으로 조금씩 변화를 완성해 간 이유는 무엇일까? 도대체 누가 그 변화 과정을 인도해 갔다는 말인가? 그냥 어쩌다 보니 저절로 조금씩... 그게 바로 우연이다. 그런데 도킨스는 절대로 우연이 아니란다.

"어쩌다 보니 저절로 이기적 유전자에 의해서 그렇게 되었다. 생명체가 진화하는 중에는 알 수가 없지만, 진화가 완성되고 난 다음에는 그렇게 된 이유를 설명할 수가 있다. 생명체가 진화해 가는 과정을 관찰할 수는 없다. 다만 생명체가 진화된 결과를 볼 수 있을 뿐이다. 그래서 설계된 것이 아님에도 불구하고 마치 설계된 것처럼 생각하게 되는 것이다. 무수히 많은 진화의 작은 단계들 중 하나로 추정할 수 있는 몇 가지 증거만으로도 충분히 진화를 입증할 수가 있는 것이다."

누구나 도킨스식 논리로 이렇게 말할 수 있다. "늘 그랬듯이 우린 앙코르와트가 진화해 온(지진, 태풍, 벼락, 홍수, 화산, 침식 등등 무작위적 운동으로 조금씩 만들어진) 세세한 과정을 관찰할 수가 없으며 오직 그 무작위적 운동으로 만들어진 결과만을 볼 수 있을 뿐이다." 글쎄, 진화하는 과정을 볼 수 없는데, 진화했다는 걸 어찌 알 수 있다는 걸까? 오직 상상과 믿음으로… 와우, 도킨스의 말씀이 마치 사이비 교주의 교리처럼 들리는 이유는 뭘까?

'문 밖의 무리를 대소를 막론하고 그 눈을 어둡게 하니 그들이 문을 찾느라고 헤매었더라.'(창19:11)

자연 선택과 멸종

왈(曰),
"자연 선택은 수많은 자기 복제 유전자들 중에서 선택을 한다. 생물은 유전자 자기 복제를 통해서 종을 이어 간다. 유전자에는 자기 복사본(후손)을 만드는 정보가 담겨 있는데, 때로는 삑사리가 나서 돌연변이(변형)가 생기기도 한다. 돌연변이들 중에서 자기 후손을 더 잘 만드는 것들이 그렇지 못한 것들을 희생시킴으로써 후손을 늘려 나간다. 이게 바로 다원주의의 핵심인 자연 선택의 과정이다."

돌연변이 중에 사본(후손)을 더 잘 만드는 자기 복제자 변이 형태들이 그렇지 못한 형태들을 희생시키면서 수가 늘어나는 것이 자연 선택이라니 말은 그럴 듯하게 들리는데... 과연 더 잘 만드는 자기 복제 변이 형태라는 게 도대체 뭘 한다는 건가? 이전에는 없던 새로운 신체 구조를 돌연변이로 만들어 내고 지금보다 더 나은 기능을 어쩌다 보니 돌연변이로 저절로 학습한다는 것인가? 그래서 그것을 물려준다는 말인가? 이전에 없던 더 나은 신체 구조나 기능을 행하게 되는 돌연변이의 사례가 있기나 한가? 그냥 있지도 않겠냐는 상상으로 만들어 낸 것은 아닌가? 만약에 실제로 있다면, 전체 돌연변이 중 대체 얼마나 차지하고 있는 것인지 궁금하다.

돌연변이는 망가지는 쪽으로 일어나는 게 일반적인 현상(법칙)이다. 아주아주 많이 돌연변이가 발생하다 보면(다중 우주처럼 막무가내로 무한히 많이/다중 우주는 전적으로 진화론자들의 상상 속에서만 있는 가정이다. 있을 것이라고 가정만 할 뿐, 영원히 관찰 불가능한 존재) 아주아주 드물게 더 나은 쪽으로 진행해 가는 것도 있지 않겠느냐는, 검증할 수도 없는 막연한 상상에 근거해서 자연 선택이라는 누각을 짓고 있는 것은 아닌지, 진지하게 성찰해 볼 일이다. 그런 사례를 많이도 말고 하나만이라도 제대로 제시한다면, 노벨상을 받고도 남지 않을까?

　단순하게 생각해서 십만 번 나쁜 돌연변이만 나오다가, 한 번 좋은 돌연변이가 나왔다고 하자. 그게 진화인가? 멸종인가? 멸종을 아주 잠시 순간적으로 늦춘 것에 불과하다. 그 흐름은 여전히 멸종을 향해 가고 있다. 만약 경제 사회(시장)에서 그런 식으로 장사를 한다면 쫄딱 망한다. 본전 까먹고 있는 꼴이 아닌가? 매달 십만 원 손실에 1원 수익이라니. 엑셀 프로그램에 돌연변이(바이러스 감염)가 발생해서, 기능 장애가 생기는 게 십만 번인데 간혹 기능 개선이 되는 게 한 번이라면, 과연 그 프로그램이 진화할까? 결국은 망가질까?

　자연 선택은 멸종의 길이지, 진화의 길이 아니다. 자연 선택이라는 게 있어서 선택을 한다면, 그건 좀 더 서서히 멸종이냐 좀 더 빠른 멸종이냐를 선택할 수 있을 뿐이다. 돌연변이는 진화가 아니라, 멸종으로 가는 과정이기 때문에 그렇다. 결국 가장 나쁜 돌연변이부터 제거함으로써 멸종을 아주 조금 지연시키거나, 아주 잘 되면 나쁜 돌연변이들을 다 없앰으로써 잠시 현상을 유지하는 것이다. 만물이 죽음(망가짐)을 향하고 있다는 것은 명백한 과학적 사실이다.

　'만물의 마지막이 가까이 왔으니, 그러므로 너희는 정신을 차리고 근신하여 기도하라.' (벧전4:7)

대부분의 인간들은 선을 추구하면서 또한 악한 짓도 함께 한다. 그게 인간의 실상이다. 유신론자나 무신론자나 다 마찬가지이다. 인간은 선하거나 악하기 위해서 신을 필요로 하는 게 아니라, 내가 누구인지를 알기 위해서 신을 필요로 한다. 진화교 역시 내가 누구인지를 알기 위해서 진화교를 필요로 한다. 유신교에서는 인간이란 존재가 신의 창조물인 것이고, 진화교에서는 인간이란 존재가 빗물 바위 배양액(원시 수프)의 창조물인 것이다.

6장 진화교

진화 교리

왈(曰),

"종교가 없는 인간은 선할 수 없다는 생각 때문에 비종교인들에 대해서 적대감을 갖고 있는 종교인들이 있다. 그들은 과학에 대해서도 도덕적인 잣대를 들이대며 반대하곤 한다. 진화론 교육에 대해서 과학적인 근거와는 상관없이 도덕적인 이유로 거부하는 것이다. 원숭이가 조상이라고 가르치면 애들이 원숭이처럼 행동하지 않겠는가?"

도킨스의 자기도취는 극에 이른다. 왜 그는, 종교인들이 진화 자체 더 나아가 과학적인 그 어떤 것과 아무런 상관없이, 도덕적으로 격분해서 진화론 교육을 반대한다고 상상하는 것일까? 진화(무신)교는 종교가 아닌가? 푸하, 종교다. 오랜 시간(우연)이 모든 것을 창조(진화)하고 있다고 믿는 종교이다. 왜 유신교만 종교라고 생각하는 걸까? 비과학적이기 때문에? 진화교는 과학적이라는 믿음을 갖고 있는 모양인데 정말 그런지 한번 보자.

진화교는 두 개의 교리로 집약된다. 첫째 생명은 오랜 시간(어쩌다 보니 저절로)에 의해 수십억 년 전에 딱 한번 창조되었다. 왜 딱 한 번일까? 관찰된 적이 없기 때문이다. 그 한 번뿐이라는 주장은 상상인가, 믿음인가, 억지인가? 교리다. 둘째, 그 생명은 돌연변이(우연)에 의해 오랜 시간 동안 조금씩 아주 조금씩 온갖 종으로 진화해 왔다. 하지만 그들은 결코 종에서 종으로 조금씩 아주 조금씩 변해 가는 화석 시리즈를 발견하지 못한다. 종에서 종으로 진화했다는 주장은 상상인가, 믿음인가, 억지인가? 교리다. 이 두 가지 교리는 과연 과학적으로 입증되었을까?

파스퇴르는 과학적 실험을 통해서 생물은 생물에서만 나온다는 사실을 입증했다. 생명 자연 발생설의 폐기다. 아직까지도 그의 실험 결과는 반증되지 않았다. 진화론자들이 생명이 물질로부터 자연 발생할 수 있는 환경을 가정하고 열심히 찾고 있지만, 아직 발견하지 못했다. 따라서 파스퇴르의 이론은 정설이고 법칙이다. 그런데 파스퇴르의 실험이 진행되었던 그 즈음에, 황당하게도 다윈은 생명이 오랜 시간(어쩌다 보니 저절로)에 의해 창조되었다는 믿음을 전제(출발점)로 하는 진화교의 경전인 『종의 기원』을 출간하였다.

진화론자들이 숱하게 해 왔던 초파리의 돌연변이 실험은 더 나은 조직과 기능을 갖춘 진화된 새로운 종을 창조(진화)하지 못했다. 실험을 거듭할수록 장애를 지닌 변종 초파리만을 양산했을 뿐이다. 결국 그들은 실험을 통해서 돌연변이가 멸종으로 가는 길임을 입증한 것이다. 물론 도킨스는 아니라고 우기겠지만 말이다. 그는 단지 자신이 우기고 있을 뿐이라는 사실을 전혀 모른다. 아니 믿지 않으려 한다. 더불어 현대 유전학을 통해서 인간의 유전자 역시 세대를 거듭하면서 자연 발생적 돌연변이로 인해서 멸종을 향하여 퇴화해 가고 있음이 관찰되었다.

인류는 어째서 수백 번도 더 멸종하지 않았을까? 진화론자의 과학적(?) 탄식이다. 돌연변이로 인한 유전자의 망가짐 속도로 봐서 인간 종족은 수십만 년 혹은 수백만 년 동안 종을 유지할 수가 없기 때문이다. 그래서 반문한다. 과거에는 어떤 알 수 없는 환경에 의해 돌연변이에 의한 진화가 가능했던 것이 아닐까? 그 환경을 찾아보자. 상상은 끝이 없다.

현재로서는 생명이 물질에서 자연 발생하는 것을 관찰할 수가 없다. 그래서 알 수는 없지만, 과거에 그게 가능했던 어떤 환경이 있었던 것은 아닐까라는 상상을 한다. 알 수 없는 어떤 방식에 의해서 어쩌다 보니 저절로 진화함으로써 모든 것이 창조되었다는 상상과 믿음이 그들 종교의 핵심적 교리이다. "오랜 시간(우연)이 모든 것을 창조했다." 우리는 그것을 검증할 수는 없고 다만 상상할 수는 있다. 그게 진화라는 단어에 담긴 진짜 의미이다. 철저한 종교가 아닌가? 도킨스가 그렇게 씹어대는 종교 말이다. 자신이이야말로 진화교 광신도이면서 왜 자꾸 남 탓만 하는 것일까?

'어찌하여 형제의 눈 속에 있는 티는 보고 네 눈 속에 있는 들보는 깨닫지 못하느냐?'(마7:3)

도킨스의 악담

왈(曰),

"'사탄의 자식들아 지옥에나 가라. 지독한 병으로 시달리다 죽어서 사탄에게 가거라. 동성애자들은 천벌을 받을 것이다. 어떤 불상사가 일어나든 너희 때문이다.'

전능하다는 신이 스스로를 방어할 힘도 없는 것인가? 인간이 신을 위해 저토록 폭력적으로 나서야만 하는 것인지 너무나도 의아스럽다. 저들이 그렇게 저주하며 험악하게 대드는 편집장이라는 사람은 놀랍게도 젊고 매력적인 여성이다."

도킨스는 진화교 신자 역시 반진화론 과학자들을 향해서 남녀를 가리지 않고 이런 식으로 댓글이나 메일을 날린다는 사실에 대해서는 알고 싶지 않은 것일까? 궁금해서 참을 수가 없는데, 왜 과학이 그런 난폭한 방어를 필요로 한다고 생각하는 것일까? 도킨스는 과학보다는 남탓에 집중하는 글쟁이라는 인상을 지속적으로 과시(?)하는 듯하다. 다원주의에 반하는 증거를 수록한 리처드 밀턴(과학 전문 기자)의 책에 대한 도킨스의 반응을 살펴보자.

1992년에 밀턴의 책이 발행되자, 다윈의 『종의 기원』이 처음으로 발간되었을 때만큼이나 치열한 논쟁이 벌어졌다. 타임지는 30년 전 『신에 대한 고백』이 기독교계를 뒤흔들었던 것처럼 밀턴의 『다윈도 모르는 진화론』이 진화에 대한 믿음을 뒤흔들 것이라고 평가하기도 했다.

하지만 옥스퍼드 대학교의 다윈주의자 도킨스는 그 책에 대해서 정신 나간, 멍청한, 철없는 책이라고 평가했다. 그 책의 저자는 악의 없는 바보이자 정신과 치료가 필요한 사람이라고 몰아세웠다. 도킨스가 쓴 서평 중 3분의 2가량은 그 책의 출판업자를 공격하는 내용이었다. 그리고 나머지는 저자에 대한 인신공격이었다. 그의 논조는 과학자의 것이 아니었다. 마치 신성 모독을 당했다고 생각한 종교 근본주의자들이나 내뱉을 만한 수준이었다.

책이 출간된 후, 저자에게는 다윈주의를 성역화하고 숭상하는 학계 상황을 우려하는 편지가 쇄도했다. 자신들의 연구 결과를 학회지에 발표하려 하지만, 그 어디에서도 받아 주지 않는다고 하소연했다. 그들의 발견이 진화교 교리인 다윈주의와 충돌하기 때문이었다. 기독교를 향해서 도킨스가 부르짖는 과학적 논의라는 것은 도대체 어디로 가버린 것일까?

도킨스를 분노케 했던 밀턴의 책에서 피력하고자 했던 내용의 요지는 이렇다. 〈진화에 대해서는 납득할 만한 정황 증거가 있음을 인정한다. 그러나 첫째, 자연 선택과 결합한 우연한 돌연변이가 진화를 유발한다는 다윈주의 주장에는 어떠한 뚜렷한 증거가 없다. 둘째, 방사성 연대 측정 방법에 심각한 결함이 있기 때문에 과학적으로 신뢰할 수가 없다. 따라서 현재로선 지구의 나이가 실제로 몇 살인지를 확실히 말하는 것이 불가능하다.〉 그게 그토록 끔찍한 욕을 먹고 위협을 당해야 할 만한 내용인지 참으로 궁금할 뿐이다.

'내가 땅의 기초를 놓을 때에 네가 어디 있었느냐? 네가 깨달아 알았거든 말할지니라.'(욥38:4)

자연 선택이라는 말장난

왈(曰),
"다윈주의는, 인간이 물질로부터 우연히 진화했고, 죽음을 통해 무(無)가 된다고 가르치기에 허무주의로 귀결한다. 이런 허무함이 인간을 악으로 이끌어 간다고 주장하는 사람들이 있다. 대단히 악의적인 해석이다. 사실 다윈주의의 자연 선택은 우연이 아니다. 진화의 과정은 우연이 아니라, 자연 선택이라는 관문을 지나야 한다. 자연 선택을 통과한 생명체는 이기적일 것이다. 생존을 위해서 다른 생명체를 희생시키고 살아남았다는 의미에서 그렇다."

도킨스는 왜 우연을 우연이 아니라고 우기는 것일까? 오랜 시간 조금씩이기 때문에 우연이 아닌가? 짧은 시간에 변하면 우연이고 오랜 시간 조금씩은 우연이 아니라고 믿는 모양이다. 아니면 다른 근거가 있나? 아, 자연이 선택하니까 우연이 아니다? 부적응자가 죽는 것(자연선택)은 우연이 아니다. 하지만 부적응자가 죽는다고 아메바가 사람이 되지는 않는다. 그렇게 된다면 그건 우연(기적)이다.

원숭이 중 부적응자가 죽는다고 원숭이가 사람이 되는가? 그냥 부적응자가 아닌 원숭이가 살아남을 뿐이다. 기존의 유전자를 보존하면서 말이다. 자연 선택은 새로운 종으로 진화해 가는 게 아니라, 기존의 종으로 살아남게 하는 것이다. 종족의 보존 말이다. 적응하면 보존, 부적응하면 멸종이다.

'그는 시냇가에 심은 나무가 철을 따라 열매를 맺으며 그 잎사귀가 마르지 아니함 같으니'(시1:3)

나무를 시냇가에 심으면 살고, 사막에 심으면 말라 죽는다. 이게 진화라고?

유전자 돌연변이들 중에 더 나은 종으로 이끄는 유전자 돌연변이가 생긴다고? 그게 바로 우연이다. 유전자 돌연변이는 더 나은 것으로 업그레이드되는 것이 아니라, 기존의 정보를 손상시키는 것이기에 그렇다. 아무도, 자연 질서조차도 의도하지 않았는데, 그렇게 되었다면 우연이라고 해야 하는 거 아닌가? 도킨스는 자기만의 다른 의미를 만들어 사용하면서, 남이 알아듣지 못한다고 신경질적으로 남 탓만 하고 있다.

유전자 돌연변이 중 살아남은 것이 이기적이라니? 왜냐하면 다른 경쟁자를 희생시켰기에 그렇다는 것이다. 도킨스는 유전자에게 의지를 부여한다. 마치 다른 유전자를 희생시키려 했다는 듯이 말이다. 돌연변이는 기존의 유전자 안에서 그냥 생기는(고장 나는) 것이고, 그 유전자의 변형이 개체의 적응을 어렵게 하면 그래서 정도가 심해지면, 부적응으로 그냥 죽는 거다. 다른 유전자들과 경쟁할 이유도 없다.

사자가 누구를 찍어서 사냥하느냐에 따라 사슴의 생사가 갈리는데, 사슴 스스로 먹이를 찾으러 다니다가 사자와 가까워지거나 멀어지게 되는 거 아닌가? 그게 무슨 사슴들이 서로를 희생시키려는 이기적인 생존경쟁이란 말인가? 도킨스가 상상만으로 극적인 동화를 제작하고 있는 것이다. 마치 자연이 의도를 갖고 뭘 선택이라도 한다는 듯이, 극적으로 자연 선택이라는 드라마를 쓰고 있는 것이다. 현실에는 없고 도킨스의 머릿속 상상에나 있는 얘기 말이다.

자연환경은 평소대로 그냥 있다. 늘 해 왔던 대로 더웠다가 추웠다가, 비가 왔다가 가물었다가, 태풍도 불었다가, 화산도 폭발했다가. 지진도 났다가, 평화롭기만 했다가 한다. 그런 상황에서 생명체가 수시로 선택한다. 다른 곳으로 이동하든가, 거기서 버티든가, 자기 유전자가 허용하는 능력 범위 안에서 말이다. 그냥 객관적으로 서술하자면, 그야말로 우연히 재수 없이 죽기도 하지만, 대개의 경우는 생존해서 그 종을 이어 간다.

자연 선택이란 명칭을 쓰니 마치 자연이 뭔가를 선택하는 듯 착각하게 만든다. 자연 선택은 언어적 묘사일 뿐이다. 적자가 있어서 자연이 선택하는 게 아니다. 왜 하필 사자가 있는 쪽으로 그 사슴이 갔을까? 그냥 우연히... 적자라서 사자에게 안 먹히고, 부적자라서 사자에게 먹히는 게 아니다. 유전자 변이도 그렇다. 어떤 악재에 노출되어서 혹은 그냥 세포 분열 와중에 돌연변이가 생겨났는데, 그럭저럭 살아남든가 장애가 생겨서 좀 더 고생하든가 아니면 금방 죽든가 한다.

생존을 위태롭게 하는 상황(자연환경)에서의 최선은 살아남는 거지, 진화하는 게 아니다. 자연 선택과 돌연변이는 생존보다는 멸종으로 이끈다. 그게 우리가 관찰하는 현실이다. 자연 선택과 돌연변이로 더 진화(기능 업그레이드)한다는 것은 영화 속의 상상일 뿐, 우리가 경험, 관찰, 실험한 사실은 결코 그렇지가 않다는 것이다.

초파리 돌연변이 실험에서 과연 초파리가 더 나은 종으로 진화했던가? 그 실험의 결과는 초파리의 장애나 불임이나 죽음 등이다. 그냥 단순화 하자면, 좀 이상한 초파리들이 나올 뿐이다. 그 초파리가 다른 종으로 진화하도록 유전자가 업그레이드되는 현상은 오직 진화교 신자의 상상 속에서나 가능한 동화(기적)인 것이다.

'너희가 허탄한 것을 말하며 거짓된 것을 보았은즉 내가 너희를 치리라. 주 여호와의 말씀이니라.'(겔13:8)

이기적 유전자?

왈(曰),

"유전자가 살아남기 위한 방법은 생명체가 이기적이 되도록 프로그램 하는 것이다. 생명체는 생존을 위해서 다양한 적응을 시도한다. 이기적 생존을 위해서 생명체는 이타적이 되기도 한다. 자기 친족에 대해 호의적(이타적)이 되도록 하는 유전자는 살아남을 확률이 크다. 자기

새끼에 대한 헌신이 그러하지 않은가? 형이 동생을 돌보는 성향도 마찬가지이다."

도킨스는 무슨 근거로 이런 상상을 하는 것일까? '유전가가 생존을 위해 이기적이 되도록 프로그램화 한다. 유전자가 생물이 이타적으로 행동하도록 영향을 미친다.' 유전자가 생물을 이기적 혹은 이타적으로 행동하도록 프로그램화 한다고 도킨스는 선언한다. 이 무슨 계시의 말씀인가?

유전자는 신체가 어떻게 만들어질 것인지에 대한 정보를 담고 있을 뿐이다. 인간의 이타주의 혹은 이기주의라는 정신적 성향을 조정하도록 하는 정보를 담고 있는 게 아니다. 그래서 같은 배에서 난 자식이지만 그 성격이나 인품이 다 다르다.

개의 유전자는 사람이 아닌 개의 신체를 만들게 하는 것이지, 개를 이타적으로 혹은 이기적으로 조정(프로그램화)하는 게 아니다. 유전자를 비교함으로써 과연 이타주의적인 개와 이기주의적인 개를 구별할 수 있다는 것일까? 자연을 선택이라는 단어와 함께 섞음으로써 의인화(지적인 의도 부여)하더니, 이제는 유전자를 조정이라는 단어와 함께 섞음으로써 의인화(프로그램화 능력)하는 마술(?)을 펼치려 한다.

도킨스가 그렇게 발작과 혐오를 동반하여 비판하던, '신이 사물에 목적을 부여 했다'라는 유신론의 주장하고 뭐가 다른가? 단어만 바꾸었을 뿐, 같은 논리 전개 아닌가? 선택과 조정이 담고 있는 '지적 의도'를, 신이란 단어에서 자연이나 유전자라는 단어로 바꿈으로써, 지워 버릴 수 있다는 도킨스의 논리가 참으로 대단(head stone)하게 느껴진다.

사람이 친족을 선호하는 것은 그들이 함께 지냈기 때문이다. 아무리 형제라도 태어나는 순간부터 따로 지냈다면, 그래서 우연히 만나게 되었다면 남처럼 느껴진다. 우호감 같은 것은 없다. 유전자 검사로 가족임이 알려지거나 고향이 같다는 말을 들으면, 나와 출신이 같구나라는 생각에 호감이 갑자기 생기는 것이다. '핏줄이라 끌리는가 보다'라는 얘기는 '뭔가 나와 비슷한 게 느껴져서 좋아'라는 의미일 뿐이다.

도킨스 논리로 하자면, 그 순간 무슨 유전자에 변화(프로그램화)가 일어나기도 했다는 것인가? 호랑이도 어려서 자기를 키운 사람(구원자, 어미 역할자)을, 헤어졌다가 수년 만에 다시 만나면 잊지 않고 알아보며 좋아서 어쩔 줄을 몰라 한다. 호랑이 유전자와 사람 유전자 사이에 무슨 신묘막측한 조정(프로그램화)이 일어난 것일까? 이것도 유전자에 의한 진화의 결과라고 이해해야 하는가? 유전자에 의한 진화의 결과가 아니다. 구원자(사랑하는 자)와 함께 있음을 깨달으면, 이기적 본성(죄/죽음의 결과)에서 벗어나 화목하게 된다.

'그 때에 이리가 어린 양과 함께 살며 표범이 어린 염소와 함께 누우며... 내 거룩한 산 모든 곳에서 해 됨도 없고 상함도 없을 것이니'(사 11:6,9)

동물들이 동생을 돌보는 사회를 유전자가 만들어 냈다고(진화시켰다)고? 유전자를 분석하면 유전적 친족을 선호하게 하는 유전자가 발견될까? 그런 유전자는 도대체 어떻게 어쩌다 보니 저절로 조금씩 만들어졌던(진화했던) 것일까? 절대로 알 수가 없다. 그냥 어쩌다 보니 우연히 저절로 그렇게 되었다... 그게 도킨스의 답일 것이다. 진화론자들이 의존하는 종착 논리이다.

왜 그런가? 그 유전자가 원래는 물질이었지 않나? 수십억 년 전에 지구라는 암석 덩어리에 비가 내려서 고인 물(단순 형태인 물질)이 세포(아주 복잡한 형태/조직체인 물질)를 만들어 냈다는 게 도킨스가 믿는 진화 교리이다. 물론 지구 어디서도 세포를 만들어 내는 바위 배양액(원시 수프) 따위는 관찰되지 않는다. 있을 수가 없다. 그러니 어떻게 그게 가능한지를 알 수가 없는 것이다. 그래서 그냥 어쩌다 보니 저절로 단 한 번만 그렇게 되었다고 선언한다. 결코 부정해서는 안 되는 계시가 되고 말았다.

게다가 그 세포(아직 물질 상태이다)가 어느 순간 우연히 저절로 살아나서, 종족을 이어 갈 수 있게 하는 자기 복제 능력이라는 것도 갖게 되었다. 와우, 어떻게? 그냥 우연히 저절로 알 수 없는 과정을 통해서... 과연 컴퓨터나 자동차나 로봇 같은 것들이 자기 복제 능력을 우연히 저절로 알 수 없는 과정을 통해서 갖게 되는 진화는 언제쯤이나 가능해질까? 어떤 뛰어난 지능이 있어서 그걸 가능하도록 설계해서 만들어 놓으면 가능해질 것이라고 믿는 게 과학적일까? 아니면 아주 오랜 시간만 지나면 자연 선택과 적자생존에 의해서 우연히 저절로 그렇게 될(진화할) 것이라고 믿는 게 과학적일까?

죽은 생명체(물질)가 살아나는 일(예수의 부활)은 없다는 게 도킨스의 과학인데, 그는 놀랍게도 물질이 살아났다는 진화론의 교리를 믿는다. 물질의 살아남이라는 게 없다면, 도킨스의 진화교는 성립 불가능이다. 죽은 생명체(예수의 시체/물질)의 부활도 그 본질은 물질의 살아남이지 않은가? 어째서 그것은 안 된다는 것일까? 도킨스는 정말 동화 같은 상상들을, 과학을 빙자해서 늘어놓고 있는 것이다. 진화교를 믿는 물질(?)은 살아나지만, 기독교를 믿는 물질(?)은 살아날 수 없다는 논리가 성립한다는 것인가? 도킨스의 그런 믿음이 또한 대단(head stone)하다.

인간의 도덕성

왈(曰),
"서구와 교류가 없는 부족을 대상으로 실험을 했다. 트롤리 딜레마(기차에 충돌할 위기에 빠진 5명을 구하기 위해서 기차선로를 바꾸게 되면, 다른 선로에 있던 1명이 죽게 되는 상황)를 그들의 환경에 맞게끔 바꾸었다. 그 결과 도덕적 판단력에 있어서 그들도 서구인들과 다를 바 없다는 사실을 발견했다. 이 실험의 결과는 종교인과 무신론자 사이에 도덕적 판단에 있어서 다를 게 없다는 것이다. 인간이 선하거나 악하기 위해서 신이 필요하지 않다는 견해와 일치한다."

푸하, 도킨스는 왜 자꾸 허수아비 공략을 위해 애쓰는 것일까? 무신론자와 종교인 사이의 판단에 통계적으로 의미 있는 차이가 없다는 것이 무슨 대단한 발견인 듯이 그렇게 떠벌이는 것일까? 이미 오랜 전부터 인간은 불교든 유교든 기독교든 그 계명에 있어서 비슷한 공통점을 공유해 왔다.

　다만 인간들이 늘 자신들(계층, 민족, 인종 등)을 우월시하기 위해서 주변의 다른 민족들을 오랑캐, 미개인 등의 명칭으로 무시했을 뿐이다. 그런 현상은 인간 사회에서 늘 있어 왔던 습성이지 않은가? 양반이 상민을, 귀족이 평민을, 평민이 노예(종)를, 백인이 흑인을, 진화교 신자인 히틀러는 유대인을 덜 떨어진 인간, 즉 인간 이하로 취급했을 뿐이다.

　인간은 무슨 종교를 갖든 상관없이 그 행위나 판단에 있어서 비슷한 경향을 보인다. 지극히 당연한 일이다. 그래서 모두 다 인간이다. 성경 역시 모든 인간이 신분, 인종, 성별, 나이에 상관없이 똑같이 죄인임을 선포해 왔다. 다만 인간이란 존재에게 공통된 윤리, 도덕에 대해서 유신교는 신이 준 것이라고 말하고, 무신교인 진화교는 우연히 그렇게 진화(합의)했다고 말하는 차이가 있을 뿐이다.

　대부분의 인간들은 선을 추구하면서 또한 악한 짓도 함께 한다. 그게 인간의 실상이다.　인간은 선하거나 악하기 위해서 신을 필요로 하는 게 아니라, 내가 누구인지를 알기 위해서 신을 필요로 한다. 진화교 역시 내가 누구인지를 알기 위해서 진화교를 필요로 한다. 유신교에서는 인간이란 존재가 신의 창조물인 것이고, 진화교에서는 인간이란 존재가 바위 배양액(원시 수프)의 창조물인 것이다. '태초에 하나님이 인간을 창조하시니라.'(창세기) '오래 전에 빗물 배양액이 인간을 창조하시니라.'(진화세기) 유신론자와 진화론자는 각자가 믿고 있는 바 인간으로서 자기 정체성이 다를 뿐이다.

　유신교와 진화교의 차이는 내가 누구인가에 대한 답에 있는 것이지, 인간이 갖고 있는 지적 판단이나 도덕적 판단의 차이에 있는 게 아니다. 왜냐하면, 그런 능력은 유신교 신자든 진화교 신자든 상관없이 각자가 직면하는 개별적 사안들에 따라 서로 다르게 그 능력이 발휘되기에 그렇다. 같은 유신교 신자 간에도 다르고, 진화교 신자 간에도 다르다. 그들 모두가 공유하는 공통점이 있다면 용서받아야 할 죄인이라는 사실뿐이다.

　뿐만 아니라 같은 사람이라 하더라도 그가 맞닥뜨린 시간과 장소와 상대에 따라 그 도덕적 성향이 다르게 나타나는 게 일상적이다. 오죽하면 내로남불이라는 말이 생겨났겠는가? 화장실 들어갈 때와 나올 때가 서로 다르다 하지 않든가? 개인의 지적 판단이나 도덕적 판단이라는 게 항상 모든 시간, 모든 영역에서 일정한 게 아니라는 말이다. 그러다 보니 모든 인간에게 있어서 지적 능력이나 도덕적 능력이 평균적으로는 서로 비슷할 수밖에 없다. 인간의 도덕적 수준이라는 걸 평균적으로 보면 그 놈이 그놈이다. 결국 모두가 다 회개해야 할 존재라는 사실만 분명해진다.

　'선을 행하고 전혀 죄를 범하지 아니하는 의인은 세상에 없기 때문이로다.'(전7:20)

현대인들이 부르짖는 성에 대한 자유(섹스토피아)는 먹고 살 만해진 고대 문명에서 늘 있었던 행태였다. 가난한 나라일지라도 경제적 풍요를 누리는 상류층에서는 늘 있는 행태이다. 결코 새로운 이념, 진보한 사상이 아니다. 경제 성장으로 빡세게 일을 안 해도 식욕이 해결되니까, 성욕과 성적 쾌락이란 것이 인생의 목적이 되었을 뿐이다. 동성애든 동물성애든 소아성애든 근친상간이든 성적 쾌락을 위한 모든 행위를 인권으로 포장한 현대 성 이념은 그냥 탐욕에서 나온 개소리일 뿐이다. 그러니 성숙한 척, 진보한 척하는 위선 좀 그만 떨기를... 보기에 민망스러울 뿐이다.

7장 낡은 고전이라?

노아 홍수

왈(曰),
"성경 창세기의 노아 홍수 이야기는 바벨론 신화 등 이전부터 전해 오던 이야기들을 베끼고 편집한 것이다. 홍수가 나서 온 세상이 잠기고 모든 동물들이 한 쌍씩 방주에 올라탄다는 내용이다. 인간에게 분노한 신이 노아 가족 8명을 제외한 인간들을 여자든 아이든 깡그리 물에 빠져 죽게 했고, 나머지 동물들도 역시 그렇게 했다. 너무나도 잔혹하지 않은가?"

도킨스는 무슨 말을 하고 싶은 것인가? 홍수로 인간을 멸해 버린

신은 나쁜 놈이기에 존재할 필요가 없다는 말을 하고 싶은 것인가? 아니면 구약 성경의 기록이 신의 악함을 드러내기에 믿을 수 없다는 주장을 하고 싶은 것인가? 오죽했으면 인간들을 그리 했을까라는 생각은 너무 끔찍한 상상일까? 재미있는 것은 도킨스 역시 이슬람 극단주의 세력에 대해 끔찍한 혐오와 정죄를 하고 있다는 사실이다. 도킨스가 혐오하는 종교인들을 향한 그의 태도는, 자신이 말하고 있는 노아 홍수 때 신의 태도를 연상시킨다.

신이 나쁜 놈이라고 해석하는 것은 도킨스의 선택이고 해석이다. 설마 그 해석에 반드시 동의하라고 강요하는 것은 아닐 것이라 믿는다. 그가, 자기 믿음을 남에게 강요하는 게 싫어서 기독교를 미워하고 욕하는 측면도 있다고 보아지기 때문이다. '여호와는 노하기를 더디 하시고 인자가 많아 죄악과 허물을 사하시나 형벌 받을 자는 결단코 사하지 아니하시고'(민14:18) 혹시 인자와 자비라는 것이 계속 악을 돌이키지 않는 자를 끝까지 벌하지 않음을 의미하는 것이라고 도킨스는 믿는 것인가?

창세기의 노아 기록이 거짓인지 아닌지, 혹은 남의 얘기를 베낀 것인지, 아니면 사실 기록을 가장 정확히 보존한 것인지를 알 방법은 없다. 우리가 그 때 안 살았기에 그렇다. 그냥 상상하고 추측하고 해석하고 막판에 이럴 것이라고 선택하는 것이다. 만일 숱한 홍수 이야기 중에 모세 때의 이스라엘 백성들이, 본래 사실을 가장 정확하게 기록한 것(원본 혹은 구전)을 보관하고 필사해서 왔다면 어쩌겠는가? 절대 그럴 리 없다고 도킨스가 보장할 수 있는 처지에 있지는 않다는 것은 너무나도 명확한 사실이다.

홍수 얘기는 동서를 막론하고 모든 문명에서 대부분 다 등장하고 있다. 물론 그 이야기들 가운데는 공통된 부분도 있고 서로 다른 부분들도 있다. 어느 것이 가장 원본에 가까운 혹은 정확한 사실을 보존해 온 기록일까? 엄밀하게 말하자면, 아무도 모른다. 그 사건을 직접 경험한 자가 없기 때문이다. 분명한 것은 단순히 시간적으로 앞섰을 것이라는 이유만으로 그 기록물이 더 정확할 것이라고 생각하면 안 된다는 사실이다. 전달 중에 변경된 것들과 원형을 그대로 유지한 것 모두가 필사를 통해서(오래되면 낡으니까) 계속 이어져 왔을 테니까 말이다.

노아 홍수 이야기에 나오는 방주 설계는 그대로 제작하면 아주 훌륭한, 그래서 현대 조선술조차도 감탄할 만큼 뛰어난 안정성과 복원력을 갖춘 배가 만들어진다. 이 놀라운 배에 관한 공학적 지식을 노아는 어떻게 알았던 것일까? 반면에 수메르 홍수 이야기에 나오는 방주 설계는 그대로 따라 만들 경우, 상당히 곤란한 상황에 처하게 된다. 그 형태가 정육면체 형태이기 때문에 배가 빙빙 도는 현상이 발생할 수 있기 때문이다. 노아의 기록대로 하면, 홍수 상황에서 실제로 쓸모 있는 배가 된다. 반면에 수메르 기록대로 하면, 홍수 상황에서 실제로 쓸모가 없는 배가 된다.

그렇다면 어느 쪽이 과연 과거에 실제로 있었던 사실에 대한 정확한 내용을 담은 기록이라고 봐야 할까? 각자의 판단과 선택과 믿음에 맡길 수밖에 없다. 유래하였다는 말을 사용함으로써 도킨스는 노아 기록의 신빙성을 약화시키려는 시도를 하고 있다. 도킨스는 아마도 수메르 홍수 이야기(현실성 거의 없는 배의 설계)를 노아 홍수 이야기(현실성이

100%인 배의 설계)가 베낀 것이라고 판단하고 선택하고 신앙하고 있을 뿐이다. '여호와께서 모세에게 이르시되 이것을 책에 기록하여 기념하게 하고'(출17:14)

과연 사실적 정확성을 갖고 있는 기록이 사실적 정확성을 결여한 기록에서 유래했다고 말하는 것이 과학적인 분석이라고 확신하는 도킨스의 과학(?)의 정체가 무엇인지 너무도 궁금하다. 수메르 기록은 원래의 사건을 왜곡되게 보존한 것이고, 노아의 기록은 원래의 기록을 제대로 잘 보존한 것이라고 보는 것이 더 합리적이고 과학적인 판단이다. 1000년에 만들어진 성경 필사본을 우리가 발견했다고 해서, 900년에 만들어진, 성경의 내용과 비슷한 어떤 사건을 기록한 필사본에서 유래했다고 말하는 것은 정말 한심한 일이다. 노아의 기록이 수메르의 기록을 베꼈을(수메르 기록에서 유래한) 것이라고 속단하는 것 역시 마찬가지이다. 우리가 최근에 발견한 수메르 기록보다 더 정확한 기록을 (비록 지금은 사라져 없기는 하지만, 혹은 아직 못 발견하고 있기는 하지만) 그 옛날 이스라엘 백성들이 전승 받아 필사했을 가능성도 얼마든지 있기 때문이다.

여성과 종교?

왈(曰),
"소돔 성에 살던 롯은 나그네(천사)들을 집으로 초청하여 머물게 한다. 그런데 그 밤에 소돔 성의 남자들이 몰려와 나그네들을 내놓으라고 한다. 상관(성교)하겠다는 것이다.

'여보게들, 제발 이러지 말게. 이건 악한 짓일세. 이것 보게, 나에게 처녀인 두 딸이 있네. 그 애들을 내보낼 테니 좋을 대로 하게. 그러나 이 사람들은 내게 온 손님들이니까, 이들에게는 아무 짓도 말아 주게.'

이 요상한 얘기에는 어떤 신학적 의미가 담겨 있는 것일까? 어쨌든 이 종교가 여자들을 어떤 식으로 취급하고 있는지를 적나라하게 보여 주고 있음은 분명하다. 물론 이야기의 흐름은 두 딸에게 아무 일도 일어나지 않게끔 극적으로 전환되었다. 천사들이 그들의 눈을 어둡게 함으로써 입구를 찾지 못하게 한 것이다."

도킨스는 기독교가 여성들을 억압하고 착취했다는 식의 주장에 동의하고 있는 듯하다. 이런 견해를 가진 자들은 흔히 성경 기록을 보면 인구 조사를 할 때도 여자의 숫자를 빼버릴 만큼 여성을 비인간으로 취급하고 있다고 해석한다. 바보 아닌가? 그건 기독교의 주장이 아니라, 과거 고대 사회가 일반적으로 그랬다는 기록일 뿐이다.

여자를 사고 파는 일이 고대 사회 곳곳에서 벌어졌다. 기독교나 혹은 유교나 불교나 힌두교나 그 어떤 종교의 문제가 아니라, 그 시대의 상황이 그랬다. 종교가 없다고 부르짖는 무신론자도 그랬다는 말이다. 그러니 기독교 혐오라는 감정에 휘둘려 엉뚱한 해석을 하는 자만을 좀 내려놓으라.

인구 조사는 세금을 거두거나 군대 징벌을 위해서 한다. 고대 사회에서 인구 조사에 여자를 넣을 이유가 뭔가? 힘이 달리는 사내아이들 역시 넣을 이유가 없다. 돈이 안 되기 때문이다. 세금이나 군대는 성인 남자에게만 해당한다. 왜 그런가? 신체적인 체력 조건이 남자가 생존에 유리했고, 전쟁이나 약탈(정복 전쟁, 재산 확장)에도 유리했기에 그렇다.

그러다 보니 체력 조건 유리했던 남자들이 세금을 낼 수 있는 재산에 대한 소유권도 갖게 되었다. 여자보다는 남자가 다른 부족의 재산을 약탈하거나 자기 땅과 부족(국민)을 지키는 군사로서 훨씬 더 효용성이 높기 때문이다. 고대 사회에 형성되었던 가부장제라는 제도는 효용성 때문에 생긴 것이지, 남자가 여자를 착취하기 위해서 생긴 게 아니다.

그러나 현대 산업 사회에 이르면서 여러 가지 기계나 무기들이 개발됨으로 말미암아 신체적 우열이라는 것이 생존 여부에 미치는 영향력이 점차적으로 줄어들게 되었다. 그래서 고대 사회와는 다르게 여자들도 남자들처럼 집 바깥에서 하는 일을 할 수 있는 여지가 넓어졌다. 그렇지만 생계 활동이 체력에 치중되었던 고대 사회에서는 여자의 신체적 약세와 생리 현상은 개인과 부족의 생존력에 치명적인 약점이었다. 그런 상황 아래에서 생존을 위해서는 남자에 의존해야 하는 약자인 여자를 마치 재산 취급하는 일들이 발생하곤 했던 것이다. '너(여자)는 남편을 원하고 남편은 너를 다스릴 것이니라... 너(남자)는 네 평생에 수고하여야 그 소산을 먹으리라.'(창3:16,17) 항시 전쟁(약탈)의 위협에 노출되어 있던 고대 사회에서 여자가 살아남기 위해서는 남자가 필요했다. 그래서 남자뿐만 아니라 여자들조차도 딸보다는 아들을 더 원하는 상황이 벌어질 수밖에 없었다.

왜 사람들이 노예로 팔렸나? 전쟁에 져서, 약자라서 그랬다. 여자만의 문제가 아니다. 여자라서가 아니라, 약자라는 게 문제였다. 인간이란 존재들에게서 그런 행태들이 예나 지금이나 늘 나타난다. 만일 도킨스가 고대 사회에서 살았더라면, 자기가 살겠다고 혹은 출세하겠다고 아내나 딸을 바치는 일을 결단코 안 했을 것 같은가? 글쎄다. 무신론자나 유신론자나 마찬가지였다. 여자뿐만 아니라, 사람을 사고 파는 일들이 고대 사회 곳곳에서 벌어졌다. 그 어떤 종교만의 문제가 아니라, 그 시대의 상황이 그랬다. 종교가 없다고 부르짖는 무신론자도 그랬다는 말이다.

도킨스처럼 무신론교 신자였던 니체는 여성에 대해 반감을 품은 사람이었다. 그가 여성을 차별하던 쇼펜하우어라는 인물에게서 짙은 영향을 받았다는 점도 한몫했을 것이다. 그는 여자가 남자와 우정을 맺을 수도 있을 것이라고 인정하면서도, 그 우정을 견뎌 내려면 약간의 반감의 도움을 받아야 한다고 했다. 그는 놀랍게도 여자를 소유물로, 그리고 달아날 수 없도록 가둬 두어야 하는 무언가로 이해할 때 가장 잘 이해할 수 있다고 말하기도 했다.

니체에 지대한 영향을 주었던 무신론교 신자(도킨스와 같은 종교인) 쇼펜하우어는 여자를 어떻게 대하였을까?

"키가 작고, 어깨가 좁고, 엉덩이가 크고, 다리가 짧은, 이 여자라는 족속을 아름답게 여기는 것은, 오직 성욕으로 말미암아 눈에 아지랑이가 낀 사나이들의 몰지각 때문이다... 여자들은 이성의 힘이 빈약하므로... 추상적인 사상, 과거와 미래에 대한 고찰 등에는 충분히 유념하지 못한다… 음악이나 시나 미술에 대해 여자들은 사실상 아무 이해력도 감수성도 갖고 있지 않으며, 그녀들이 그것을 이해하는 체하거나 뭐라고 떠들어 대는 것은 다만 남자의 사랑을 끌기 위한 원숭이 흉내에 불과하다."

그들이 살던 시대보다 1800년 이전에 기록된 성경은 이렇게 말하고 있다. '너희는 유대인이나 헬라인이나 종이나 자유인이나 남자나 여자나 다 그리스도 예수 안에서 하나이니라.'(갈3:28)

동성애, 문명의 끝

왈(曰),

"롯의 소돔 성 사건과 유사한 일이 사사기에서도 벌어진다. 한 레위인이, 간음하고 달아났던 첩을 찾아오다가 기브아에서 날이 저물었다. 다행히 한 노인의 호의로 하룻밤을 머물게 되었다. 그런데 밤중에 그 성의 불량배들이 몰려와 남자 손님을 끌어내라고 했다. 그와 상관(성교)하겠다는 것이다. 노인은 롯처럼 대응했다. '처녀인 내 딸과 그 사람의 첩을 내줄 터이니, 당신들 좋을 대로 하라. 그러나 이 남자에게는 악한 짓을 하지 말라.' 여성 혐오적인 태도가 너무도 적나라하지 않은가? 여자인 딸과 첩에게는 맘대로 해도 되지만, 남자 손님은 안 된다? 롯의 얘기와 너무나도 똑같다. 베끼는 과정에서 이전 얘기가 실수로 끼워졌을 수도 있다. 성경 편집이 그만큼 허접하다는 것을 보여 주는 사례이다."

"차라리 날 죽여." 흔히 갈등이 막바지에 이를 때 들을 수 있는 말이다. 정말 말 그대로 죽이라는 뜻일까? 내 목숨을 걸고서라도 안된다는 절규다. 귀신이 되어서라도 반드시 대가를 치르게 할 것이라는 협박이기도 하다. 그러니 제발 하지 마라. 야곱의 딸을 욕보였던 세겜이 야곱의 아들들로부터 치른 대가는 자신과 가족과 그의 성읍 남자들의 몰살이었다.(창세기 34장) 남의 여자를 범한 자에 대한 대가(복수)가 가족 몰살이었다면, 롯이나 그 노인이 보인 대응은 이런 의미였을 것이다. "너 죽고싶냐? 하지 마라."

동성애와 연관된 이 이야기들은 인간의 타락과 악함이 어떠한지를 보여 주는 기록이다. 이방인의 나라였던 소돔 땅에서 벌어졌던 악행이 이스라엘 민족 내에서도 벌어지고 있음을 기록하고 있는 것이다. 그만큼 성적 쾌락에 대한 인간의 집착이 인간 역사에 있어서 너무나도 흔했다는 의미다. 소돔 땅에서 벌어지던 일들은 애굽 문명, 그리스 문명에서도 벌어진 일들이었다.

동성애는 고대 문명들의 말기적 증상이었다. 고대 신전에 가면 동성애, 동물성애, 다자성애 등의 흔적들을 흔히 볼 수 있다. 먹고 살기 힘든 문명 초기에는 사람들이 생산에 매달리느라 성적 욕망에 눈 돌릴 틈이 부족했을 것이다. 이는 오늘날도 마찬가지다. 생계유지에 어려움을 느끼는 개발도상국일수록 사람들은 성욕보다는 식욕 해결에 더 매진한다.

그러다가 먹고 살만해지면, 다시 말해서 소위 선진국이라고 일컫는 단계에 들어가게 되면, 온갖 이론과 매체를 동원해서 성욕에 매달린다. 그래서 개발도상국은 동성애를 정죄하는데, 선진국은 동성애라는 생물학적으로 역기능적인 행위를 인권이라며 맛이 간 인권론(인권≠생명, 인권=성욕)을 짖어 댄다. 심지어 법제화해서 이에 대해 반대하거나 비판하는 행위를 처벌하려 든다. 동성애 신성시, 우상화 시도이다.

동성애나 소아성애나 동물성애와 같은 생물학적으로 역기능적인 성 행위를 법적으로 정당화하려는 것은 정신적으로 진화해서가 아니다. 경제 성장으로 빡세게 일을 안 해도 식욕이 해결되니까, 성욕과 성적 쾌락이란 것이 인생의 목적이 되었을 뿐이다. 인간의 사상적 성숙, 인권에 대한 지평이 확대되어서가 아니라, 식욕에서 성욕으로 그 목표가 이동했을 뿐이다. 경제적 상태의 변화에 따른 성욕 숭배로의 이행이다. '하나님께서 그들을 마음의 정욕대로 더러움에 내버려 두사 그들의 몸을 서로 욕되게 하게 하셨으니'(롬1:24)

현대인들이 부르짖는 성에 대한 자유(섹스토피아)는 먹고 살 만해진 고대 문명에서 늘 있었던 행태였다. 가난한 나라일지라도 경제적 풍요를 누리는 상류층에서는 늘 있는 행태이다. 결코 새로운 이념, 진보한 사상이 아니다. 동성애든 동물성애든 소아성애든 근친상간이든 성적 쾌락을 위한 모든 행위는, 이를 포장한 인권이라는 성 이념은 그냥 탐욕에서 나온 개소리일 뿐이다. 그러니 성숙한 척, 진보한 척하는 위선 좀 그만 떨기를... 보기에 민망스러울 뿐이다.

식욕(생존)을 해결하기 위해서 항상 바쁜 동물들은 발정기(짝 짓는 시기)에만 성욕에 사로잡힌다. 그게 자연 세계에서 보는 일반적인 질서이다. 연어가 한 번의 성적 쾌락을 위해서 그 험난한 물길을 상처를 입으며, 목숨을 잃으며 거슬러 올라갔겠는가? 2세 출산(종족 보존)이라는 본능(생명체의 목적)을 위해서 그리한 것이다. '하나님이 그들에게 복을 주시며 이르시되, 생육하고 번성하여 여러 바닷물에 충만하라. 새들도 땅에 번성하라.'(창1:22)

반복되는 동성애에 대한 구약의 기록이 '우연히 잘못 끼워진 것이 아닐까 하는 의문이 든다'는 것은 도킨스의 기본적인 독해력(인간의 본능과 고대 문명의 양상과 인간 욕망의 이행에 대한 이해력)이 딸려서 그런 것이거나, 기독교 혐오증에 눈이 멀어서 어떻게든 성경을 헛소리로 깎아 내려야 한다는 필살의 사명감 때문에 저지른 오독이거나 둘 중 하나가 아닐까 싶다. 아마도 후자일 거라는 생각이 든다.

낙태라는 제사

왈(曰),
"신은 늘그막에 얻은 아들 이삭을 번제로 바치라고 했다. 아브라함은 신의 명령대로 모리아 산으로 가서 제단을 쌓고 이삭을 결박하여 제단에 올려놓았다. 아브라함이 칼을 들었을 때, 천사가 아브라함을 불러 멈추게 했다. 신의 시험이었던 것이다.

이 사건이 아이에게 어떤 심리적 상처를 입게 했을까? 오늘날의 시각으로 보자면 이 사건은 끔찍스런 아동 학대의 사례이다. 나치 전범의 변명이 연상된다. <명령에 복종했을 뿐이다.> 이 황당한 이야기는 아브라함 종교(유대교, 기독교, 이슬람교)의 기반이 되었다. 아마도 현대 신학자들은 이삭 제물 사건을 문자 그대로 받아들이면 안 된다고 변명할 것 같다."

이성이 깨인 현대인들은 성경의 아브라함 이야기를 글자 그대로의 사실로 받아들이면 안 된다고 신학자들이 항변할 것이라고 도킨스는 너스레를 떤다. 그런 이들도 몇 명 있을 것이다. 아니 상당히 많을 수도 있을 것이다. 그런데 그들 중 누가 그 시대에 살았던 자가 있는가? 없다. 그럼에도 불구하고 그 시대에 그런 일이 결단코 있지 않았을 것이라고 판단을 하는 교만(?)을 자행할 자격이 있다는 것인가? 그냥 상상이고 주장일 뿐이다.

그냥 솔직히 성경을 믿기 싫다고 해라. 그 당시에 정말 그런 일이 있었는지를 판단할 능력이 우리에게는 없다. 그러니 그 글을 믿든가, 말든가 선택할 뿐이다. 어느 쪽을 선택하든 어차피 검증은 불가능하다. 내 소견은 그냥 글자 그대로의 사실이라는 쪽이다. 과거에 있었던 일을 적은 것이니까, 그리고 다른 문명에서도 있었던 일이니까 그렇다. 성경의 기록이 도킨스의 엉터리 논리와 해석과 상상보다는 더 믿을 만하다고 판단하기에 그렇다.

도킨스는 성경의 이야기들이 아주 불쾌한 것들이라고 여긴다. 그런 불쾌한 짓을 저지르는 신을 가르치는 기독교는 쓰레기 같은 종교라고 말하고 싶은지도 모르겠다. 그냥 그가 생각하고 싶은 대로 생각하고 믿고 싶은 대로 믿으라고 하는 것 외에는 달리 해 줄 말이 없다. 다만 도킨스의 독법을 허무맹랑하게 여기는 또 다른 독법들도 있다는 것을 보여 주기는 해야 할 것 같아서 굳이 한 마디 거론할 뿐이다.

자식을 신에게 바치는 일은 고대 문명사회에서 종종 있었던 일이다. 우리가 상상하듯이 아브라함에게 그리 낯설고 이상한 일이 아니었다는 소리다. 마치 오늘날 낙태라는 것이 대수롭지 않게 받아들여지고 있듯이 말이다. 자녀를 바치는 사건은 인간의 탐욕이 낳은 결과다. 고대 이스라엘의 열왕기에도 그러한 기록이 나온다. 최근까지도 소위 비문명사회라고 불리는 곳에 남아 있는 그런 류의 풍습에 대한 보고가 있다.

게다가 어느 지역이건 마을의 무슨 괴물에게 생존을 위해서 해마다 동네 처녀를 한 명씩 갖다 바쳤다는 전설의 고향 같은 얘기들이 남아 있지 않은가? 극심한 가뭄으로 전체의 생존에 위협이 닥치거나 혹은 전쟁 승리에 대한 집요한 바람이나 혹은 전염병과 같은 어떤 위험을 피하기 위한 극한의 방법이나 풍성한 부의 생산을 기대하는 욕망에서 자녀를 바치는 행위를 하였다. 인간 문명의 역사가 그렇다는 말이다.

그렇다면 지금 문명사회에서는 안 그럴까? 현대 도덕 문명사회(?)에서도 역시 비슷한 일이 벌어지고 있다. 물론 명분은 그럴 듯하다. 고대 문명사회에서는 명분 없이 그랬을 것 같은가? 그들도 그런 행위를 해야 할 명분을 다 갖고 있었을 것이다. 전쟁의 승리, 재난에서 벗어나기, 가뭄 혹은 부족의 생존을 위해서 등등. 겉으로 드러난 행태야 신에게 바치는 것이든, 괴물에게 바치는 것이든, 그 이면에 담겨 있는 실체적인 진실은 인간의 욕망(행복)을 이루기 위한 수단이었다는 것이다.

오늘날 극렬 페미니스트들은 여자의 인권을 내세운다. 여성의 인권 보장 참으로 좋은 얘기다. 그들은 여성의 행복권을 보장하기 위해서 태아에 대한 살해(낙태)는 권리라고 외친다. 자기 행복을 위해 뱃속의 자기 자녀를 죽여도 되는 선택권이 여성에게 있다는 주장이다. 어떤 인간(피터 씽어)은 생후 한 달 정도까지 낙태의 권리를 인정해야 한다고 외치기도 한다. 비록 출산을 했더라도 과연 계속 양육할 만한 가치가 있는지를 판단할 필요가 있다는, 아주 놀라운 이미 태어난 자의 우월적 입장을 극대화하는 권리에 대한 믿음이다. 이미 태어난 자의 갑질이 너무 심하다.

실제로 한여름 바캉스나 한겨울 크리스마스 불장난으로 애를 임신하여 살해(낙태)하고, 또 피임 없이 섹스를 해 대다 임신한 후 살해(낙태)하고, 피임을 하라는 의사 권고에 발끈하며 나는 나의 권리를 행사할 거야라고 답변하는 훌륭한(?) 페미니스트들도 있지 않은가? 모든 생명체의 기본권은 생명권(개체 생존과 종족 보존)에 기초하고 있다. 그 어떤 형태의 권리도 생명권 앞에서는 부차적일 수밖에 없다.

태아는 태어나지 않았기에 내 세포이고 내 재산이고 내 맘대로 죽여도 된다고? 예전에는 태어난 자식도 그렇게 생각하는 사람들이 있었다. 또 어떤 시대에는 전쟁 포로를 그렇게 생각하는 사람들이 있었다. 또 어떤 이들은 노예를 혹은 천민을 혹은 어떤 지역 사람이나 어떤 민족을 그렇게 생각했다. 여자 역시도 그런 취급을 받지 않았던가?

유럽인들은 얼마 전까지 동양인이나 아프리카 흑인들에 대해서 그렇게 생각하지 않았나? 진화교 교주인 다윈은 열등한 민족이 우등한 민족에 의해 멸망당하는 것은 당연하다고 여겼다. 그의 사상을 떠받들던 진화교 신자인 히틀러는 덜 진화한 유대인을 인류 문명의 진보를 위한 제물로 아우슈비츠 신전에서 불로 태워서 바쳤다. 아브라함은 자녀를 바치기 직전에 멈췄는데 말이다.

성경은 신의 입을 통하여 자식을 제물로 바쳐서 승리와 풍요를 갈망하는 인간의 죄악을 벌하겠다고 외친다. 그런데 왜 아브라함에게 이삭을 제물로 바치라고 했을까? 혹자는 아브라함이 굉장히 고민하며 이해할 수 없는 명령에 복종했다며 그 믿음을 이야기한다. 그럴까? 아브라함에게는 그게 이해할 수 없는 명령이 아니었을 것이다. 그 당시는 오늘날의 낙태처럼 자녀 제물이란 게 당연한 일이었으니까. 아브라함은 20세기 사람이 아니기에 그의 시대의 분위기에서 그 사건이 어떤 의미였을까는 오직 아브라함만이 알 뿐이다.

그의 시대에 자식을 신의 제물로 바치는 것이 그렇게 낯선 일이었을까? 20세기에 살고 있는 우리의 심정으로 예단할 일이 아니다. 무슨 심리적 외상이나 아동 학대니 하고 떠드는 도킨스는 온전히 20세기의 관점에서 고대 사회에서 벌어진 사건을 논하고 있는 것이다. 미용을 한답시고 입술에 커다란 원반을 끼우는 종족들이 있다. 그들의 그런 행동을 보며 심리적 외상이니, 여성 학대니 하고 외쳐 대는 것이야말로 그들 부족에 대한 학대이자 왜곡이다. 그 풍습이 좋다는 의미가 아니다. 그 부족민들에게 있어서 그 풍습이 우리가 생각하는 만큼 도덕적으로나 심리적으로나 사회적으로 충격적인 사건이 아니라는 뜻이다.

아마도 아브라함 사건을 통해 주려는 신의 진짜 메시지는 이런 게 아니었을까? "너는 신에게 무조건 귀한 것만 바치면 신이 좋아할 거라고 생각하느냐? 인간 권력자에게 하듯이 값 비싼 뇌물을 써서 신의 마음을 사로잡으려고 하느냐? 아니다. 신은 네 마음을 본다. 그러니 멈춰라. 내 본심이 무엇인지를 이제 알겠느냐?" 뭐 이런 얘기를 하고 싶었던 게 아닐까? 내 나름대로의 독법이다. 이렇게 해석해야 아브라함 이후 구약에 계속 등장하는, 자식을 불사르는 제사 또는 좋은 것만 갖다 바치면 된다는 식의 제사에 대한 신의 분노와 질타를 이해할 수가 있다.

'너는 결단코 자녀를 몰렉에게 주어 불로 통과하게 함으로 네 하나님의 이름을 욕되게 하지 말라. 나는 여호와이니라.'(레18:21) '내가 보는 것은 사람과 같지 아니하니 사람은 외모를 보거니와 나 여호와는 중심을 보느니라.'(삼상16:7) '너희의 무수한 제물이 내게 무엇이 유익하뇨? 나는 숫양의 번제와 살진 짐승의 기름에 배불렀고 나는 수송아지나 어린 양이나 숫염소의 피를 기뻐하지 아니하노라.'(사1:11)

학살 전쟁

왈(曰),

"애굽을 탈출한 이스라엘 백성이 가나안 땅을 점령하는 과정에서 벌인 집단 학살에 대한 신의 입장은 어떠했을까? 어떤 주저함도 없이 아주 단호했다. 그 땅에서 먼 성읍의 족속들은 우선 항복을 요구하고 거절하면 모두 죽이라고 했다. 그러나 그 땅 성읍에 대해서는 호흡 있는 것을 하나도 살려두지 말라고 했다. '헷 족속과 아모리 족속과 가나안 족속과 브리스 족속과 히위 족속과 여부스 족속을 하나님의 명령대로 진멸해야 한다.' 성경이 도덕적이라고 생각하는 사람들은 그 내용을 전혀 읽어 보지도 않았던 모양이다."

도킨스는 고대 전쟁사에 대해서는 전혀 지식이 없는 모양이다. 여호수아서에 적힌 이야기들은 고대 전쟁에서 있었던 일반적 사건이다. 전쟁이 어차피 학살 아니었는가? 지금도 역시 전쟁은 학살이다. 원자 폭탄, 화학 무기 등. 학살 방법이 좀 더 대량화하고 세련되어서(칼로 일일이 찌르거나 목을 베거나 하는 행위들이 없어져서) 학살이 아니라는 말을 하고 싶은 것인가? 그래서 전쟁사에서는 때로는 자발적인 집단 자살이 발생하기도 한다. 적에게 사로 잡혀 수모를 겪으니 차라리 다 깔끔하게 죽자. 전쟁 패배 후에 닥치는 비참한 지경을 알기에 그런 선택을 할 수도 있었다.

알렉산더나 칭기즈칸 등 세계 정복사에 이름을 남긴 이들로부터 시작해서 역사 기록에 남지 않은 숱한 전쟁에서, 도킨스가 성경에서 발견하고 기겁을 하면서 현대 도덕이 어쩌고를 떠드는 사건들이 일상적이었다는 말이다. 즉 도킨스가 과거 시대에서 태어났다면, 똑같은 짓을 했거나 똑같은 짓을 당했을 것이라는 얘기다. 대체 인류 역사에 이름이 남아 있는 나라들 중에 남의 땅을 점령하지 않은 자들이 있기나 한 것이라는 말인가?

도킨스가 이슬람의 자살 테러나 학살을 저주하고, 탈레반이 45미터 불상을 폭파하는 문화 파괴를 저질렀다고 욕하기 전에 미국의 아메리카 약탈(원주민 문화 파괴), 영국의 식민지 약탈(문화 파괴, 도적질)을 먼저 탓하고 반성할 일이다. 과연 자기들은 안 했고 남들만 그랬다는 듯이 뻔뻔스럽게 빈정댈 수 있는 것일까? 남들 종교만이 그렇다는 듯이 뻔뻔스럽게 빈정댈 게 아니다.

학살자 히틀러나 스탈린이 도킨스처럼 진화교 신자였다는 사실은 어쩔 건가? 도킨스의 조국인 영국의 자랑스런 대영 제국 박물관이 온갖 작물과 약탈의 저장고라는 사실은 또 어쩔 건가? 아하 강도질이 아니라 인류 문명의 보관이겠지... 영국은 문명국이고 도덕적이고 선의를 갖고 있으니까... 그런 견해야말로 오리엔탈리즘이라는 개념을 도입할 필요도 없이 간단하게, 도킨스의 망상 혹은 도킨스적 편견에 의해서 만들어진 왜곡된 역사일 뿐이라고 일갈하겠다.

도킨스의 간절한 기대와는 달리, 이스라엘에 의해 학살 내지는 전멸당했다는 그 가나안 부족들이 여전히 이스라엘과 더불어 살고 있었다. 그들은 계속 이스라엘로 하여금 가나안 부족의 우상을 섬기도록 유혹한다. 그래서 이스라엘이 가나안 풍속의 유혹에 넘어가고 이것 때문에 선지자들은 구약 성경 내내 그들을 질책한다. 그러다가 마침내는 이스라엘도 망해서 쫓겨났다. '이스라엘 자손은 가나안 족속과 헷 족속과 아모리 족속과 브리스 족속과 히위 족속과 여부스 족속 가운데에 거주하면서 그들의 딸들을 맞아 아내로 삼으며 자기 딸들을 그들의 아들들에게 주고 또 그들의 신들을 섬겼더라.'(삿3:5,6)

그들을 전멸시키라는 명령의 핵심 포인트는 그들의 풍습(죄악)을 결코 따르지 말라(완전히 없애라)는 데 있었다. 그 풍습 때문에 그 민족들이 가나안 땅에서 쫓겨나게 되는 상황이 벌어졌기에 그렇다. 도킨스는 '숨 쉬는 것은 아무 것(아이조차)도 살려 두지 말라'는 명령이 일종의 수사적 표현일 수도 있다는 생각은 전혀 못하고 있는 모양이다. 한국에서는 보통 이런 표현을 사용한다. '쥐새끼 한 마리도 얼씬거리게 하지 마라. 혹은 쥐새끼 한 마리도 남겨 두지 마라.' 과연 그 명령에 따라서 쥐새끼 한 마리까지 다 잡아 죽이는 학살(?)을 저질렀을까, 한국인들은…

성경의 기록대로 전멸시키라고 명한 그 부족들은 수백 년이 지난 이후에도 성경 기록에 등장을 하곤 한다. 다윗의 용장 중 하나였던 우리야는 헷 족속이었다. '이스라엘이 아닌 헷 족속과 아모리 족속과 브리스 족속과 히위 족속과 여부스 족속의 남아 있는 모든 자, 곧 이스라엘 자손이 다 멸하지 않았으므로 그 땅에 남아 있는 그들의 자손들을 솔로몬이 역꾼으로 삼아 오늘에 이르렀으되'(역대하8:7,8) 현대적으로 계몽된 오늘날에도 전쟁 때 이런 명령을 내린다. '괴멸시켜라. 한 놈도 살려 두지 마라.' 성경 기록은 대량 학살을 도모한 게 아니라, 그 당시 전쟁 풍습대로 기록했을 뿐이다.

그 당시(BC 15세기)에는 민간인과 군인의 구분이 없었다. 남자, 아이, 여자 모두가 군인인 셈이다. 패배하면 노예가 되거나, 죽임을 당하거나, 도망가서 복수를 도모하든가… 성경 사사기서에는 망대를 공격하다 여자가 던진 맷돌에 맞아 죽는 장군, 전투에서 패하여 쫓기다가 여자에 의해 머리에 말뚝이 박혀 죽은 장군의 이야기도 기록되어 있다. 전쟁에서 간신히 살아남은 아이가 커서 전쟁을 통해 복수를 감행하는 이야기가 고대 사회에서는 낯선 서사가 아니었다. 그러니 아이조차도 살려 둘 수가 없었던 것이다.

성경은 도덕적인 책이 아니다. 신학적인 관점을 떠나서 보자면, 시간의 시작인 창조 때로부터 이어지는 인간의 역사에서 벌어진 사건들에 대한 기록이다. 물론 그 기록의 주된 내용은 아브라함으로부터 시작된 이스라엘 종족과 연관된 것들이다. 하나님이 보시기에 악한 행위들, 그리고 그런 행위에 대한 하나님의 경고와 속히 돌이키라는 회개의 호소와 계속 그렇게 고집스레 행한다면 심판하겠다는 경고의 메시지를 기록한 책이다. '악인은 그의 길을, 불의한 자는 그의 생각을 버리고 여호와께로 돌아오라. 그리하면 그가 긍휼히 여기시리라.'(사55:7) '너희가 만일 그같이 아니하면 여호와께 범죄함이니, 너희 죄가 반드시 너희를 찾아 낼 줄 알라.'(민32:23)

속죄

왈(曰),

"기독교의 속죄 교리는 사실 악의적이다. 가학적이면서 동시에 피학적이기도 하다. 신이 정말 인간의 죄를 용서하고 싶으면, 그냥 용서하면 되는 것 아닌가? 굳이 자기 아들을 보내서 대신 채찍과 조롱과 십자가 형벌을 당하게 함으로써 스스로 고통을 자초하고 인간에게는 죄책감을 강요하는 잔혹함을 드러낼 이유가 없다. 그 바람에 유대인들은 그리스도를 죽였다는 명목으로 온갖 차별과 학대의 대상이 되지 않았던가?"

법원에 가면 저울이 있다. 양쪽에 같은 무게의 물건을 얹어 놓으면 균형을 이루는 저울. 법은 정의라는 것을 값에 맞게 지불하는 것으로 본다는 의미다. 죄의 무게만큼 같은 값의 대가를 지불하게 하는 것이 법원에서 행하고 있는 재판이다. 죄보다 가벼워도 안 되고, 죄보다 무거워도 안 된다. 그래서 저울은 항상 수평을 유지해야 한다.

도킨스는 정말 속죄(죗값 치르기)가 악의적이고 가학 피학적이라고 믿는 것인가? 그렇다면 도킨스는 살인범에 대해서도 왜 감옥에 보내나 그냥 용서하고 말지라는 말을 하고 싶어야 할 것 같다. 자녀가 잘못하면 부모가 그냥 용서하면 되는데, 왜 벌을 주려고 하는 것인지에 대해서도 도킨스는 의아해 할 것 같다. 실제로는 부모가 용서하고 싶지 않아서 그러는 것이라고 도킨스는 생각할지도 모르겠다.

도킨스의 생각과는 달리 대부분의 보통 사람들은 그러한 상황들을 이해할 때에, 잘못을 용서하고 싶지만, 그냥 용서해서는 자녀에게 유익하지 않기 때문이라고 생각해서일 것이라는 관점에서 바라본다. 과연 그러한 부모의 대응 행동이 도킨스의 관점에서는 그렇게도 악의적인 것이고 가학적이고 혐오스러운 것일까? '매를 아끼는 자는 그의 자식을 미워함이라. 자식을 사랑하는 자는 근실히 징계하느니라.'(잠13:24)

누군가 잘못을 저지르면 속죄(죗값 치르기)를 해야 하고, 당연히 본인이 죗값을 치르겠지만, 때로는 그를 가장 사랑하는 사람이 대신 속죄의 제물이 되려고 하는 상황을 볼 수도 있다. 부모를 폭행한 자식을 두둔하면서 폭행당한 적이 없다고 부인하는 상황, 늙은 부모를 낯선 곳에 버리고 간 자녀를 보호하기 위해서 이름도 주소도 아무것도 기억나지 않는다고 치매 환자 행세를 하는 상황은 지금도 인간 사회에서 벌어지고 있는 일이다.

자녀가 집에 불을 내었음에도 불구하고, 부모가 나서서 자신이 불을 낸 것이라며 대신 죗값을 담당하려는 상황을 접할 때, 대부분의 정상적인 사람들은 이런 황당한(?) 부모들의 행동에 대해서 악의적이고 가학 피학적이고 혐오스럽다고 말하지 않는다. 부모가 자녀를 사랑하기 때문에 그러는 것이라며 마음 아파한다. 그런 대응에 동의하든 동의하지 않든 상관없이 말이다.

학생이 잘못하면 선생이 그냥 용서하면 될 터인데, 왜 굳이 벌을 주려고 하는 것일까? 용서하기 싫어서일까? 때로는 스승과 제자 사이에 예상 밖의 상황이 전개되기도 한다. 제자인 너희를 잘못 가르친 내 죄가 크다며 스승이 자기 종아리를 회초리로 때렸다고 하자. 학생들은 그 스승을 향하여 왜 그렇게 악의적이고 가학 피학적이고 혐오스럽게 대응하느냐고 그냥 용서하면 되는 거지라고 말해야 하는 것일까? 아니면 스승 앞에 무릎 꿇고 눈물을 흘리면서 저희가 잘못했다고 회개해야 제대로 생각이 박힌 것일까?

그런데 도킨스는 그런 상황을 악의적이고 가학 피학적이라 규정하면서 그런 따위의 신은 필요 없다고 혐오감에 치를 떨고 있으니 도무지 예사롭지가 않게 느껴진다. 도대체 그의 도덕적 정서 상태를 어떻게 이해해야 할 것인지 당황스럽기만 하다. 도킨스의 정서에 문제가 있는 게 아니라면, 혹시 기독교에 대한 증오에 눈이 멀어서 도킨스가 이성을 상실한 것은 아닐까? '어리석은 자는 그의 마음에 이르기를 하나님이 없다

하는도다.'(시14:1)

종교적 관점?

왈(曰),
"이스라엘 아이들에게 여호수아의 여리고 함락 사건에 대해서 물었다. 그 결과 이스라엘의 정복 전쟁을 지지하는 아이들과 반대하는 아이들의 비율이 3:1 정도 되었다. 다른 아이들에게는 같은 사건을 이스라엘이 아닌 다른 국가로 교체해서 들려주었다. 그랬더니 지지와 반대의 비율이 1:10 정도로 뒤바뀌었다.

유대교라는 관점을 버리는 순간 아이들은 일반적으로 현대인들이 보이는 도덕적 관점을 취할 수 있게 되었다. 가나안 정복 전쟁에서 이스라엘이 행한 것은 분명 집단 학살이었다. 하지만 종교적인 관점을 갖는 순간, 같은 사건을 전혀 다른 식으로 인식하게 되는 것이다."

도킨스는 왜 이렇게 바보 같은 분석을 자랑스럽게 하는 것일까? 기독교 혐오감이라는 그의 종교적 신념에 이성이 짓눌려 있기 때문인가? 여호수아 대신에 이순신을 넣었을 때와 도요토미 히데요시를 넣었을 때 같은 방식으로 조사를 하면 한국 아이들에게서 어떻게 결과가 나올까? 당연히 이순신은 찬성이 많을 것이고, 도요토미 히데요시는 반대가 많을 것이다. 한국인의 영웅과 일본인의 영웅이라는 차이 때문이다.

하지만 도킨스의 논리대로 따지자면 이것도 종교적 관점 때문이라고 해야 한다. 이번에는 유대교가 아니라, 한국의 전통 종교인 유교적 관점을 취해서 모든 것이 다르게 보이는 것이라고 분석해야 할 판이다. 아니면 한국의 토속적인 민족 종교적 관점 때문이라고 하든가 말이다. 도킨스에게 유대교와 유교 혹은 토속적인 민족 종교 중 어느 관점이 도덕적 판단에 더 나쁜 영향을 주는 것인지, 좀 더 연구해 보기를 권하는 바이다.

안중근이나 윤봉길은 한국인들에게 영웅이다. 중국인들 역시 영웅이라고 한다. 반면에 일본인들은 암살범이고 학살범이라고 한다. 이슬람 테러리스트와 다를 게 없다는 것이다. 왜 그런가? 그 당시 일본은 침략자로서 한국과 중국의 적이었기 때문이다. 한국과 중국과 일본의 오랜 종교인 유교적 관점 때문이 아니라, 우리 편이냐 아니냐라는 아주 기본적이고 본능적인 인간의 관점 때문이다.

그러다 보니 일제 시대에 조상이 친일파였던 한국인들은 일제의 식민지가 오히려 한국의 발전에 도움이 되었다고 말하기도 한다. 그래야 자기 집안의 친일 행위가 덜 악한(민족의 발전에 기여한) 것으로 치장될 수 있기 때문이다. 일본으로부터 연구비 지원을 받는 한국인 학자도 그런 주장을 편다. 더 나아가 심지어 김구를 테러리스트라고 규정하는 인간도 있다.

그들이 보기에 조선 왕조(정부)는 완전히 망했고 따라서 일제가 한반도의 합법적인 정부로서 기능했기에 그렇다는 논리다. 이들의 논리에 따르게 되면, 반민족적 역적인 친일파가 도리어 애국자(합법적 정부에 충성한 자)가 되는 묘한 일이 가능해지는 것이다. 그들의 그런 반응은 그들의 종교 때문에 그런 것이 아니라, 그들의 사적 이익을 위해 패망한 조국 대신에 식민 지배자였던 일본과 한편이 되기로 마음먹었기에 그런 것이다.

도킨스의 주장과는 달리, 종교가 온갖 악의 근원인 것이 아니라 인간 자신이 온갖 악의 근원인 것이다. 종교적 관점 때문이 아니라, 인간이 자기 욕심에 사로잡히는 순간, 인류를 불행으로 이끄는 세상의 악이라는 것들이 시작된다. 도킨스와 다를 바 없는 동류인 인간들이 종교로, 군대로, 이념으로, 과학으로, 경제 개발로, 법으로, 핵에너지로, 마약으로, 총칼로 선을 행하기도 하고 악을 행하기도 한다. '욕심이 잉태한즉 죄를 낳고 죄가 장성한즉 사망을 낳느니라.'(약1:15)

단순 무식하게, 종교가 악의 근원이라고 외쳐서 세상의 불행이 다 이해될 수 있는 게 아니다. 종교가 없는 무신론자 중에는 그런 악(도킨스가 지적하는 종교의 악행)을 저지를 자가 없다는 듯이 맹목적 무신교 골수 광신자의 신앙 고백을 남발하지 않는 것이 그나마 도킨스의 품위 유지에 도움이 되지 않을까 싶다. '말이 많은 사람이 어찌 의롭다 함을 얻겠느냐?'(욥11:2)

리처드 본 스턴버그 박사(진화론자)는 어느 날 갑자기 스미스소니언 과학 저널 편집장 자리에서 해고되었다. 그 이유는 스티븐 마이어(지적 설계론자)의 논문을 검토한 뒤, 논문의 수준을 인정하여 잡지에 게재하도록 했기 때문이다.

"논문 끝부분에 나오는 지적 설계론에 대한 언급이 문제였던 거죠. 저는 지적 설계론자들이 중요한 질문을 많이 제기했다고 봅니다. 그래서 그 질문들을 토론 테이블에 올리고자 했을 뿐입니다... 진화론에 의문을 제기하는 것은 너무 어렵습니다."

8장 종교는 악?

진화의 증거?

왈(曰),
"근본주의자들에게 진리의 기준은 성경이다. 성경은 틀릴 리가 없기 때문에 그들은 언제나 자신들의 믿음이 옳다고 확신한다. 설령 그 책과 모순되는 증거가 나오더라도, 증거가 틀린 것이지 그들의 믿음이 틀린 게 아니다.

과학자가 믿는 진화는 다윈의 책에 기록되었기 때문에 믿는 게 아니다. 진화를 입증하는 증거들을 숱하게 살핀 결과 믿게 된 것이다. 그 믿음은 증거와의 일치성 여부에 달려 있다. 만일 진화에 반하는 새로운 증거가 나온다면, 진화에 대한 믿음은 언제든 버려질 것이다. 그러나 근본주의자들은 그렇게 하지 못한다."

진화에 관한 책들은 신성하기 때문에 믿는 것이 아니라고 도킨스는 장담을 하는데, 정말 그런 것일지 아주 궁금해진다. 도킨스는 진화를 지탱하는 증거가 압도적으로 많이 제시되고 있다고 믿는다. 하지만, 사실은 진화했다는 전제하에서 관찰된 현상들을 설명하려 애쓰고 있을 뿐이라는 사실을 도킨스는 놓치고 있다. 진화하지 않았다면, 즉 진화를 전제하지 않는다면, 그 증거라는 것들이 과연 증거로 보일까라는 문제에 대해 진지하게 검토해 보지 않았기 때문에 그렇다. 혹시 그 증거라며 내세우는 것들이 진화를 전제로 한 해석과 상상에 불과한 것은 아닌지를 세심하게 살펴보도록 하자. 과연 진화론자들은 진화를 전제하지 않고서도 진화를 입증할 수 있을까라는 의문을 품고서 말이다.

진화에는 두 가지의 핵심 교리가 있다. 하나는 생명의 자연 발생설이다. 단순한 물질이 우연히 저절로 조금씩 복잡한 물질로 변해 갔고(무기물->아미노산->단백질->세포), 그 복잡한 물질이 어느 순간 우연히 저절로 살아났다는 것이다. 결코 관찰할 수 없는 현상이기에 그들은 생명은 물질에서 아주 오래 전에 단 한번 발생했다고 말한다. 그래서 지금은 관찰할 수가 없다는 것이다. '여호와 하나님이 땅의 흙으로 사람을 지으시고 생기를 그 코에 불어넣으시니 사람이 생령이 되니라.'(창2:7)

물질이 저절로 살아나는 것(생명 자연 발생설)을 우리는 관찰한 적이 있는가? 단 한 번도 없다. 진화의 첫 번째 교리에 대한 증거는 없다. 그들은 언젠가는 발견할 것이라고 150년 동안 똑같은 말만 되풀이하고 있을 뿐이다. 어떤 이는 밀러가 무기물에서 유기물(아미노산)을 합성한 실험을 진화의 증거라고 말한다. 그게 어째서 진화의 증거인가? 모든 물질은 같은 원소들로 구성되어 있다. 무기물도 유기물도 그 근본은 원소이다. 무기물에서 유기물이 나왔다는 게 무슨 진화의 증거인가?

유기물인 아미노산이 만들어졌으니 이제 그것들이 조립되어서 단백질이 되고, 다시 그 단백질이 조립되어서 세포가 되고, 그 세포가 어느 날 살아날 것이기 때문에 진화의 증거라고 말할 것인가? 그게 소위 진화론자들이 하는 논증이다. 유기물인 아미노산이 만들어졌다. 유기물은 생명체에서만 만들어지며, 자연 상태(생명체 아닌 것)에서는 유기물이 만들어지지 않는다고 믿었던 당시의 과학 지식이 틀렸음을 입증한 실험이었다. 그건 사실이다. 하지만 그 다음 단계들은 다 상상이라는 것을 그들은 모르고 있는 것인가?

수많은 아미노산들 중 생명체에 필요한 것들이 저절로 우연히 선택되어서 서로 조립되어 단백질이 되고, 그 단백질들 중 생명체에 필요한 것들만이 저절로 우연히 선택되어 조립되어서 세포가 되고, 그 후에 어찌고저찌고 등등은 다 상상이다. 그런데도 그게 증거라고 할 수 있는가? 진화했다는 전제하에서 이어진 상상이고 해석일 뿐이다. 아미노산이 어떻게 우연히 저절로 조금씩 모여서 단백질이 될 수 있을까? 아무도 그런 현상을 관찰한 적이 없다.

철광석이 열에 녹아서 철이 만들어졌다. 그렇다면 자연에서 화산 폭발로 발생한 마그마 같은 것에 철광석이 녹아서 철이 만들어질 수도 있을 것이다. 실험실에서 그 상황을 재현해 내는데 성공을 했다. 드디어 우리는 철광석이 우연히 저절로 조금씩 진화해서 자동차가 되었다는 것을 입증하는 증거를 찾은 것일까? 그 철이 지진과 번개와 화산 폭발 등 알 수 없는 무작위적 운동에 의해서 (자동차에 들어가는) 나사 하나로라도 정확하게 변하는 과정을 과연 재현해 낼 수 있을까?

그냥 좀 더 쉽게 비유하자면, 아이들이 갖고 노는 레고(아미노산)들을 모아 놓고, 지진이나 태풍이나 번개나 폭발 등을 연상시키는 어떤 무작위적인 운동을 아주 오랫동안 가했더니, 우연히 저절로 조금씩 로봇으로 조립되어 가더니 어느 순간 그 로봇이 살아났다는 것이 진화론의 골자이다. 레고가 우연히 저절로 복잡한 로봇으로 조립되고 그 로봇이 어느 날 우연히 살아나는 증거라는 것을 과연 어떻게 찾아 낼 수 있을까? 그게 과연 실험실에서 재현 가능한 일일까?

다른 하나는 대진화(단순한 종에서 복잡한 종으로의 발전)이다. 우연히 단 한번 발생한 단세포 생물이 우연히 저절로 복제 능력을 갖게 되었고, 세대를 이어 가면서 돌연변이를 통해 우연히 저절로 조금씩 복잡한 기능과 조직을 갖춘 종들로 변해 갔다는 것이다. 단세포 생물에서 다세포 생물로, 그 다음에는 어류, 양서류, 파충류, 포유류 순으로 어쩌다 보니 우연히 저절로 조금씩 복잡한 구조와 기능을 만들어 내게 되었다고 그들은 믿는다. 물론 돌연변이에 의해 더 복잡하고 정교한 조직체가 생겨나는 현상은 자연 세계 어디에서도 결코 관찰된 적이 없다. 오직 그들의 상상 속에서 진행되는 과정일 뿐이다. '모든 생물을 그 종류대로 창조하시니'(창1:21)

단세포 생물이 다세포 생물로, 연체동물로, 어류로, 양서류로, 파충류로, 포유류로 우연히 저절로 조금씩 알 수 없는 무작위적인 운동에 의해서 변해 갔다는 진화론자들의 상상은 돌연변이라는 매개체를 필요로 한다. 하지만 돌연변이에 의해서 보다 나은 기능을 갖춘 더 복잡한 생명체로 변하는 것을 결단코 관찰할 수 없다는 게 과학적 사실이다. 돌연변이는 기존의 유전자를 망가뜨릴 뿐, 없던 새 기능을 가진 유전자를 창조(업그레이드)하지는 못한다.

쉽게 말하자면, 아래아 한글 프로그램(유전자)에다가 바이러스 공격(돌연변이)을 계속 가하다 보면, 우연히 저절로 조금씩 엑셀 프로그램으로 변해 간다(업그레이드된다)는 주장이다. 그게 진화론이 믿고 주장하는 바이다. 과연 그런 진화 현상이 가능함을 입증하는 증거를 어떻게 찾아 낼 수 있을까? 과연 그게 현실적으로 재현 가능한 일일까? 컴퓨터 프로그래머들에게 물어 보라. 36억 마리의 원숭이가 36억 년 동안 마구잡이로 자판을 두드리다 보면, 그 중에 한 마리 정도에게서 어쩌다 보니 우연히 저절로 완벽하게 작동하는 스타크래프트 프로그램이 만들어질 수 있는지를...

중간 고리 화석, 혹은 잃어버린 고리라고 불리는 게 있다. 진화를 입증하는 증거라고 주장되고 있는 화석이다. 예를 들어, 진화론자의 주장에 따르면, 공룡과 새의 중간 고리로서 시조새 화석이란 게 있다. 공룡이 새로 진화했는데, 진화해 가는 중간 단계를 보여 주는 게 시조새라는 것이다. 시조새가 새의 특징과 공룡의 특징을 함께 갖고 있다는 것이다. 예를 들자면 날개와 거기에 달린 발톱이다. 날개는 새의 특징, 발톱은 공룡의 특징이다.

그래서 어쨌다는 것인가? 공룡이 시조새로 변해 가는 중간 단계의 생물들을 출산했다는 증거가 있는가? 없다. 공룡이 시조새로 바뀌는 단계를 좀 더 상세히 제시해 보라. 과연 어느 정도까지나 할 수 있을까? 게다가 더 큰 문제는 그런 식으로 열거한 화석 단계마다 그들 사이가 과연 어미와 새끼의 관계(유전자 전수)라는 것을 입증할 증거를 찾을 수 있느냐는 데 있다. 그런 일은 불가능하다. 왜? 낳는 것을 직접 확인할 방법이 없지 않은가? 유전자로 친자 검사를 할 수 있는 것도 아니고 말이다. 서로 비슷한 점이 있기에 그랬을 것이라는 상상에 근거한 믿음만 있을 뿐이다.

만일 공룡이 새로 진화했다는 믿음을 버리는 순간, 시조새는 그냥 새다. 아무런 과학적 문제도 생기지 않는다. 반면에 진화했다는 믿음을 갖는 순간, 온갖 해결할 수 없는 과학적 문제들에 직면한다. 날개에 발톱이 있는 새가 특별한가? 지금도 그런 새들이 몇 종류 발견된다. 중간 고리는 단순히 특징들을 나누어 가지고 있음을 보여줄 뿐이다. 즉 어미와 새끼 사이라는 진화의 증거가 아니라, 비슷한 정도를 따지는 분류의 기준일 뿐이라는 말이다.

과연 돌연변이로 유전자가 업그레이드되는 경우가 있는가? 없다. 돌연변이는 기존 유전자를 망가뜨릴 뿐, 새 기능을 가진 유전자를 창조하지는 못한다. 99.9999%가 그렇다. 쉽게 생각해 보라. 인간이 만들어 낸 기계 중에 그나마 생명체에 가장 가까이 다가간 기계가 컴퓨터다. 진화론의 주장을 컴퓨터에 적용하자면, 윈도우 XP에다가 마구잡이로 무차별적인 바이러스 공격을 계속 해 대다 보니까, 우연히 저절로 조금씩 윈도우 11로 업그레이드된다는 논리인데, 제 정신인가?

붕어는 물에서 산다. 너구리는 다리가 있다. 개구리는 물에서 살면서 다리가 있다. 개구리는 붕어와 너구리의 중간 고리다. 붕어가 너구리로 진화했다. 개구리가 중간 고리로서 진화의 과학적 증거라고? 그냥 진화했다는 전제(신앙)하에서 꾸며 낸 상상이고 해석일 뿐이다. 붕어가 개구리를 낳았다는(진화했다는) 증거도 없고, 개구리가 너구리를 낳았다는(진화했다는) 증거도 없다. 그냥 진화했을 거라는 전제(신앙)하에 만들어 낸 상상이다.

붕어가 변해서 개구리가 되었다(붕어가 낳은 자손이 계속 세대를 이어 가면서 개구리를 향해서 조금씩 변해 갔다)는 증거는 없다. 오직 진화했다면 그랬지 않을까 하는 주관적 상상만이 있을 뿐이라는 사실을 명확히 보라. 개구리가 너구리로 변했다(개구리가 낳은 자손이 계속 세대를 이어 가면서 너구리를 향해서 조금씩 변해 갔다)는 증거도 없다. 오직 진화했다면 그랬지 않을까 하는 입증할 수 없는 주관적 상상에 빠져 있을 뿐임을 직시하라. '망령되고 허탄한 신화를 버리고 경건에 이르도록 네 자신을 연단하라.'(딤전4:7)

종교가 과학을 억압한다?

왈(曰),
"왜 근본주의 종교에 대해 적대적일 수밖에 없는가? 그 종교가 과학을 파괴하며, 지성을 왜곡시키고 노예로 만들어서 과학적 사실에 대해서 눈을 감도록 만들기 때문이다. 미국 지질학자 커트 와이즈는 하버드의 굴드 밑에서 박사 학위를 받은 사람이다.

그런데 그의 종교가 그에게 지구가 1만 년도 되지 않았다는 믿음을 강요했다. 자신의 종교와 과학 사이에서 갈등하던 그는 결국 과학을 포기하는 길을 선택했다. '성경이 맞다면, 진화가 틀렸고, 진화가 맞다면 성경이 틀렸다. 나는 성경을 선택했다.'

근본주의 종교가 하바드 대학 박사이자 촉망 받는 지질학자를 망가뜨렸다. 과학자로서 어찌 이 종교를 향해서 적대감을 품지 않을 수 있겠는가?"

커트 와이즈는 홍수 지질학자이다. 과연 도킨스가 상상하고 있는 바대로 그는 단지 종교적 믿음에 굴복해서 반과학적인 길을 선택해서 반과학적으로 학문의 길을 가고 있는 것일까? 그의 지질학 이론을 잠시 살펴보자.

지층은 크게 화석이 발견되는 지층과 그렇지 않은 지층으로 나누어 볼 수 있다. 캄브리아기로부터 시작해서 위쪽에 있는 지층들이 화석이 발견되는 지층들이다. 화석이 있는 지층들(그는 이를 대홍수 퇴적층이라 부른다)의 특징은 그 규모가 전세계적이라는 것이다. 수백 미터의 두께로 아메리카 대륙이나 아프리카 대륙이나 유럽 대륙을 뒤덮고 있다. 대홍수 같은 상황을 가정하지 않고서는 수백 미터의 두께에다가 수백 킬로미터의 넓이로 생겨난 퇴적층을 설명할 수 있는 길이 없다.

수백 수천만 년 동안 조금씩 쌓이면 가능하다고 상상하는가? 지층의 두께는 그런 식으로 해결한다고 치자. 그러면 수백 수천만 년 동안은 전 대륙에 모래만이 골고루 쌓이다가, 다음 수백 수천만 년 동안은 전 대륙에 진흙만이 골고루 쌓이다가, 다음 수백 수천만 년 동안은 전 대륙에 석회만이 골고루 쌓이는 일이 있었다는 것인가? 거대 지층들은 돌, 모래, 진흙, 석회 등 성분 별로 쌓여 있다. 그런 퇴적 현상은 현재로서는 결코 발생하지 않는다. 오랫동안 조금씩 쌓이는 과정을 통해서라는 주장은 경험(관찰) 불가라는 말이다.

대륙 전체를 덮고 있는 거대 퇴적층(대홍수 퇴적층)은 모두 물이 동쪽에서 서쪽으로 흐르면서 퇴적되었다. 물속 암석의 상태를 관찰해 보면 퇴적 당시에 물이 어느 쪽으로 흘렀는지를 보여 주는 증거를 찾을 수가 있다. 거대 퇴적층(대홍수 퇴적층)의 아래쪽 지층에서는 물 흐르는 방향이 제각각이다. 거대 퇴적층 위쪽에 있는 지층도 마찬가지다. 지형의 높고 낮음에 따라 물이 흐른 방향도 제각각이다. 현재도 일어나고 있는 현상이다.

그런데 그 사이에 있는 거대 퇴적층에서만 물의 방향이 모두 동일하게 나타났다. 물이 전 대륙을 가로질러 동쪽에서 서쪽으로만 흘렀다. 지형의 높고 낮음에 상관없이 물이 한쪽 방향으로 흐르는 것이 어떻게 가능했을까? 물이 높은 곳으로 흘러가는 일이 어떻게 가능했던 것일까? 가능한 설명은 대륙 전체를 덮을 정도의 홍수다. 지금도 달의 인력 때문에 바다에서 밀물과 썰물이 발생한다. 만일 홍수로 대륙 전체가 물에 잠겼다면, 달의 인력이 물을 붙잡고 있는 상황에서 지구가 자전함으로써 물이 동쪽에서 서쪽으로 흐르는 현상이 연출될 수 있다. 지형의 높낮이와 상관없이 물이 한쪽 방향으로 흐르게 되기 때문이다.

커트 와이즈는 그랜드캐니언과 같은 거대 퇴적층들이 결코 오랜 시간 동안 쌓인 게 아니라는 사실을 과학적인 증거를 들어가며 설명하고 있다. 지층이 두껍다고 해서 오랜 시간이 걸린 게 아니라는 말이다. 그 지층들의 두께는 그 곳을 덮쳤던 홍수의 양에 따라 결정된다. 어떤 시대에는 수백만 년 동안 모래만, 그 다음 수백만 년 동안은 진흙만, 그 다음에는 수백만 년 동안 석회만 퇴적되었다고 믿는 진화론자들의 상상이 과연 과학적인가? 지구가 아주 오래되었을 것이라는 믿음(전제) 때문에 생겨난 비과학적이고, 경험할 수 없는, 초자연적인 해석일 뿐이다. '물이 땅에 더욱 넘치매 천하의 높은 산이 다 잠겼더니, 물이 백오십 일을 땅에 넘쳤더라.'(창7:19,24)

지구가 아주 오래되었다는 전제(믿음)는 진화했을 것이라는 전제(믿음) 때문에 생겨난 것이지, 과학적인 증거가 있어서 얻은 결론이 아니다. 방사성 연대 측정법이 생기기 백 년 전부터 진화론자들 사이에서 상상과 합의를 통해 얻은 결론이다. 그래서 만 년, 수십만 년, 수억 년 하는 식으로 계속 합의의 결과가 늘어났다. 요즘은 46억 년 정도가 대세다. 그렇다면 방사성 연대 측정법은 그 오랜 연대를 입증해 주었을까? 그럴 때도 있고 안 그럴 때도 있다. 사실은 안 그럴 때가 훨씬 더 많다. 방사성 연대 측정 결과가 언제나 늘 들쑥날쑥하다는 말이다.

같은 지층에 있는 암석들을 측정해도 수십만 년에서부터 수백만, 수억 년까지의 편차가 나온다. 방사성 연대 측정법의 종류를 달리해서 같은 암석을 되풀이 해 봐도 같은 식의 결과가 나온다. 왜 그럴까? 그 연대 측정법이란 게 증명 안 되는 가정들을 전제로 하고 있기 때문에 그렇다. 즉 과학적으로 믿을 만하지 못하다는 얘기다. 그래서 진화론자들도 자기들이 가정하고 있던 연대와 비슷하게 측정 결과가 나오면 논문에 인용하고, 전혀 다르게 나오면 잘못 측정한 거라면서 폐기해 버린다. 웃기지 않는가? 입맛에 맞으면 논문에 싣고 입맛에 맞지 않으면 버린다? 무슨 요리 시식회도 아니고 말이다.

현재로서는 지구가 오래되었다는 것을 과학적으로 입증할 방법이 없다. 정확히 과학적이고 객관적인 서술은 지구가 언제 만들어졌는지 현재로서는 아무도 알 수가 없다는 것이다. 다만 이런저런 관찰 데이터로 추측해 보는 것뿐이다. 지구가 오래되었다고 추정할 자료도 있지만, 오래되지 않았다고 추정할 자료도 있다는 게 객관적 사실이다.

"나는 지구 나이를 계산하기 위해 사용된 수백 개의 과정들을 평가해 왔다. 이들 중에 단지 십여 개만이 수십억 년 되었다고 당신에게 말하는 것 같다. 나머지 90%는 수십억 년보다 훨씬 젊은 연대들을 말해 준다."(럿셀 험프리)

진화론자들은 오래되었음을 보여 주는 증거가 훨씬 더 많다고 주장하지만, 그건 그들의 편견일 뿐이다. 우리 편이 더 잘해 수준의 선언이라는 말이다. 어쨌든 그들도 지구가 46억 년 정도로 오래되지 않았음을 보여 주는 증거도 있기는 있음을 인정하고 있다(그들이 외면해서 그렇지, 사실은 훨씬 더 많다)는 점만 지적하는 것으로 일단은 마무리하도록 하자.

왜 과학적 증거가 아니라 성경을 믿느냐고? 바보 아닌가? 이순신이 거북선을 몇 년도에 만들었는지를 어떻게 알 수 있을까? 과학적으로 알아낼 수 있다고? 그 과학적이라는 게 사실은 입증되지 않은 가정에 근거한 데이터 해석(추정)에 불과하기에 객관적 사실일 수 없다는 게 문제의 핵심이다. 과연 거북선의 조각을 발굴해서 방사성 연대 측정법을 통해 밝혀낼 수 있을까? 아니다.

- 하와이 지구 물리 연구소는 킬라우에아산의 암석을 방사성 연대 측정한 결과 30억 년이라는 연대를 얻었다. 이 바위들은 1801년의 화산 폭발로 만들어진 것이었다.

- 1980년 분출 이후에 형성된 미국 세인트헬렌스산에 있는 암석은 방사성 연대 측정 결과 35만 년에서 280만 년 된 것으로 연대가 나왔다.

- 호주 국립 대학의 맥두걸은 1,000년이 되지 않은 것으로 알려진 뉴질랜드의 용암석을 연대 측정해서 46만 년이라는 결과를 얻었다.

방사선 연대 측정이라는 게 오락가락한다. 왜 그럴까? 입증되지 않은 가정(수십억 년 전 암석 내의 모원소와 자원소 비율에 대한 가정, 암석 내의 모원소가 자원소로 변해서 모원소의 양이 반으로 주는, 소위 반감 속도가 수십 억 년 동안 항상 일정했을 것이라는 가정, 암석 외부로부터의 유입이나 암석 자체에서 발생한 손실 등에 의한 오염 현상이 수십억 년 동안 전혀 없었을 것이라는 가정)들에 근거한 측정이기에 그렇다. 그러니 거북선을 몇 년도에 만들었는지를 정확하게 아는 길은 난중일기(역사)의 기록을 통하는 것일 수밖에 없다. 그 기록을 못 믿겠다면 알 방법이 없다. 자기 입맛대로 믿는 거다.

수십억 년 전 처음 지구가 생겨날 때의 상황을 도대체 누가 알 수 있을까? 알 방법이 없다. 인간이 경험하지 못했던 수십억 년 동안 암석에 무슨 일이 생겼는지 알 방법도 없다. 사실은 우리가 과학적 증거라고 부르는 것들이 확실하지 않기 때문이다. 그냥 데이터를 근거로 해서 이렇게도 저렇게도 추정할 수 있는 상황이라면, 도킨스의 주장(상상)을 믿어야 할까, 성경의 주장(기록)을 믿어야 할까?

성경은 고대로부터 전해져 내려온 기록물이기에 어쩌면 초창기의 기억을 어느 정도 혹은 정확하게 간직하고 있을 수도 있다는 가능성이 있지만, 20세기에 태어난 도킨스가 그 때에 대해서 무슨 기억을 간직하고 있을 수 있겠는가? 도킨스의 주장을 따르는 게 결코 과학적인 게 아니다. 그냥 패거리 추종일 뿐이다.

진화론자들의 횡포

왈(曰),

"이슬람 국가인 아프가니스탄에서 기독교로 개종한 사람이 사형 선고를 받았다. 무고한 사람을 죽이거나 강도짓을 한 게 아니었다. 단지 자기 마음을 바꾸었을 뿐이다. 당시 아프가니스탄 정부가 미국의 영향력 하에 있었고, 국제 사회의 여론과 압박이 더해졌고, 그의 정신 상태가 비정상적임을 주장함으로써 간신히 사형만은 면할 수가 있었다. 하지만 그는 이슬람 광신도들의 위협과 공격에 시달려야만 했다."

도킨스는, 나는 안 그런데 너는 왜 그래, 식의 논법을 구사하고 싶어 한다. 종교라는 이름으로 유신교 신자가 저지른 일들을 거론하며, 무신교 신자인 자신과 같이 계몽된 동료들은 그런 짓을 결코 하지 않는다는 것이다. 그러므로 우리의 진화교가 옳다는 식이다. 그래서 나도 구차스럽게 진화에 대한 과학적, 철학적 검증이 아닌 삶의 현장에서 진화교 신자들이 벌이는 몇 가지 사례들을 제시할 필요가 있을 듯하다.

진화론이 잘못된 이론이라는 것을 알면서도 어쩔 수 없이 진화론을 가르치는 이들도 적지 않다. 그들은 진화론에 도전(?)했을 때 받게 될 불이익(해고, 연구 자금 중단, 고립, 조롱 등)을 두려워하며 입을 다문다. 도킨스는 그럴 리 없다고 쌍심지를 켤지도 모르지만 말이다. 하지만 사실인 걸 어떡하겠는가?

캘리포니아 주립 대학의 연구원 마크 아미티지는 트리케라톱스의 화석에서 연부 조직을 발견했다.(처음에는 오류라면서 믿지 않으려 했지만, 이후 이런 발견이 다른 진화론자들에 의해서도 숱하게 확인되었다. 그들은 아주 의아해 하면서 공룡 뼈의 연부 조직을 썩지 않게 하는 어떤 메커니즘이 있는지를 연구 중이다.) 이를 근거로(DNA가 썩지 않고 만 년을 넘긴다는 게 가능하지 않다는 과학적 사실 때문에) 6천만 년 전에 멸종했다던 공룡이 사실은 4,000년 전까지 살아 있었을 가능성에 대해 언급했다. 그는 얼마 지나지 않아 계약 만료를 이유로 해고되었다. 책임자가 우리 부서에서는 당신의 종교를 용납하지 않을 것이라고 말했다고 한다.

리처드 본 스턴버그 박사(진화론자)는 어느 날 갑자기 스미스소니언 과학 저널 편집장 자리에서 해고되었다. 그 이유는 스티븐 마이어(지적 설계론자)의 논문을 검토한 뒤, 논문의 수준을 인정하여 잡지에 게재하도록 했기 때문이다.

"논문 끝부분에 나오는 지적 설계론에 대한 언급이 문제였던 거죠. 저는 지적 설계론자들이 중요한 질문을 많이 제기했다고 봅니다. 그래서 그 질문들을 토론 테이블에 올리고자 했을 뿐입니다... 진화론에 의문을 제기하는 것은 너무 어렵습니다."

조지 메이슨 대학의 캐롤라인 크로커 박사는 교수직을 잃었다. 자신의 세포 생물학 수업 중에 지적 설계론을 언급했기 때문이다.

"책임 교수가 저를 사무실로 불러 제가 창조론을 가르쳤다면서 징계를 내리겠대요. 저는 창조론을 가르친 게 아니라, 슬라이드 두 장으로 지적 설계론을 잠깐 언급했을 뿐이라 했죠."

더욱 기가 막힌 것은 자신도 모르게 블랙리스트에 올라 다른 어느 곳에서도 직장을 찾을 수 없게 되었다는 것이다.

신경외과의 마이클 에그너 박사(뉴욕 스토니브룩 대학 교수)는 의사가 의료 행위를 하는데, 굳이 진화론을 공부할 필요는 없다고 했다가 진화론자들의 엄청난 공격을 받았다.

"인터넷에서 많은 이들이 절 제거해야 할 인물로 지목했죠. 지독한 악성 댓글이 많았어요. 어떤 이들은 제가 일하는 대학에 전화해서 저의 사퇴를 요구하기도 했죠."

기독교나 이슬람교와 같은 종교가 문제인 게 아니라, 사실은 도킨스 자신을 포함한 인간이란 존재가 지닌 성향(죄성)이 문제인 것이다. '악인은 그의 마음의 욕심을 자랑하며 탐욕을 부리는 자는 여호와를 배반하여 멸시하나이다.'(시10:3)

동성애와 과학

왈(曰),
"탈레반의 아프가니스탄에서 동성애는 사형이다. 산 채로 묻어 버린다고 한다. 동성애는 남에게 해를 끼치는 행위가 아니다. 상호 합의에 근거한 사적 행위일 뿐이다. 1967년까지는 영국도 비슷했다. 동성애가 범죄 행위였고, 동성애로 유죄 선고를 받은 수학자가 자살하는 일도 있었다."

영국인인 도킨스는 이제 만족할 듯하다. 영국에서는 동성애를 반대하거나 비판하는 발언을 하면 유죄 판결을 받고 처벌을 받는 상황이 벌어지고 있으니 말이다. 물론 미국도 유사한 일들이 벌어지고 있다. 동성애라는 인권(?)의 승리를 축하해야 할까? 동성애 찬성과 긍정은 학교에서 가르치거나 길거리에서 홍보해도 되고, 동성애 반대와 비판은 학교에서 가르치거나 길거리에서 홍보해서는 안 된다? 소위 약자 혐오, 소수자 인권 침해가 되기 때문이란다. 과연 동성애가 인권인 것일까? 다른 견해도 있다. 인권이라는 사회적 프레임이 아니라, 즉 신념으로 지어낸 개소리가 아니라, 과학적인 사실에 근거한 주장 말이다.

1993년 해머(동성애자)는 40여 가계를 대상으로 한 연구에서 남성 동성애자와 상관이 높은 유전자를 발견했다고 발표하였다. 서구 언론들이 동성애 유발 유전자를 발견했다며 대서특필했고, 그 바람에 사람들은 동성애가 유전이라고 믿게 되었다. 그러나 1999년 라이스의 조사(80여 쌍 대상), 그리고 2005년 해머도 함께 참여한 조사(450여 명 대상)에서는 상관성이 없는 것으로 판명이 났다.

2012년 GWAS 조사(24000여 명 대상)에서도 동성애 유발 유전자는 발견되지 않았다. 2018년 GWAS 조사(50만여 명 대상)에서 남성 동성애자에게 좀 더 나타나는 유전자 변이를 찾았다. 이 유전자 변이는 정신 건강 장애자와 섹스 파트너가 여럿인 이성애자에게서도 많이 나타났다. 그러나 여자 동성애자에게서는 별다른 차이가 발견되지 않았다. 현재까지의 과학적 증거로는 동성애 유전자라는 것은 없다는 결론이다.

아직도 선천적인 동성애자와 후천적인 동성애자가 있으며, 선천적 동성애자는 유전 탓이기에 고칠 수 없다고 주장하는 사람들이 있다. 그 유전자를 아직 발견을 못했을 뿐이라는 것이다. 만약에 동성애 유전자가 실제로 있다면, 동성애자는 세대가 거듭할수록 점점 줄어들어야 한다. 유전자를 이어 줄 후손을 생산할 수 없기에 그렇다. 그런데 동성애자는 인류 역사 수천 년이 흘렀음에도 여전히 일정 비율로 남아 있다.

일란성 쌍둥이는 같은 유전자를 가지므로 아주 높은 동성애 일치 비율을 가져야 한다. 그런데 최근 연구들을 보면, 일치 비율이 대략 10%

정도 나온다. 쌍둥이는 같은 부모와 같은 환경에서 자라기에 후천적 영향도 동일하게 받는다. 그렇다면 선천적인 영향과 후천적 영향을 모두 합쳐도 일치 비율이 겨우 10% 정도라는 얘기다. 불일치 비율이 90%나 된다.

어떤 행동을 반복하느냐에 따라 연관된 뇌의 신경망이 커졌다가 그 행동을 그만 두면 원래 상태로 돌아가곤 한다. 심지어 마음으로만 어떤 생각을 반복 연습을 해도 두뇌에 변화가 일어난다. 인터넷 게임 중독은 두뇌 활동만을 했는데도 뇌에 변화를 일으킨다. 특정한 성행위를 하는 상상을 자주 반복적으로 하면 두뇌 구조에 변화가 생길 수도 있다는 얘기다.

동성애가 유전적이라면 뇌나 유전자 검진을 통해 판정이 되어야 한다. 치료되지 않아야 하고, 나이 들면서 변하지 않아야 한다. 동성애는 뇌나 유전자 검사를 통해서 판정할 수가 없으며, 동성애 치료 사례와 나이 들어서 변하는 경우 등이 상당히 관찰된다.

"아니, 어떻게 에이즈 환자의 대다수가 남성 동성애자란 말인가? 게다가 환자 대부분은 남성 간 항문 성관계를 통해 에이즈 바이러스에 감염되었다."(에이즈 요양 병원장)

남녀 간의 성관계로 여성의 질이 쉽게 찢어지지는 않는다. 그러나 항문을 이용한 성관계는 다르다. 쉽게 찢어지고 피가 난다. 신체 기관을 잘못된 용도로 사용했기 때문이다. 동성애는 인권 문제가 아니라, 신체의 올바른 사용법의 문제이다.

동성애는 생물학적으로 신체의 기능을 역행하는 역기능적 행위이다. 의학적으로는 에이즈 등 감염병에 취약하고, 변실금 등을 유발함으로써 개인의 건강을 해치는 행위이다. 사회학적으로는 인간이라는 공동체의 종족 보존을 위한 임신과 출산을 거스르는 행위이다. 동성애는 역기능적인 신체 사용 방식이며, 개인과 공동체의 생존을 거스르기에 반생명적인 욕구 성취 방식이다.

동성애는 사람에 대한 애정 문제가 아니라, 성기에 대한 집착 문제이다. 부자 간, 모녀 간, 형제 간, 자매 간, 동성 친구 간, 동성 사제 간의 애정을 동성애라고 하지 않는다. 어른과 아이, 주인과 반려견 사이의 애정을 아동성애나 동물성애라고 하지 않듯이 말이다. 그 이유는 성기에 대한 욕구가 없기 때문이다.

어떤 철학자들은 인간의 본성이 악하다고 했다. 인간의 본성이 악하다고(선천적이라고) 해서 악행이 정당화되는 게 아니다. 폭력이나 살인 성향을 갖고 태어났다고 해서 폭력과 살인이 인권이 되는 게 아니다. 악행은 개인의 생명과 사회의 생존에 위협이 되기에 제재되어야 한다. 그래서 윤리와 법이라는 게 있는 것이다. 만일 동성애 유전자가 있다면, 게임이나 술이나 마약이나 섹스나 도박이나 연쇄 살인이나 폭력 등과 연관된 유전자가 없어야 할 이유가 없다. 그렇다면 그러한 행위도 무조건 정당화되어야 하는 것인가?

인권의 본질은 욕구나 성향의 자유로운 발산과 충족이 아니라, 개체와 종족의 건강한 생명 유지이다. 욕구 충족은 생명 유지라는 기준에 따라 조절되어야 한다. 그게 올바른 인권이다. 동성애는 신체의 생물학적인 기능에 반하는 역기능적 행위로서 비정상적인 신체 사용 방식이고, 개체의 신체 건강과 종족의 보존을 거스르기에 지양되어야 할 반생명적인 욕구 충족 방식일 뿐이다.

동성애에 관한 객관적 사실을 긍정과 부정과는 상관없이 교육하고 홍보할 수 있어야 진정한 자유가 아니겠는가? 차별 금지법 혹은 평등법이라는 미명하에 동성애 비판과 문제점 지적을 혐오 범죄 행위로 몰아서야 되겠는가? 도킨스 말마따나 이 도덕적으로 계몽된 시대에 말이다. 동성애가 인권이라는 프레임은 객관적 사실과 상충하는 그냥 개소리일 뿐이다.

낙태와 사형

왈(曰),

"인간 배아는 인간의 발달 단계 중 하나이다. 즉 인간이다. 따라서 낙태는 살인에 해당한다는 것이 종교적 관점이다. 그런데 인간 배아 살해 행위(낙태)를 극렬하게 반대하는 사람들이 인간 어른 살해 행위(사형)에 대해서는 적극적으로 찬성한다. 그들의 사고방식을 도대체 어떻게 받아들여야 할지... 낙태와 안락사를 반대하는 이유가 생명 존중이듯이, 사형을 반대하는 이유 역시 생명 존중이라는 사실을 그들만 모르고 있는 것인가?

공리주의는 낙태 문제를 고통이라는 관점에서 다룬다. 배아는 과연 고통을 느끼고 있는가? 아마도 신경이 만들어지기 전이라면, 못 느낄 것이 분명하다. 설령 신경이 만들어졌다고 하더라도 도살장의 소보다는 덜 고통스럽지 않겠는가? 만일 낙태를 하지 않을 경우, 임신 여성과 가족들이 더 큰 어려움에 직면할 가능성이 매우 높다. 그렇다면 배아의 신경이 아직 미숙할 때, 온전한 신경을 가진 어미가 낙태를 결정하는 것이 뭐가 잘못이란 말인가?"

인권이라는 미명하에 죽을 죄 지은(무고한 생명을 잔인하게 살해한) 인간조차도 죽여서는 안 된다는 사형 반대론자 도킨스가 인권이라는 미명하에 죄 없는 태아를 죽여도 된다고 우기는 것은 도대체 어떤 사고방식을 통해서 나온 결론인지 너무도 궁금하다. 처벌로서의 사형과 임의적 살해인 낙태가 비교 대상이라고 여기는 그의 사고 수준이 의심스럽다.

흑인은 사람이 아니다. 왜? 피부가 검으니까.
유대인은 사람이 아니다. 왜? 진화가 덜 되었으니까.
여자는 사람이 아니다. 왜? 남자가 아니니까.
아이는 사람이 아니다. 왜? 아직 어른이 아니니까.
태아는 사람이 아니다. 왜? 아직 태어나지 않았으니까.
장애인은 사람이 아니다. 왜? 기능에 장애가 있으니까.

당신은 이 주장에 모두 동의하는가? 아니면 이 중에 일부에만 동의하는가?

히틀러 치하에서 유대인 600만이 죽었다고 한다. 그 이유는? 유대인이 인류의 문명을 파괴하기 때문이다. 진화론적으로 그들은 덜 진화된 미개종이기에 적자생존(부적자 도태)시킨 것이다. 학살이나 차별에는 늘 이유가 따라다닌다. 진화가 덜 되어서, 지능이 모자라서, 인종이 달라서, 신분이 천해서, 마녀라서, 장애가 있어서, 여자라서 사람이 아니다. 혹은 사람에 조금 못 미친다.

도덕적으로 계몽된 현대 사회에 한 가지 조건이 더 생겨났다. '태어나지 않아서' 예전에 서구 사회에서는 여자가 인간이냐는 주제로 학자들이 논쟁을 하기도 했다. '남성은 전쟁을 위해서, 그리고 여성은 전사의 위안을 위해서 교육되어져야 할 것이다. 그 밖의 일은 모두 바보 같은 짓이다.'(니체) 인간 취급을 받지 못했던 한풀이인가? 제 몸 안의 아이(태아)를, 인간이 아니라며 죽일 권리(낙태 전면 허용/합법화)를 주장한다. 사람이 아니라, 여자의 소유(몸의 일부/세포)라는 것이다.

도대체 사람 여부를 판단하는 권한이 인간 그 누구에게 있다는 것일까? 남자인가? 주인인가? 백인인가? 게르만족인가? 정상인인가? 여자인가? '주께서 내 내장을 지으시며 나의 모태에서 나를 만드셨나이다.'(시139:13) 사람 여부는 하나님이 만들어 준 유전자가 결정한다. 난자는 여자 몸의 일부이다. 하지만 난자가 정자와 결합하는 순간 그 유전자가 달라진다. 태아는 유전자가 다른 독립된 생명체라는 말이다. 다만 아직 홀로 생존할 수 없는 처지라서 엄마의 몸(자궁)을 잠시 빌리고 있는 세입자인 셈이다. 그래서 사람이 아니라고?

노예는 그를 먹여 살리는 주인의 것이기에 주인 맘대로 해도 된다는 논리에 동의하는 것이 아니라면, 아내는 그녀를 먹여 살리는 가장인 남편의 것이기에 남편 맘대로 해도 된다는 논리에 동의하는 것이 아니라면, 태아는 그를 먹여 살리는 여자의 것이니 여자 맘대로 하겠다는 주장 역시 동의할 수 없는 것이다.

지능이 낮아서 영리한 동물 수준도 안 될 것 같은 장애를 가졌을지라도 우리는 그를 사람으로 인정한다. 늙고 병들어서 사람으로서의 기능을 제대로 수행하지 못할 정도가 되어도 여전히 사람으로 인정한다. 교통사고로 몸을 다쳐서 더 이상 거동도 할 수 없는 식물인간의 상황에 처하게 되어도, 의식 불명 상태로 아무런 감각(통증)조차도 없어 보일지라도 여전히 그는 사람이다. 어떤 약물 부작용이나 화재나 사고로 인해 외모가 괴물처럼 바뀌었을지라도 여전히 그는 사람이다. 왜 그런가? 그의 유전자가 사람 유전자이기 때문이다.

여자의 행복을 위한 자기 결정권이라고? 도대체 생명권보다 더 중요한 권리가 세상 어디 있다는 것인가? 생명권은 모든 가치 기준의 뿌리이며 모든 권리의 근본이다.

〈너를 출산하면 내가 불행해질 것 같아. 아마 너도 그럴 거야. 너는 지금 고통도 없지? 내가 보니 그런 것 같아. 그러니 네가 죽어라.〉 과연 이러한 결정을 여성의 자기 결정권이나 재생산권이란 말 따위로 미화해도 되는 것일까? 태아를 인간 취급하지 않는 여자를 인간 취급하지 않는 남자에게, 과연 여자는 이의를 제기할 수 있을까? 무고한 생명 살해를 권리라 하는 자가 제 생명을 보장받을 자격이 있는 것일까?

낙태 기구를 피해서 도망치는 태아의 움직임을 과연 우연히 저절로 조금씩 그러는 것일 뿐, 결단코 고통에 대한 태아의 반응은 아닐 것이라고 장담해도 되는 것인가? 도킨스 자신이 태아도 아니면서 태아의 감각을 다 안다는 듯이 장담하고 태아의 살해를 정당화해도 되는 것일까? 태어난 자의 합의는 태어나지 않은 태아의 살해를 정당화한다고? 그 합의라는 것에 결코 동의하지 않을 태아와, 그런 합의에 절대로 동의할 수 없는 수많은 태어난 자들이 있는데도 불구하고 그런 식으로 합리화할 수 있다는 것인가? 도덕적으로 과학적으로 계몽된 우리 시대에 말이다.

어떤 이들은 이렇게 주장할지도 모른다. <도킨스가 인간인지의 여부는 신경 쓰지 말라. 어차피 원시 지구의 바위에 떨어진 빗물이 모인 소위 원시 수프(빗물 바위 배양액)에서 진화한 존재에게 인간이냐의 여부가 대체 무슨 의미가 있단 말인가?> 그래서 그들이 도킨스가 있는 세상은 불행하다고 합의하고 난 후, 도킨스를 세상으로부터 제거해도 되는 것일까? 도킨스의 주장에 따르자면, 배아 세포나 지렁이나 원숭이나 도킨스나 그저 한낱 빗물 바위 배양액(원시 수프)의 결과물일 뿐이지 않은가? 그런 도킨스가 살아남기 위해서 과연 무엇에 호소할 수 있을까? '다른 사람의 피를 흘리면 그 사람의 피도 흘릴 것이니, 이는 하나님이 자기 형상대로 사람을 지으셨음이니라.'(창9:6)

무신론 진화교 신자의 만행

왈(曰),
"<순진무구한 아기에 대한 살인을 막는 것이 그릇된 일인가?> 신

(神)의 군대를 자처하는 자들이 낙태하는 병원에 불을 지르고 의사도 죽이겠다고 선언했다. 그들은 낙태 병원 의사를 총으로 쏴 죽인 후 자수했다. 죄 없는 아기들의 억울한 죽음을 예방하기 위한 행동이었다고 주장했다."

인간의 과격한 행동들의 원인이 단순히 어떤 종교나 이념 때문이라고 해도 되는 걸까? 도킨스가 종교 절대론의 악행을 열거했으니, 미국에서 벌어진 무신론적 진화교 절대론(?)의 악행 사례도 열거해 주는 것이 과격한 행위의 원인에 대한 객관적 분석에 도움이 되지 않을까 싶다.

1996년 이래로 미국에서 수십 번의 학교 총기 사건이 있었다. 무슨 일이 있었던 것이길래 학교 학생들과 교사들이 학생들에게 살해당하고 부모들이 자녀들에게 살해당하는 것인가? 수십 년 전만 해도 침만 뱉어도 학교에서 혼이 났었는데... 지금은 학교가 전혀 딴 세상이 되었다. 학생에 의해 수십 명의 교사와 학생들이 죽었고 그 이상의 많은 교사와 학생들이 부상을 당했다. 한두 사례만 살펴보자.

15살의 고등학생인 킵 킨클은 말했다. '하나님이 있었다면, 지금 내가 느끼는 것처럼 느끼게 하지 않았을 것이다. 하나님은 없다. 증오만 있을 뿐.' 그에게 무슨 일이 있었던 것일까? 1998년 킵 킨클이 식당에 가서 반자동 소총을 50발 이상 난사했다. 26명의 학생이 부상당했고 두 명은 죽었다. 나중에 그의 부모의 시신이 집에서 발견되었다. 그가 체포되어 경찰서로 잡혀 갔는데, 초기 조사 중에 형사를 살해하려고 시도했다.

콜럼바인 학교 딜런 키볼드와 에릭 해리스가 총기 난사 전에 비디오를 찍었다. 그 비디오에서 그들은 한 미식축구 선수에 대해 이야기한다. '그는 진화가 그에게 가져다 준 턱을 가질 자격이 없다. 그의 턱을 찾아봐라. 그의 몸에 붙어 있지 않을 것이다.' 키볼드의 아버지는 진화론을 믿는 지질학자였고 그 학생들은 둘 다 나치의 가르침을 따르고 있었다. 그들은 고의로 히틀러의 생일날 총기를 난사했다. 아돌프 히틀러를 기념하기 위해서이다. 그는 이사야라는 학생을 흑인이라는 이유만으로 쐈다.

옳고 그른 것은 없다. 힘이 곧 옳은 것이 된다. 자연 선택이고 적자생존이다. 교과서는 말한다. '너는 동물이고 지렁이와 같은 조상을 가지고 있다.' 혹시 아이들에게 가르치고 있는 이런 내용이 학교에서 일어나고 있는 문제들을 일으키고 있는 것은 아닐까? 사람의 조상이 지렁이라면, 지렁이 죽이듯이 사람을 죽이는 게 뭐 큰 잘못이겠는가? '너 신을 믿냐? 신이 너를 구하나 보자.' 무신론 진화교 신자가 학교에서 친구를 쏘면서 한 말이다. '어리석은 자는 그의 마음에 이르기를 하나님이 없다 하도다. 그들은 부패하며 가증한 악을 행함이여'(시53:1)

배아 세포와 도킨스

왈(曰),

"낙태시킨 배아가 과연 고통을 느낄 수 있을까? 설령 느낀다 해도 인간으로서 느끼는 고통은 아니다. 게다가 배아의 고통이 도살당하는 소의 고통보다 더 클 리도 없다.

배아가 인간인가를 따지는 것은 무의미한 일이다. 태아는 그저 조그만 단백질 세포 덩어리에 불과하기 때문이다. 오히려 배아가 과연 언제부터 고통을 느낄 수 있는가에 초점을 맞추는 것이 합리적이다."

아주 깊이 잠들어 있는 혹은 거의 전신 마비 상태에 있는 혹은 술에 만취해 있는 혹은 마취되어 있는 중에 살해된 도킨스가 고통을 겪는다고 해도, 비록 모든 고통은 슬픈 것이지만, 그것은 인간이기 때문에 겪는 고통이라 할 것은 아니다. 모든 생물이 다 고통을 느끼는 것이기에 그렇다. 굳이 어떤 형태로든지 인사불성의 상태에 있는 그를 인간이라 인정해야 할 이유가 있을까?

얼마만큼 자랐든 간에 아주 깊이 잠들었거나 혹은 거의 전신 마비 상태에 있거나 혹은 술에 만취해 있거나 혹은 약에 취해 있는 도킨스가, 같은 발달 단계에 있는 소나 양보다 더 고통을 겪는다고 가정할 이유는 전혀 없다. 그리고 아주 깊이 잠들어 있거나 혹은 거의 전신 마비 상태에 있거나 혹은 술에 만취해 있거나 혹은 약에 취해 있는 도킨스가 도살장에 있는 소나 양보다 고통을 훨씬 덜 느낀다고 가정하는 것이 어느 모로 보나 합리적이다. 특히 식용에 쓰이기 위해 망치에 맞아 죽을 때까지 온전히 의식을 유지하고 있어야 하는 동물들에 비하면 더욱 그렇다.

그러므로 아주 깊이 잠들어 있거나 전신 마비 상태에 있거나 술에 만취해 있거나 약에 취해 있는 도킨스를 살해하는 것은 정당하다... 인사불성 상태에 있는 도킨스를 제외한 채 누군가 사람들이 그렇게 합의하고 도킨스의 의사는 무시한 채 그대로 시행해도 되는 것일까? 대부분의 사람들은 고개를 저으며 반대할지라도 도킨스만은 동의할 것 같다. 자신의 논리에 충실하다면 말이다.

어떤 도덕주의자들은 이렇게 주장할지도 모른다. 도킨스가 인간인지의 여부는 신경 쓰지 말라. 어차피 원시 지구의 바위에 떨어진 빗물이 모인 소위 원시 수프(빗물 바위 배양액)에서 진화한 존재에게 인간이냐의 여부가 대체 무슨 의미가 있단 말인가? 그보다는 어떤 종류이든, 그 생명체가 얼마나 더 고통을 느끼고 있을지에 관심을 가져라.

결코 도킨스 혐오감(?)에 근거한 논리가 아니다. 도킨스 자신이 믿는 바대로 따른 논리일 뿐이다.

"진화적 관점은 아주 명쾌하다. 인간의 배아 세포는, 동물과는 다른 인간이라는 단절된 지위를 부여받을 수가 없다. 인간은 침팬지와 물고기와 말미잘 등의 모든 생명체 종들과 진화적으로 연속적이기(바위 배양액/원시 수프에서 출생한 동일한 핏줄이기) 때문이다."

도킨스가 한 말에 배아 세포 대신에 도킨스를 집어넣어도 마찬가지이다. 배아 세포나 지렁이나 원숭이나 도킨스나 그저 한낱 빗물 바위 배양액(원시 수프)의 결과물일 뿐이다.

9·11 테러와 천국?

왈(曰),

"9·11사건과 같은 자살 폭탄 테러를 일으켜서 무고한 사람들을 죽이는 이유가 뭘까? 그들이 악하다고 말하는 것은 정확한 진단이 아니다. 문제는 그들이 고등 교육을 받은 자들임에도 불구하고 코란을 문자 그대로 믿는다는 것이다. 그런 행위가 그들을 천국으로 이끈다고 믿는다. 너무나도 명확한 진단 앞에서, 왜 사람들은 동의하기를 망설이는 것일까?

테러범들은 정신 상태가 이상한 게 아니다. 종교적 논리에 따라 스스로의 행위가 선하다고 믿을 뿐이다. 어려서부터 그런 믿음에 세뇌되었던 것이다. 순교에 대한 열망으로 그들은 테러에 가담했다. 순교자가 되는 것, 그게 그들의 목표였다.

'각오가 되었는가? 너희는 내일 천국에 있을 것이다.'

왜 그들은 이런 의문을 품지 않는 것일까?

'그게 사실이라면, 왜 당신 스스로 나서지 않는 것인가?'

전혀 납득이 안 되지만, 어쨌든 그들은 그 말을 실제로 믿고 있다는 것이다."

상식적인 사람들이 왜 도킨스의 천국에 근거한 설명을 받아들이는 데 주저하는 것일까? 도킨스는 그 주저함이 정말 이해가 안 되는 모양이다. 이유는 간단하다. 도킨스의 논증이 너무나 멍청하기 때문이다.

이슬람교 신자들은, 길 가는 누군가를 지목하며 저 사람을 죽이기만 하면 천국 간다고 하기만 하면, 그대로 믿고 실행한다는 것인가? 아무리 종교 혐오감에 사로잡혀 있다고는 하지만, 도킨스가 이렇게까지 한심한 분석을 할 정도로 망가져야 하는 것인지 실망스럽기조차 하다.

그들이 천국을 말하기 이전에 왜 미국을 공격해야 한다고 설득했을까? 그들은 미국에 대한 증오심을 품고 있었다. 그들로 하여금 세계 무역 센터를 공격해도 된다고 결정하게 한 그들이 상처(원한)는 무엇이었을까? 그 상처가 참이냐 거짓이냐를 떠나서, 그들이 세계 무역 센터 공격을 이슬람 지역을 향한 미국의 공격과 동일시했다는 사실은, 그들 행동의 원인이 단지 종교의 교리 때문이 아니라는 것을 시사해 준다.

충격적인 어떤 일을 진행하기에 앞서서 인간은 누구나 두려움을 느낀다. 그 두려움을 극복하고 일을 감당하기 위해서 어떤 이는 술을 마시고, 어떤 이는 마약을 하고, 어떤 이는 육체적 고행을 자초하고, 어떤 이는 명상에 매달리고, 어떤 이는 조국에 대한 맹세를 외쳐 대고, 어떤 이는 무신론 진화교 교리를 암송하고, 어떤 이는 유신론 이슬람교 교리를 암송했을 뿐이다. 그게 그렇게 이해가 안 되는 것일까?

개인을 상대로 복수를 했을 때도, 사람들은 법정 앞에 서면, 정의를 실현하기 위해서 악을 바로 잡기 위해서라고 얘기하지, 그냥 복수의 일념으로라고 하지는 않는다. 뭔가 명분을 찾는다. 상처와 복수심에서 시작했다 하더라도 마무리는 멋있게(?) 서술해야 하는 것 아니겠는가? 식민지 독립 투쟁을 벌인 사람들이 복수를 위해서라고 법정에서 얘기하는 걸 봤는가? 조국을 위해서, 인류 평화를 위해서, 정의 실현을 위해서라고 하지 않든가? 그러면서 하늘에서 보자라고 마무리한다. 우리는 누구나 법정에 서게 되면 의를 위한 순교자가 되고 싶어 한다. 인간은 누구나 지금 당장 눈앞에 닥친 두려움 앞에서 그것을 이길 수 있게 하는 초자연적인 무언가를 확보하고 싶어 한다.

도킨스는 생각이 모자라는 것인가, 아니면 생각을 하지 않으려 작정을 한 것인가? 도킨스의 조국인 영국 군대에서 부대장이 적진 주요 시설 폭파 임무를 맡고 (죽으러) 떠나는 부하에게 말했다고 하자. '조국이 너를 부른다. 조국의 미래가 네 손에 달렸다. 조국은 너를 영원히 기억할 것이다. 천국에서 보자.' 그 상황에서 도킨스였다면, 부대장을 향하여 따지고 들었을 것인가? '왜 당신은 입을 놀리는 대신에 직접 조국의 부름에 응하지 않는 겁니까?'

그런 상황에서 '조국이 너를 부른다, 조국이 너를 영원히 잊지 않을 것이다. 천국에서 보자'라는 말을 실제로 믿고 떠나는 그 군인의 행동이 정말 이해하기 어렵다고 도킨스는 말하고 있는 셈이다. 만일 도킨스의 조국인 영국의 군대 구성원 대부분이 도킨스와 같이 생각하고 있는 지경이라면, 영국 군대의 앞날이 어떤 몰골이 될지는 뻔하지 않겠는가?

"진화(무신론)는 과학이고 창조(유신론)는 종교다."
사실은 진화(무신론)나 창조(유신론)나 둘 다 철학이고 신념(종교)이다. 진화론은 진화했다는 믿음에 근거해서 원숭이와 사람이 같은 조상에서 진화했을 거라 상상하고 있을 뿐이다. 결코 알 수 없는 공통 조상(어디선가 발굴한 뼈 조각들)을 가정해 놓고서, 아마도 그 자손들이 세대를 이어 가다 원숭이도 되고 사람도 되었을 것이라고 상상한다. 문제는 그 뼈 조각들이 과연 조상이었는지를, 어떤 자손을 낳았는지를, 심지어 자손을 낳기는 했는지조차도 과학적으로 검증할 수가 없다는 사실이다. 그냥 그럴 것이라고 머릿속으로 상상하며 믿는 것일 뿐이다.

9장 무신론의 세뇌

종교 주입

왈(曰),

"〈진화론과 오래된 지구론이 틀릴 수도 있음을 부각시켜라. 관찰된 데이터에 대한 더 그럴듯한 해석이 가능하다는 것과 그 해석이 성경과 일치함을 보여 주라.〉

국가 교육 과정에 어긋난다는 비난을 피하면서, 관찰 데이터에 근거한 과학 수업(진화론)을 성경 수업(창조론)으로 대체하고 싶어 하는 과학 교사들을 위한 지침이다.

기독교 아이, 이슬람 아이라는 명칭이 과연 타당한 것인가? 민주당 아이, 공화당 아이라는 명칭은 쓰지 않는다는 점을 고려한다면, 기독교 부모의 아이, 이슬람 부모의 아이라 부르는 게 맞다. 이런 식으로 호칭하게 하면, 종교란 성인이 되어서 스스로 선택하거나 거부할 수 있는 것임을 아이들이 알게 될 것이다."

도킨스와 대부분의 진화교 신자들은 학교 교육 현장에서 진화교 교리에 대해 다른 견해를 제시하는 것이 잘못이라고 주장한다. 그 이유는 이런 그들의 전제(믿음) 때문이다. "진화(무신론)는 과학이고 창조(유신론)는 종교다." 그러나 사실은 유신론과 무신론은 둘 다 철학적 전제이다. 진화나 창조도 둘 다 철학이고 신념(종교)이다.

진화론은 진화했다는 믿음에 근거해서 원숭이와 사람이 같은 조상에서 분리(진화)했을 거라고 상상하고 있을 뿐이다. 결코 알 수 없는 공통 조상(어디선가 발굴한 뼈 조각들)을 가정해 놓고서 아마도 그들이 낳은 자손들이 세대를 이어 가다가 원숭이도 되고 사람도 되었을 것이라고 상상한다.

그런데 문제는 그 뼈 조각들이라는 것이 과연 원숭이와 사람의 공통 조상이었는지를 정확하게 과학적으로 확증할 수가 없다는 사실이다. 단지 그럴 것이라는 상상이다. 그 뼈 조각들이 과연 살아 있을 때 어떤 자손을 낳았는지, 심지어는 자손을 낳기는 낳았는지 아니면 불임이었는지조차도 결코 관찰 검증할 수가 없다. 그냥 상상하고 믿는 것이다.

"진화했다면, 비슷한 특성이 있을 것이다. 그러므로 비슷한 특성이 있으면, 진화한 것이다." 진화론이 믿는 이 명제는 논리적 오류일 뿐이다. 비가 오면 땅이 젖는다고 해서, 땅이 젖었으니 비가 온 것이라고 할 수는 없다. 물을 뿌려도 젖고, 상수도가 터져도 젖고, 개천이 범람해도 젖는다. 아버지와 아들이 비슷하겠지만, 비슷하다고 아버지와 아들 사이인 것은 아니다. 왜냐하면 비슷하다는 것은 비교 기준을 무엇으로 선택하느냐에 따라 전혀 다른 결론이 나오기 때문이다. 그러므로 뭐든지 간에 비슷한 특성이라면 진화의 결과일 거라는 잘못된 전제를 근거로 해서 열심히 찾고 있는 소위 진화의 증거로서의 중간 단계(잃어버린 고리) 화석이라는 것은 논리적 오류에 근거하고 있을 뿐이다.

그래서 20세기 가장 영향력 있었던 과학 철학자로 꼽히는 칼 포퍼는 진화론을 '형이상학적 연구 프로그램'이라고 규정했다. "다윈주의는 실험 가능한 과학적 이론이 아니라, 형이상학적 연구 프로그램이다." 그냥 신념이라는 얘기다.

기독교에서 진화론자로 개종한 마이클 루스도 진화론의 종교적인 면모를 인정한다. "진화론은 어느 단계에서는 경험적으로 증명할 수 없는, 선험적인 혹은 형이상학적인 가정을 필요로 하는, 종교와 같은 것이다."

평생 진화론을 믿었던 스웨덴의 식물학자인 닐슨은 40년이 넘도록 진화론의 증거를 찾으려고 연구했다. "40년 이상에 걸쳐 실험을 통해서 진화를 보려던 나의 시도는 완전히 실패했다. 진화라는 아이디어는 순수한 믿음에 달려 있다."

매우 강력한 진화론자였던 모어는 이렇게 말하였다. "고생물학을 연구하면 연구할수록 진화론은 오직 믿음에만 근거한 것임을 더욱 확신하게 된다." 진화의 증거라는 화석을 들여다보면 볼수록, 진화는 증거에 따른 결론이 아니라, 믿음으로 선택하는 전제임을 분명히 알게 된다.

유명한 진화론자 왓슨 교수의 말을 인용해 보자. "진화론이 동물학자들에게 받아들여지는 이유는, 그것이 일어나는 모습이 관찰되거나 구체적인 증거에 의하여 입증되기 때문이 아니며, 진화론에 대한 유일한 대안(창조론)이 확실히 믿을 만하지 않기 때문이다."

그렇다면 진화론은 믿을 만하다는 얘긴가? 그보다는 '창조론(신)이 싫어서'라고 말하는 게 더 정직할 것이다. 진화론은 창조론보다 훨씬 더 큰 믿음과 초자연적(관찰 경험할 수 없는) 기적(생명 자연 발생과 대진화: 종이 다른 종으로 업그레이드되는 것)을 필요로 하기 때문이다. 물질이 살아나는(생명이 되는) 것은 결코 관찰된 적이 없으며, 종이 다른 종으로 업그레이드되는(유전자가 다른 종을 낳는 것) 역시 결코 관찰된 적이 없다. 소위 그들이 믿는 진화 현상이라는 것은 자연 세계 어디서도 관찰된 적이 없는, 그야말로 초자연적인 기적일 뿐이다.

공화당 아이, 민주당 아이는 없다고? 부모가 공화당 지지자이면 아이도 공화당 (지지하는) 아이가 되기 쉽다. 나이가 어릴수록 더욱 그렇다. 민주당이든 자유주의든 전체주의든 마찬가지이다. 부모의 가치관은 아이에게 주입되기 마련이다. 그게 우리가 흔히 생활 현장에서 맞닥뜨리는 현실이다.

부모가 자녀에게 자기 종교를 주입하는 것이 잘못인가? 도킨스를 비롯한 진화교 신자들은 자기 자녀도 아닌 이들에게 진화교를 주입하려고 애쓰지 않는가? 학교라는 곳에서 말이다. 초등학교 때부터 진화교 신앙 주입에 몰두하는 것이 오늘날 교육 현장의 모습이다. 남 말 할 게 아니다. 진화교 신앙에 사로 잡혀서 자기 객관화에 어려움을 겪고 있는 것은 아닌지 모르겠다. 설마 무신 진화교인인 도킨스의 정체가 종교 절대론자였던 것인가? 그게 아니라면, 진화 교리를 도킨스가 자기 자녀에게 가르치는 것이 잘못이 아니듯이, 다른 부모들이 자기 자녀에게 창조 교리를 가르치는 것도 잘못이 아니다.

왜 지금은 자연에서 생명이 자연 발생하고 더 복잡한 종으로 바뀌어 가는, 진화의 중간 단계에 속하는 불완전하고 비정상적인 생명체가 관찰되지 않는 것일까? 과거에 단 한 번만 그런 일이 일어났다는 계시를 어디선가로부터 도킨스가 받았다고 했던가? 그런데 왜 단 한 번만 일어나야 하는 것일까? "그냥, 자연 선택이지 뭐. 우연히 어쩌다 보니 저절로… 어찌 되었든 오랜 시간, 자연 선택 맘대로야… 기적 같은 일이 일어날지 말지는…" 우연히 어쩌다 보니 저절로 조금씩 아주 조금씩 어떤 기적도 다 일어날 수 있게 하는 전능자인 오랜 시간의 계시를 도킨스가 받기는 받았던 모양이다.

10장 만들어진 우연

만들어진 전능자, 오랜 시간(우연히)

왈(曰),
"매우 복잡한 구조와 기능을 갖춘 생명체의 진화는 정말 있음직하지 않을 정도로 경이로운 사건이다. 끝없이 펼쳐진 우주 가운데 오직 한 곳 지구에서만 어쩌다 보니 물질 분자들이 모여서 살아 움직이는 단백질 덩어리를 만들고, 그게 어쩌다 보니 조금씩 저절로 보고 듣고 느끼고 뛰고 날며 반응하는 정교한 구조와 기능을 갖춘 생명 로봇으로 발전해 왔다. 게다가 생각하고 창조하는 능력이 생겨난 것들도 있다. 이 경이로운 사건이 도대체 어떻게 가능할 수 있었는지를 알게 된 것은 1859년 다윈의 『종의 기원』덕택이다."

복잡한 생명의 진화는 정말 놀라운 일이다? 그냥 놀라운 게 아니라, 사실은 기적이다. 물질이 살아난다는 것 그래서 우주선보다도 더 복잡한 생명으로 진화한다는 것은 결코 우리가 경험할 수 없는 일이기에 그렇다. 우리는 단순한 물질이 오랜 시간 동안 조금씩 우연히 저절로 점점 더 복잡한 조직과 기능을 가진 물질로 발전(진화)해 가는 것을 볼 수 없다. 인간의 지성이 의도를 가지고 설계하고 에너지를 투입하지 않는 한 말이다. 오랜 시간 우연히 저절로 망가지고 분해되고 산화되어 없어지는 현상만을 경험할 뿐이다.

아울러 우리는 아무리 복잡한 물질을 만들어 놓더라도 그것이 우연히 저절로 살아나는 것을 볼 수가 없다. 인간의 지성이 만들어 낸 아주 복잡한 슈퍼컴퓨터 할지라도 저절로 우연히 살아나지는 않는다. 인간이 만든 정교한 로봇 역시 인간의 지성이 프로그램을 집어넣지 않으면 움직이지 않는다. 하물며 생명체만이 갖고 있는 복제 능력(임신 출산)은 꿈도 못 꾼다. 과연 우연히 저절로 자동차가 살아나고 로봇이 살아나고 무역 센터 건물이 살아나는 것을 기대할 수가 있을까? 우연히 어쩌다 보니 발생하는 자연 선택에 의해서 말이다.

도킨스는 우주에 있는 숱한 행성 중 바로 지구에서 그런 일이 일어나서 놀랍다고 고백한다. 그리고 감히 그 일이 어떻게 이루어졌는지 그 핵심을 이해하고 있다고 한다. 모든 게 다윈 덕분이란다. 어떻게 단순한 물질(예를 들어 화살이)이 복잡한 물질로(로봇으로) 변해 갔을까? 우연히 저절로 오랜 시간이 흐르다 보니 알 수 없는 무작위적인 운동에 의해 조금씩... 여기서 중요한 포인트는 '조금씩 아주 조금씩'이다.

'개구리에게 키스하니 저절로 왕자가 되었다'는 기적이다. 그러나 '개구리가 조금씩 아주 조금씩 저절로 사람이 되었다'는 과학이다. 곰이 어느 날 고래가 되었다는 것은 불가능한 기적이다. 그러나 오랜 시간 동안 어쩌다 보니 저절로 조금씩 아주 조금씩 곰이 고래로 변해 갔다는 것은 가능한 일이다. 이것이 도킨스가 이해하고 있는 소위 진화의 핵심이라는 것의 정체다.

다윈이 움켜쥐고 억지로 열어 준 부르카의 틈새를 통해서 쏟아진 현기증 날 정도의 새로운 이해라는 것이 바로 오랜 시간 동안 어쩌다 보니 저절로 조금씩 아주 조금씩이라고 상상하기만 하면, 모든 초자연적인 기적이 과학적 사실이 된다는 믿음이었다니... 도킨스는 뛰어난 지성에 의한 창조 대신에 오랜 시간(어쩌다 보니 저절로 조금씩 아주 조금씩)을 전능한 창조자(신)로 만들었다. '하나님을 알되 하나님을 영화롭게도 아니하며 감사하지도 아니하고, 오히려 그 생각이 허망하여지며 미련한 마음이 어두워졌나니.'(롬1:21)

왜 곰은 굳이 조금씩 아주 조금씩 고래로 변해 갔던 것일까? 왜 개구리는 조금씩 아주 조금씩 사람으로 변해 갔던 것일까? "그냥 어쩌다 보니... 자연 선택이지 뭐. 경험할 수 없는 아주 오랜 시간만을 가정하기만 하면 돼." 그런데 왜 광산에 있는 철광석은 조금씩 아주 조금씩 도끼나 자전거로 변해 가지 않는 것일까? 왜 자전거는 자동차나 비행기로 조금씩 아주 조금씩 변해 가지 않는 것일까? "그냥... 자연 선택이지 뭐. 별 다른 이유는 없어. 어쩌다 보니 우연히 그렇게 된 거지. 생명이 아니잖아."

왜 충분히 복잡한 물질이 된 자동차나 로봇이 저절로 조금씩 아주 조금씩 살아나지 않는 것일까? 왜 자연은 그들에게 생명을 주지 않는 것일까? 왜 우연히 저절로 조금씩 아주 조금씩 자기 복제 능력이 생기지 않는 것일까? 지구라는 행성에서는 수십억 년 전에 그런 일이 분명히 일어났었다고 도킨스는 확신에 차서 믿고 있는데 말이다. 자동차나 로봇은 인간이 만든 것이라서 그렇다고 할 것인가? 생명체가 아닌 물질이라서 그렇다고 할 것인가? 초기 지구의 원시 수프에서 생겨났다는 아미노산 단백질 덩어리라는 세포도 생명체가 아닌 물질이었다. 그런데 그게 어쩌다 보니 살아났다는 게 진화론의 주장 아니었던가?

왜 지금은 자연에서 생명이 자연 발생하고 더 복잡한 종으로 바뀌어 가는 진화의 중간 단계에 속하는 불완전한 비정상적인 생명체가 관찰되지 않는 것일까? 과거에 단 한 번만 그런 일이 일어났다는 계시를 어디선가로부터 도킨스가 받았다고 했던가? 그런데 왜 단 한 번만 일어나야 하는 것일까? "그냥, 자연 선택이지 뭐. 우연히 어쩌다 보니 저절로… 어찌 되었든 무조건 오랜 시간, 자연 선택 맘대로야… 기적 같은 일이 일어날지 말지는" 우연히 어쩌다 보니 저절로 조금씩 아주 조금씩 어떤 기적도 다 일어날 수 있게 하는 전능자인 오랜 시간의 계시를 도킨스가 받았던 모양이다. '또 그 귀를 진리에서 돌이켜 허탄한 이야기를 따르리라.'(딤후4:4)

제2부

성경과 설계

침팬지가 우리의 사촌이라고? 그걸 도대체 어떻게 입증한다는 것일까? 침팬지와 유전자 친자 검사를 했더니 그 결과가 확실하게 사촌임을 입증한다는 것일까? 물고기와의 유전자 검사 역시 같은 결과가 나왔다는 것일까?

우리는 원시 수프와도 훨씬 더 멀고도 먼 사촌이다. 우리의 최초 조상이 빗물 바위 배양액(원시 수프)에서 나왔다고 하지 않는가? 그런데 이 둘 사이의 유전자 검사는 어떻게 해야 하는 것일까? 아하, 모든 존재가 원소로 구성되어 있으니까, 검사는 하나마나 당연히 친족이라는 결론으로 갈 것이다.

온 세상이 도킨스의 멀고도 아주 멀고도 먼 사촌 족보임을 믿어야 할 이유를 도킨스가 충분히 제시했다고 판단하는 사람들이 있을까?

1장 진화라는 우상

너무나 많은 사촌?

왈(曰),
"무신론자라고 해서 신이 없음을 증명할 수 있는 것은 아니다. 뭔가 존재하지 않음을 증명하기 위해서는 우주 전체를 동시에 가볼 수 있어야 한다. 불가능한 일이다. 하지만 인어공주처럼 상상은 가능하나 반증은 불가능한 것에 대한 우리의 입장은 불가지론이 정답이다. 굳이 믿을 필요가 없는 것이다. 신 역시 그러한 것 아니겠는가?

신에 대한 믿을 만한 증거라며 내놓는, 초월적 지성의 존재를 믿는 이유들에 대해서는 그 타당성 여부를 면밀히 검토해 봐야 할 것이다. 하지만 진화와 관련해서는 경우가 다르다. 진화는 과학적으로 증거가 명백한 사실이다. 인간은 원숭이의 사촌이고, 물고기와는 더 먼 사촌이며, 아메바와는 아주 먼 사촌이다."

여호와와 알라에게 적용하는 룰을 진화에 대해서도 똑같이 적용해 보는 것은 어떨까? 침팬지가 우리의 사촌이라고? 그걸 도대체 어떻게 입증한다는 것일까? 침팬지와 유전자 친자 검사를 했더니 그 결과가 확실하게 사촌임을 입증한다는 것일까? 물고기와의 유전자 검사 역시 같은 결과가 나왔다는 것일까? 도대체 두 검사 대상 사이에 어느 정도나 유전자 일치도가 나오면 사촌이 될 수 있는 것일까? 그 기준은 도대체 누구의 입맛대로 세운 것일까?

우리는 빗물 바위 배양액(원시 수프)과도 훨씬 더 멀고도 먼 사촌이다. 우리의 최초 조상이 빗물 바위 배양액(원시 수프)에서 나왔다고 하지 않는가? 그런데 이 둘 사이의 유전자 검사는 어떻게 해야 하는 것일까? 아하, 모든 존재가 원소로 구성되어 있으니까, 원소 검사로 친족 여부를 판단하면 될 것 같다. 그런데 그 검사는 하나마나 이 세상 모두가 다 멀고 먼 사촌 간이라는 결과로 이어지리라는 것은 불을 보듯 뻔하다. 단지 원소의 결합 방식의 차이일 뿐이지 않은가? 거기에는 설계도 의도도 지성도 개입하지 않았고 그냥 우연히 저절로 그렇게 된 것이라 믿고 있으니 당연히 친족이라는 결론으로 갈 것이다.

온 세상이 도킨스의 멀고도 아주 멀고도 먼 사촌 족보임을 믿어야 할 이유를 도킨스가 충분히 제시했다고 판단하는 사람들이 있을까? 아마 도킨스 자신은 그렇게 믿고 있는 것 같다. 도킨스가 진화의 증거라고 제시하는 것들의 증거성이 결국 도킨스의 주관적 믿음에 달려 있을 뿐이라는 놀라운(?) 사실을 도킨스가 모르는 척하고 있는 것인가? 아니면 정말 모르고 있는 것인가? 나는 그게 제일 궁금하다.

최근 가장 방대하게 시행된 유전자 검사 연구에서는 놀랍게도 도킨스의 믿음과는 전혀 다른 결과가 나왔다. 2018년 미국 록펠러 대학의 스토클 박사와 스위스 바젤 대학교의 탈러 박사가 지난 십수 년간 모아 온 10만 종 500만 개체의 미토콘드리아 유전자를 분석한다. 그래서 같은 종의 서열 차이 즉 종 내 평균 변이 차이(APD)와 다른 종과의 서열 차이 즉 종 간 변이 차이(APD)를 구하고 몇 가지 결론을 내린다.

- 인간과 다른 동물들의 유전적 다양성은 다르지 않으며, 일반적인 종 내 서열 차이는 0.1% 정도 된다.

- 각각의 종 내 미토콘드리아 서열은 동일하거나 거의 비슷하지만, 다른 종과의 서열은 분명한 구분이 되어 있고 중간 단계를 찾기 힘들다.

종과 종 사이의 구분(진화 단절)이 확실하기 때문에 진화론자들이 주장하던 것처럼 중간 단계(진화의 증거라고 우기는)를 찾기 힘들다. 교과서에 실려 있듯이 하나의 나무뿌리에서 가지가 뻗어나는 식으로 진화 계통수를 그릴 수가 없다는 얘기다. 즉 아메바에서 물고기로 개구리로 원숭이로 인간으로 조금씩 변해 가면서 진화가 일어난 게 아니라는 말이다.

유전자 검사 결과대로 하자면, 과수원에 온갖 다른 종류의 나무가 심겨져 있는 형태로 진화 계통수를 그려야 한다. 종들 사이의 중간 단계라는 것은 존재하지 않는다. 아메바와 개구리와 원숭이와 인간은 같은 뿌리에서 조금씩 진화한 게 아니라, 각각 다른 뿌리에서 생겨났다.

각각 다른 조상에서 유래하였기에 다른 종들과의 유전자 차이는 큰 반면, 같은 종끼리의 유전자 차이는 아주 적다. 한 종에서 다른 종으로 변해 가는 중간 단계라 할 만한 것을 찾기가 어렵다. 너무나 아주 너무나 적은 그래서 거의 없었다고 해도 좋을 진화라니... 진화는 확실히 없었다고 말하는 게 더 합리적인 결론이다.

도킨스는 부활이 기적이라고 단언한다. 과연 그럴까? 지구 바위에 떨어진 빗물 배양액(원시 수프)이 어쩌다 보니 우연히 저절로 조금씩 복잡한 조직체로 결합해 나가다가 어느 순간 갑자기 그 물질(생명이 없는 조직체/세포)이 어떤 이유에서든 알 수 없는 어떤 조건에 의해서 우연히 저절로 살아났다(생명을 갖게 되었다)고 가정하는 것과 모든 신체 조직을 완벽하게 다 갖추고 있는 물질(죽은 예수의 시체)이 어떤 이유에서든 알 수 없는 어떤 힘에 의해서 다시 살아났다고 가정하는 것 중 어느 쪽이 더 기적적일까?

2장 복음서 사실과 상상

날조의 기준

왈(曰),
"안타깝게도 성경의 복음서 이외에 예수에 대한 역사적인 기록은 거의 없다. 1세기 유대인 역사가 요세푸스가 이런 기록을 남겼다.

〈예수라는 현명한 사람이 있었다. 그는 메시아였고 그를 추종하는 유대인과 그리스인들이 꽤 많았다. 유대 종교 지도자들의 고발로 십자가형에 처해졌던 그가 3일 만에 부활했다고 제자들은 주장했다. 그리스도인이라는 명칭은 그의 이름에서 유래한 것이다.〉

다수의 학자들은 이 부분이 나중에 기독교인에 의해서 편집된 것이라는 의혹을 갖고 있다. 특히 〈그는 메시아였다〉라는 문장이 의혹의 소지가 많다. 메시아란, 유대인들의 예언적 전통에 따르면, 유다 왕국의 영광을 회복시켜 줄 유대인의 왕, 군사 지도자를 의미한다. 예수의 이미지는 군사 지도자와는 거리가 아주 멀었다."

도킨스는 왜 요세푸스의 기록을 누군가 끼워 넣은 것이라고 의심하는가? 기독교가 싫기 때문이다. 성경을 지지하는 기록이라서 날조한 것이라고 의심한다. 성경이 꾸며진 신화라는 전제(믿음)를 갖고 있는 학자들의 의심을 들어서 많은 역사가라고 둘러 대고 있다.

과연 그게 합리적인 의심일 수 있을까? 어쨌든 그게 끼워 넣은 구절이라는 도킨스의 상상 외에는 그것을 입증할 증거는 어디에도 없다. 아마도 위선적이고 광신적인(?) 기독교인들이 요세푸스의 기록에다가 어떤 방식으로든 끼워 넣었을 것이라는, 도무지 입증되지 않은 전제하에서 행하는 추정이 있을 뿐이다.

도킨스는 <그는 메시아였다>라는 기록이 특히나 의심스러우며 거짓이 분명하다는 듯이 의문을 제시한다. 그는 유대의 역사를 알고나 있는 것인가? 도대체 예수를 유대 지도자들이 고발해서 빌라도로 하여금 십자가에 처하도록 한 이유가 무엇이었는가? 예수가 스스로를 메시아 즉 유대인의 왕이라고 했기 때문이다.

게다가 예수를 믿고 따르던 많은 유대인과 그리스인들은 그를 메시아로 믿었고, 그 믿음 때문에 순교를 당하였다. 그런데 <메시아>라는 단어가 거짓된 기록임을 입증하는 결정적인 근거라고? 도킨스가 안 믿는 것이야 상관없지만, 그 당시 예수를 따르는 자들에게는 메시아였다는 요세푸스의 기록이 왜 믿을 수 없다는 것인가?

'예수께서 총독 앞에 섰으매 총독이 물어 이르되 네가 유대인의 왕이냐 예수께서 대답하시되 네 말이 옳도다 하시고'(마27:11)

'그의 위에 이는 유대인의 왕이라 쓴 패가 있더라.'(눅23:38)

'유대인의 대제사장들이 빌라도에게 이르되 유대인의 왕이라 쓰지 말고 자칭 유대인의 왕이라 쓰라 하니'(요19:21)

유대의 종교 지도자들에게는 예수가 유대인의 왕 즉 메시아가 아니었음이 분명하다. 그러나 예수를 따르는 많은 유대인들(일부 제사장, 사두개인, 바리새인, 왕족 등도 포함된)과 그리스인들에게는 예수가 메시아였다. 그래서 그들을 그리스도인이라 불렀다.

빌라도 역시 처형 팻말에 예수를 유대인의 왕이라고 적었다. 유대 종교 지도자들의 반발에도 불구하고 굳이 그렇게 한 이유가 뭘까? 너희들의 메시아라는 소리다. 그는 어떻게 해서든지 예수를 풀어주려고 했으나, 유대 종교 지도자들의 강력한 선동과 민란에 대한 우려 때문에 결국 예수를 그들에게 내주었다.

'바리새인 중에 니고데모라 하는 사람이 있으니 유대인의 지도자라. 그가 밤에 예수께 와서 이르되, 랍비여 우리가 당신은 하나님께로부터 오신 선생인 줄 아나이다. 하나님이 함께 하시지 아니하시면 당신이 행하시는 이 표적을 아무도 할 수 없음이니이다.'(요3:1,2)

메시아(히브리어)라는 단어는 그리스도(헬라어)로 번역된다. 메시아(히브리어)를 따르는 자들을 그리스도인(헬라어)이라고 부르는 것은 그 당시에 이상한 일이 혹은 조작해야 할 일이 아니었다. 메시아나 그리스도나 결국은 같은 뜻의 단어이기 때문이다. 요세푸스는 헬라어로 유대 고대사를 기록하였다. 예수가 진짜 메시아이든 아니든 그 사실 관계를 떠나서 그의 제자들이 그를 메시아로 믿었고 그 때문에 목숨까지 내놓았다는 것은 당시를 살았던 수많은 유대인들이나 로마인들이 알고 있었던 숨길 수 없는 사실이다.

열혈 바리새인이었던 바울(사울)은 예수를 메시아라고 믿는 자들을 잡아서 옥에 가두고 죽이는 데에 앞장섰던 인물이다. 그러던 그가 예수가 메시아임을 증거하는 자로서 평생을 살다가 목숨까지 바쳤다. 숱한 예수의 제자들이 예수가 메시아임을 증거하다가 순교를 당하였다. 바울처럼 예수를 따르던 유대인들에게는 예수가 메시아였다. 그게 역사 기록으로서 조작이라고 굳이 우겨야 할 이유나 근거가 있을까?

"빌라도는 그에게 십자가에 달리는 형을 선고하여 죽였다. 그리고 예수의 제자들은 그에 대한 제자의 신분을 포기하지 않았다. 이 제자들에 따르면 예수는 십자가에 매달린 후 3일 만에 자신들 앞에 나타났고 다시 살아났다고 한다. 이에 사람들은 예수를 메시아라고 생각했다."(요세푸스)

역사 기록

왈(曰),
"요세푸스 이외에 예수에 대한 기록을 남긴 이는 로마의 역사가 타키투스뿐이다.

〈네로는 혐오의 희생양이 된 그리스도인들을 가혹하게 고문하였다. 그리스도인이라는 호칭은 그리스도를 따르는 자들이라는 의미다. 그는 티베리우스 황제 치하 유다 총독 빌라도 때에 십자가형을 선고받았다.〉

이 부분 역시 기독교인에 의한 편집이라는 의혹을 받고 있다. 대다수의 학자들이 예수의 실존을 사실로 받아들이고 있다. 하지만 확실한 것은 아니다. 4복음서가 역사적 사실을 있는 그대로 기록한 것이 아니기 때문이다."

로마의 중요한 역사가인 타키투스의 기록도 기독교인에 의해 날조된 기록으로 의심받는다. 왜? 성경의 기록을 지지하기 때문이다. 성경의 기록은 거짓이고 꾸며 낸 것이라는 도킨스의 믿음이 타키투스의 기록이 날조임을 입증한다고 해도 되는가? 도킨스는 과거라는 시간을 뛰어넘는 신인가? 자기가 살지도 않았던 시대의 기록물들을 자신의 믿음을 전제로 해서 날조라고 판결하려고 하니 말이다.

도킨스보다 2천 년이나 그 시대와 가깝게 살았던 사람의 기록을 믿는 게 합리적일까? 아니면 그 사건으로부터 2천 년 후에 등장한 도킨스의 의심을 믿는 게 합리적일까? 그들은 자신들이 믿는 바를 위해서 목숨을 바쳤다. 네로 황제의 탄압 속에서도 견해를 바꾸지 않았다. 사자에게 물려서 찢겨 죽는 상황에서도 예수를 그리스도(메시아)라고 고백하였다.

도킨스와 같은 부류들은 세속사의 부재야말로 예수가 존재하지 않앉다는 증거라고 말하고 싶어 한다. 하지만 예수뿐만 아니라, 그 시대에 존재했던 다른 인물과 관련된 증거들도 거의 찾아볼 수가 없다. 대부분의 고대 문서들은 전쟁, 화재, 약탈, 풍화 등으로 1세기 중에 파괴되었다. 예수뿐만 아니라, 줄리어스 시저와 같은 실제 지도자 관련 자료도 별로 없다. 하지만 황제의 존재를 의심하는 역사학자는 아무도 없다.

초기 로마 역사학자들은 황제에게 중요한 사건과 인물들에 대한 기록만을 남겼다. 예수는 식민지 변방의 시골 청년이었다. 로마에 크게 중요한 인물이 아니었으므로 로마의 역사학자 중 예수를 언급한 이는 극소수에 불과하다. 오히려 예수가 등장하는 로마의 자료가 있다는 사실 자체가 놀라운 일이다.

타키투스 외에도 로마 황제의 비서이자 역사가였던 수에토니우스 역시 예수와 관련된 언급을 남겼다. 〈그리스도의 선동을 받은 유대인들이 끊임없이 난동을 일으켜 클라우디우스(41~54 재위)는 그들을 로마에서 추방하였다.〉 이 사건은 누가가 기록한 사도행전(18:2)에도 기록되어 있다.

플리니는 트라야누스 황제 시대의 총독이었다. 그는 서기 112년에, 기독교인들로 하여금 그들이 신으로 숭배하는 그리스도를 포기하게 만들려는 시도와 관련해서 황제에게 서한(보고서)을 보냈다. 트라야누스 황제(98~117 재위)도 예수와 초기 기독교 기원에 대해 언급한 서한을 쓴 바 있다. 하드리아누스 황제(117~138 재위)는 그리스도인을 예수를 따르는 자들로 묘사했다.

총 9명에 달하는 초기 비기독교 세속 작가들이 예수가 사망한 후 150년 내에 그를 실존 인물로 묘사했다. 기독교인과 비기독교인들 자료를 모두 고려하였을 때, 예수 시대 로마의 황제였던 티베리우스에 대해 언급하고 있는 자는 10명인데 비해서 예수에 대해 언급하고 있는 자는 42명이나 된다.

캠브리지 대학교의 역사학자이자 무신론자인 미셸 그랜트는 신약을 다른 고대 역사에 대한 증거와 동일하게 간주해야 한다고 주장한다. "역사적 자료가 담긴 고대 기록과 동일한 기준을 신약에 적용한다면, 우리는 이교도 인물들을 부정할 수 없는 것처럼 예수의 존재도 부정할 수 없게 된다."

4복음서(마태, 마가, 누가, 요한복음)는 예수에 관해 기록한 책이다. 유명 고고학자인 윌리엄 램지 경은 누가복음의 예수에 대한 역사적 설명을 거부한 인물이었다. 그러나 오랜 연구 끝에 그는 이렇게 인정하였다. "누가야말로 최고의 사학자이다. 그가 남긴 기록은 그 신뢰성에 있어서 최고라 할 수 있다."

Q 문서의 정체

왈(曰),
"나름 비중 있는 학자들은 복음서가 목격자들에 의해서 직접 기록된 것이라고 보지 않는다. 가장 오래전에 기록된 것으로 추정되는 마가

복음도 예수가 죽은 뒤 40년쯤 지나서야 기록되었을 것으로 보고 있다. 마가복음을 베낀 것이 마태복음과 누가복음이다. 거기에 덧붙여진 내용들은 Q라고 불리는, 지금은 사라져서 없는 문서에서 가져왔다. 수십 년 동안 구전이라는 과정을 거치면서 왜곡된 내용들이 문자로 기록되었던 것이다."

예수에 관한 기록인 복음서는 누가 언제 썼을까? 도킨스는 실제로 누가 썼는지 짐작조차 못한다고 주장한다. 한편으로는 맞는 말이다. 그때에 살지 않았으니 어찌 알 수 있겠는가? 그래서 다만 복음서 앞에 이름을 붙였기에 그가 저자일 거라고 받아들인 것이다.

하지만 분명한 것은 도킨스식의 관점은 다른 고대의 모든 역사 기록물에도 마찬가지로 적용될 수 있다는 사실이다. 현재의 인간은 고대 기록물의 사실성에 대해서 아무도 장담할 수 없다. 그 기록이 조작일 수도 있다고 상상하며 의심을 제기하는 순간 말이다. 그 때를 살지 않았으니 어찌 확인할 수 있겠는가?

과거에는 유명한 사람의 이름을 붙여서 자기 저작의 신뢰성을 높이려는 시도들이 있었다. 신약의 4복음서에 대해서 그런 식으로 해석해도 된다. 반대로 실제 저자의 이름이 붙여지는 경우도 있었다. 그러니 4복음서에 대해서 실제 저자라고 해석해도 된다. 어느 쪽이 맞는지를 2천 년이 지난 우리가 확증할 방법이 현재까지는 오리무중이다. 각자의 검증 불가능한 추정만이 가능할 뿐이다.

마가복음이 가장 오래된 것이라는 주장 역시 그냥 주장일 뿐이다.

이를 확실하게 검증할 수는 없다. 동일한 사건에 대해 기록한 구절을 비교함으로써 어느 쪽이 먼저인지를 추정한 것일 뿐이다. 당연히 학자마다 의견이 달라질 수밖에 없다. 물론 시대 별로 대세인 견해가 있을 수는 있겠지만 말이다. 그 대세도 바뀔 것이다. 확실하게 입증할 수는 없지만, 좀 더 그럴 듯한 새로운 분석과 설명이 나오면 말이다.

마태복음에 비해 마가복음은 간결하다. 왜 내용의 양에 차이가 있는 걸까? 요약해서 줄어든 것일까, 아니면 추후에 덧붙여서 늘어난 것일까? 엄밀하게 말해서 아무도 모른다. 이런 저런 해석들을 가지고 상상하고 추정하기 나름이다. 처음에는 기억나는 바를 다 적었지만, 이후에 보다 간결하게 시공간적으로 정리하느라 줄였다고 해도 되고, 처음에는 간결했으나 이후에 더 많은 이야기를 모아서 혹은 덧붙여서 늘렸다고 해도 된다. 어느 입장을 취하느냐에 따라 두 복음서의 선행 여부가 바뀌게 되는 것이다.

도킨스는 Q 문서라는 것을 등장시킨다. 마태복음과 누가복음의 내용을 Q 문서라는 것에서 가져왔다고? Q 문서는 도킨스가 밝히고 있는 바대로 '지금은 사라지고 없는 그리스 문서'이다. 사라지고 없는 그리스 문서? 정확한 사실은 Q 문서라는 게 있었다는 기록조차도 없다. 그럼에도 불구하고 마치 Q 문서가 실제로 있었다가 없어진 것을 확인이라도 한 듯이 천연덕스럽게 말하고 있다.

Q 문서는 그냥 상상의 산물일 뿐이다. 마태복음과 누가복음의 내용 중 공통된 부분이 있다. 이들이 공통 내용을 갖는 이유는 동일한 어떤 자료로부터 베꼈기 때문에 그런 것이 아닐까라는 가정하에서, 상상

적 존재를 상정하고 Q 문서라고 불렀을 뿐이다. 실재하지 않는다. Q 문서를 가정하지 않고, 마태복음과 누가복음의 저자가 동일한 경험을 했기에 같은 내용을 적고 있는 것이라 봐도 아무런 문제가 없다.

정확히 말하자면 Q 문서의 존재는 그 어떤 기록에서도 전혀 실제적 언급조차도 없는 순전한 상상물이다. 그런 걸 도킨스는 어째서 역사적으로 실재했던 것처럼 믿고 있는 것일까? 실제 역사 기록이 있는 것(복음서)은 실재가 아니(조작된 것이)라고 주장하고, 실제 역사 기록에도 없는 상상물(Q 문서)은 실재한(사라진) 것이라 주장하고… 무슨 근거로 그리 추정하고 있는 것일까? 그냥 자기가 믿고 싶은 대로 믿고 있을 따름이다.

전설

왈(曰),

"수백 명의 사람들이 케네디의 암살을 지켜보았다. 저격 장면이 카메라에 담겨졌고, 전 세계 언론에 보도되었다. 각 분야의 전문가들로 구성된 특별 조사 기구를 조직하여 심도 있게 조사하였다. 거의 900쪽에 달하는 조사 보고서는 오즈월드라는 인물에 의한 단독 범행으로 결론을 내렸다. 그러나 그 후 여러 해를 거치면서 숱한 음모론이 계속 제기되었다.

4복음서라 불리는 것들은 로마 공의회 당시에 존재했던 숱한 복음서들 가운데 하나였을 뿐이었다. 그 외의 다른 복음서들이 공의회 정경 채택 과정에서 제외된 이유는 다양하다. 허나 대다수의 경우는 이단이라는 판단에 따른 것이었다. 그 당시의 주류 세력이었던 공의회 구성원들이 갖고 있던 전통 신앙과 어긋나는 내용들을 포함하고 있었던 것이다."

도킨스의 말대로 캐네디 대통령의 죽음에 대해 숱한 이야기들이 생겨났다. 이를 규명하기 위해 위원회가 모였고 그들을 통해서 결론이 나왔다. 도킨스는 그 결론을 믿는다. 마찬가지로 예수의 행적에 대한 숱한 이야기와 기록들이 만들어졌다. 그 중에서 어느 것이 진실만을 담고 있는지를 규명하기 위해서 공의회가 모였다. 이제까지 예수에 대해 듣고 배우고 가르쳤던 전문가들이 모여서 결론을 내렸다.

그런데 그 결론은 믿을 수가 없는 기준에 의해 이루어졌다고? 그게 이천 년 후에 태어난 도킨스의 믿음이다. 왜 그러는가? 그는 기독교(예수 기록)를 혐오하기 때문이다. 성경은 거짓말이며, 만들어진 신화에 불과하다고 믿기 때문이다. 똑같은 방식으로 캐네디 대통령의 죽음에 대하여 워런 위원회가 선택한 보고서의 결론을 정부의 공식(정치적으로 의도된) 입장을 담은 것이었을 뿐이라고 수천 년 후의 누군가가 말해도 되는 것일까?

도킨스가 예수와 같이 있어 봤는가? 그의 가르침이나 행적을 눈으로 본 적이 있었던가? 아니면 그를 직접 경험한 제자들로부터 얘기를 전해 들어 봤는가? 공의회에 모였던 이들은, 예수에서 제자들로 이어지는 가르침을 배워 온 이들이다. 그들보다 도킨스의 상상이 더 믿을 만하다고 판단할 객관적인 이유가 전혀 없다. 예수와 가까운 시대에 살았던 그들의 전승은 조작되고 왜곡된 거짓을 담고 있는데, 2천 년이나 후에 등장한 도킨스의 상상에 근거한 주장은 조작되고 왜곡되지 않은 진실만을 담고 있다고 믿어 줘야 할 이유가 있을까?

도킨스는 복음서에 기록된 2천 년 전의 일에 대해서 어찌 그렇게 확실하게 꾸며 낸 이야기임을 안다고 장담할 수 있는 것인가? 그냥 그의 상상에 근거한 그의 주관적 믿음일 뿐이다. 도킨스의 주장은, 성경이 꾸며지거나 과장된 이야기일 것이라는 믿음에 근거해서 쌓아 올린 상상의 산물이라는 게 정확한 사실이다. 그 상상에 근거한 해석과 설명을 받아들일 거냐 안 받아들일 거냐의 여부는 결국 온전히 성경의 기록을 신뢰하느냐 안 하느냐에 달려 있을 뿐이다.

옥스퍼드 대학교 동물학 교수인 도킨스의 확신에 찬 주장과는 달리, 캠브리지 대학교와 옥스퍼드 대학교의 인문학 교수를 역임한 C. S. 루이스는 신약 성경에 포함된 복음서들에 대해서 이렇게 언급하였다. "문학 사학자로서 나는 복음서가 허구가 아니라는 점 100% 믿게 되었다. 예수 관련 전설은 많이 읽어 봤으며, 복음서와 전설은 다르다는 점을 매우 명확하게 확신할 수 있다." 도킨스는 생물학(동물) 전문가이지만, 루이스는 인문학(고전) 전문가였다. 루이스도 젊은 시절에는 도킨스와 같은 무신론자였었다.

유명한 역사학자 H. G. 웰스에게 역사상 가장 큰 유산을 남긴 인물이 누구인지를 물었다. "그러한 기준이라면 예수가 최적의 인물이다." 예일대의 역사학자 야로슬라프 펠리칸은 이런 글을 남겼다. "예수에 관해 개인적으로 어떤 생각이나 믿음을 갖고 있든지 간에, 그가 이천 년 동안 서양 문화권을 지배해 온 인물이었음을 부인할 수는 없다."

만일 도킨스의 말대로 예수에 관한 복음서의 기록들이 예수 사후에 만들어진 신화와 전설과 음모론 덩어리에 불과하다면, 그의 일생에 관한 기록들이 과장된 이야기꾼들이 만들어 낸 허구에 불과하였다면, 과연 어떻게 이처럼 오랫동안 서구 역사에 영향을 미칠 수 있었을까? 거짓된 신화 덩어리인 복음서의 기록이 수천 년 동안 서구 역사에 그처럼 지대한 영향을 미치고, 그토록 수많은 사람들로 하여금 삶을 변화시키도록 이끌어왔던 것이라고 도킨스는 믿고 싶은 모양이다.

탈기적의 기준, 오랜 시간

왈(曰),
"도마의 유년기 복음서에는 어린 예수가 냇가에서 진흙으로 참새를 만들었다는 기록이 나온다. 참새의 세포는 1,000억 개 이상이다. 세포는 엄청나게 복잡하고 정교한 구조를 갖춘 극소형 초정밀 기계 장치이다.

세포에 대한 지식이 없었던 당시 사람들에게도 예수가 참새를 진흙으로 빚어 날아가게 했다는 것은 무척이나 놀라운 사건일 수밖에 없었다. 오늘날 보더라도 정말 경이로운 마술이지 않은가?

도마의 유년기 복음서 기록한 대로 진흙으로 빚은 참새가 살아나는 기적이 실제로 있었다고 믿는 사람은 없다. 그런데 왜 4복음서에 기록된 물이 포도주가 되었다거나, 죽은 자가 살아났다거나 하는 황당한 얘기들은 믿는 것일까? 로마 공의회에 모였던 이들 덕에 정경이 된 4복음서만을 다르게 취급해야 할 이유가 도대체 뭘까?"

도킨스의 말마따나 진흙으로 참새를 빚었다면 이는 놀라운 마법이요, 기적이다. 어떻게 진흙이 그 복잡한 참새라는 조직체가 될 수 있겠는가? 그런데 도킨스 역시 그에 못지않은 주장을 하고 있다는 사실을 아는가? 그는 진흙물 혹은 빗물의 바위 배양액(원시 수프/빗물 고인 물)에서 참새가 만들어졌다고 믿지 않는가? 물론 거기다가 오랜 시간 동안 조금씩 환경 조건의 변화에 따른 자연 선택과 적자생존과 돌연변이에 의해서 만들어졌다고 치장을 하고 있지만, 탁 까놓고 말하자면 그냥 우연히 어쩌다 보니 저절로 오랜 시간만 지나면 바위 배양액(원시 수프/흙탕물)에서 붕어건 참새건 원숭이건 사람이건 혹은 로봇이건 우주선이건 다 만들어질 수 있다는 얘기다. 대단한 마법이지 않은가?

오랜 시간의 흐름은 모든 조직체와 질서를 망가뜨리고 늙게 하고 결국에는 소멸시킨다는 게 과학의 법칙이다. 모든 존재는 무질서를 향하여 간다. 이것이 우리가 실제로 경험하고 관찰하는 바인데도 이를 역행하는 기적 같은 일이 자연 선택에 의해 이루어졌다고 도킨스는 주장한다. 경험할 수 없는 초자연적인 기적이, 과학 법칙을 거스르는 마법 같은 일이 오랜 시간에 의해서 어쩌다 보니 우연히 저절로 이루어질 수 있다니... 정말 대단한 믿음이다.

이 믿음이 기적이 아니고 초자연이 아님을 주장하기 위해서 도킨스는 바닷가 자갈 무더기를 예로 든다. 오랫동안 반복적으로 밀려드는 파도에 의해서 일정한 크기의 자갈들이 가지런하게 모이더라는 것이다. 이를 통해서 시간만 충분히 주어진다면 우연히 저절로 질서라는 것이 만들어질 수 있음을 볼 수 있다고 도킨스는 말한다. 자연 선택에 의한 놀라운 결과다. 이게 도대체 무슨 논리일까?

그래서 그 돌들이 그대로 그 곳에 계속 자리 잡고 있다는 것인가? 자갈 무더기가 이룩한 질서는 일정한 방향과 크기의 파도가 계속 반복적으로 들이쳤기 때문이다. 즉 질서가 질서를 만든 것이다. 만일 파도의 크기나 방향이 우연에 의해서 이리저리 바뀌면, 혹은 어쩌다 보니 우연히 쓰나미가 지나가고 나면 그 질서가 다 무너지고 만다. 우연히 저절로(진화)의 세계에서는 아무것도 그 질서를 유지시키지 않는다.

도킨스는 무슨 말을 하고 싶은 것인가? 더 오랜 시간이 지나기만 하면 우연히 저절로 조금씩 아주 조금씩 그 돌들 위에 또 돌이 쌓여서 담이라도 만들어 낼 수 있다는 것인가? 더 오랜 시간이 지나면 우연히 저절로 조금씩 아주 조금씩 집이라는 것이 만들어질 수 있다는 얘기인가? 그런 일은 결단코 발생하지 않는다. 우연히 만들어진 질서는 언제든지 수시로 우연히 무너진다. 질서가 유지되도록 하려는, 우연히 생긴 질서 위에다 또 다른 질서를 계속 쌓아서 집을 만들겠다는 설계와 의도가 없는 한 말이다.

높은 산 정상에 오르는 예도 있다. 깎아지른 절벽 위에 있는 산 정상으로 한 번에 올라가는 것은 불가능하지만, 그 절벽 뒤에 있는 완만한 경사를 통해서 조금씩 올라가면 산 정상에 이르게 된다. 물론 충분한 시간이 주어진다면 말이다. 이게 바로 자연 선택에 의한 진화다. 이건 또 무슨 논리일까? 정상까지 오르겠다는 설계와 의도가 없는데도, 왜 산 밑에 있는 돌멩이(지적 설계나 의도가 없는)가 정상을 향해 조금씩 아주 조금씩 계속 올라간다는 것인가?

물론 지진이나 태풍에 의해서 돌멩이가 한 계단 혹은 그 이상 위쪽으로 이동하는 일이 생길 수도 있다. 그래서 그 돌이 거기에 가만히 있다가 다음 번 지진이나 태풍에 또 다시 위로 조금 이동한다고? 왜 그럴까? 그냥 밑으로 다시 내려갈 수도 있는데 말이다. 올라가겠다는 설계와 의도가 없으면, 돌멩이는 밑에서 위로 아래로 왔다 갔다 하다가 그대로 종 치고 말 것이다.

문장 만들기 증명도 있다. 쉽게 설명하자면, 원숭이가 마구잡이로 타이핑해서(컴퓨터 프로그램을 사용해도 되고) '죽는 날까지 하늘을 우러러'라는 문장(복잡한 질서)이 만들어질 수 있다는 얘기다. 마구 치다 보면 첫 번째에 '죽'자가 나올 때가 올 것이다. 또 마구 치다 보면 두 번째에 '는'자가 나올 때가 있을 것이다. 그렇게 하다 보면 '죽는 날까지 하늘을 우러러'라는 문장(복잡한 질서)이 자연 선택에 의해 가능해진다. 필요한 것은 타이핑을 할 수 있는 충분한 시간뿐이다. 오랜 시간만 있으면 된다. 이게 무슨 논리일까?

첫 번째 칸에 '죽'자가 나오고, 그 후 언젠가 두 번째 칸에 '는'자가 나올 때까지 첫 번째 칸에 있는 '죽'자는 이제껏 계속 변하다가 왜 갑자기 변하지 않고 고정되어 버린다는 것인가? 도킨스의 설계나 의도가 없다면, 첫 번째 칸에 '죽'자가 나왔다가, 두 번째 칸에 '는'자가 나오기도 전에 다시 첫 번째 칸에 글자는 수도 없이 계속 바뀔 것이다. 이 현상은 모든 칸의 글자에 동일하게 적용된다. '죽는 날까지 하늘을 우러러'라는 문장(복잡한 질서)이 만들어지지도 않을 것이고 유지되지도 않을 것이다. 계속 돌연변이가 일어나면서 계속 변할 테니까 말이다.

바닷가 자갈이 파도에 의해 아주 조금씩 쌓여서 담이 되고 집이 된다면 기적이다. 산 밑의 돌멩이가 지진이나 태풍 따위에 의해 아주 조금씩 올라가서 정상에 이른다면 기적이다. 마구잡이로 타자를 쳐서 아주 조금씩 완성해서 완벽한 문장에 이른다면 기적이다. 아무리 많은 시간을 동원해도 기적이고 초자연이다. 진화론은 기적과 초자연에 근거한 이론이다. 그래서 종교다. 물로 포도주를 만드는 게 기적이라면, 물(원시 수프)이 오랜 시간만 흐르면 포도주를 넘어서 오징어를 만들고 참새를 만들고 고래를 만들고 사람을 만들고 지성을 만드는 것은 기적이 아니고 뭐라는 얘긴가?

우리는 지성이 놀라운 기계를 만드는 것을 본다. 인간의 지성이 디즈니랜드와 자동 주행 자동차와 로봇을 만든다면, 인간보다 더 뛰어난 지성이 있어서 지구와 생명체와 인간(자동 로봇)을 만들 수 있을 것이다. 우리가 확인할 수 있는 수천 년의 문명사는 오랜 시간이 기계와 질서를 망가뜨리고 분해시키고 파멸시키는 것을 경험한다. 그보다 더 오랜 시간은 더 망가뜨릴까? 아니면 어느 순간부터 갑자기 망가뜨리던 것을 다시 새롭게 창조해 나갈까? 합리적이고 과학적인 사고를 할 줄 안다면, 당연히 더 많이 망가뜨릴 것이라고 추정하는 게 정상적이다. 물론 오랜 시간에 대한 미신적 숭배자라면, 다른 믿음을 가질 수도 있겠지만 말이다.

단순한 물질이 시간이 흐름에 따라 더 복잡하고 더 기능이 뛰어난 물질(기계, 조직체, 세포 등)로 우연히 저절로 발전해 가는 것은 결코 관찰되지 않는다. 복잡한 질서를 가진 물질(기계, 조직체, 세포 등)이 우연히 저절로 살아나서 생명체가 되는 것은 결코 관찰되지 않는다. 단순한 기능의 생명체가 우연히 저절로 돌연변이에 의해 복잡한 기능을 가진 고등 생명체로 진화해 가는 것은 결코 관찰되지 않는다. 그렇다면 그런 것을 가능하게 한 뛰어난 지성이 있을 것이라고 가정하는 것이 합리적일까? 아니면 아주 오랜 시간이 주어지면 무조건 가능할 것이라고 가정하는 것이 합리적일까?

진화라는 기적

왈(曰),
"만일 어떤 사람이 기적을 봤다고 증언한다면, 다음 둘 중 하나일 것이다.
(경우1) 실제로 그 사건이 일어났다.
(경우2) 거짓말이거나 마술을 봤거나 착각일 것이다.
그것을 본 사람은 결코 거짓말 할 사람이 아니며, 그 사람 말고도 다른 사람들이 여럿 보았다고 반박할 수도 있다. 그가 거짓말을 했거나 착각을 했다면, 그야말로 기적 같은 일이라고 말이다.

설령 그렇다 하더라도 (경우2)보다는 (경우1)이 더 기적적이라는 사실은 너무나도 명백하다. 그렇다면 둘 중에서 덜 기적적인 것을 받아들여야 하지 않겠는가?"

도킨스는 부활이 기적이라고 단언한다. 과연 그럴까? 그 기적을 도킨스는 안 믿는다고 자신 있게 말하는 것 같은데, 그가 진화라는 이름으로 숱한 기적을 믿고 있다는 사실이 도킨스에게는 전혀 와 닿지 않는 모양이다. 도킨스의 문제는 기적에 대한 일관된 기준을 갖고 있지 못하다는 것이다. 그는 단지 자신이 믿고 있는 진화를 정당화하기 위한 수단으로써 기적이라는 개념을 남발하고 있을 뿐, 기적에 대한 명확하고 객관적이고 심도 있는 개념적 정의를 알고 있는 게 아니다.

철광석 광산에서 태풍과 지진과 번개와 화산 마그마 등에 의해서 우연히 저절로 조금씩 아주 조금씩 오랜 기간 동안 진화해서 로봇이 생겨났다고 가정하는 것과 어떤 지성(우주인 혹은 인간 등)을 가진 존재가 있어서 철광석으로 로봇을 설계하여 만들었다고 가정하는 것 중 어느 쪽이 더 기적적일까?

아주 먼 옛날 수십억 년 전 지구 암석에 내린 빗물이 모여서 이루어진 배양액(원시 수프)이 알 수 없는 어떤 환경 조건에 의해서 우연히 저절로 조금씩 아주 조금씩 오랜 기간 동안 진화해서 복제 능력이 있는 자동 로봇(인간)이 되었다고 가정하는 것과 어떤 놀라운 지성(인간 지능의 수십억 배 이상인 우주인 혹은 신 등)이 있어서 원소들을 결합해서 복제 능력이 있는 자동 로봇(인간)을 만들었다고 가정하는 것 중 어느 쪽이 더 기적일까?

아이들이 가지고 노는 레고 장난감을 통 속에 집어넣고 마구 흔들어 댄다고 하자. 과연 설계도 의도도 없는 무작위적인 운동에 의해서 어쩌다 보니 우연히 저절로 하나씩 하나씩 레고들이 서로 끼워져서 오랜 시간이 흐르자 마침내 자동차가 되고 로봇이 되고 비행기가 되었다(진화했다)고 가정하는 것과 어떤 지성이 있어서 자신이 구상한 설계에 따라 레고들을 의도적으로 세밀하게 조립해서 자동차와 로봇과 비행기를 만들었다(창조했다)고 가정하는 것 중 어느 쪽이 더 기적적일까?

지구 바위에 떨어진 빗물 배양액(원시 수프)이 어쩌다 보니 우연히 저절로 조금씩 복잡한 조직체로 결합해 나가다가 어느 순간 갑자기 그 물질(생명이 없는 조직체/세포)이 어떤 이유에서든 알 수 없는 어떤 조건에 의해서 우연히 저절로 살아났다(생명을 갖게 되었다)고 가정하는 것과 모든 신체 조직을 완벽하게 다 갖추고 있는 물질(죽은 예수의 시체)이 어떤 이유에서든 알 수 없는 어떤 힘에 의해서 다시 살아났다고 가정하는 것 중 어느 쪽이 더 기적적일까? 쉽게 비유하자면, 철광석이 36억 년 동안 자동차로 진화해서 마침내 작동하게 되는 것과 고장 난 자동차가 다시 작동하게 되는 것 중 어느 쪽이 더 기적적일까?

도킨스는 과연 어느 쪽을 선택할 것인가? 당연히 그는 더 기적적인 것(전자)을 선택하면서 그게 덜 기적적인 것이라고 강변할 것으로 예측된다. 알 수 없는 어떤 조건하에서 물질이 스스로 조립해서 단백질을 만들어 내고 단백질이 스스로 세포로 조립되었으며, 그 물질이 우연히 생명을 갖게 되었다고 믿는 도킨스가 생명을 잃은 죽은 시체(생명체를 위해 필요한 모든 조직을 완벽하게 갖추고 있는 물질)가 다시 생명을 갖게 되는 것은 과학적으로 불가능한 기적이라고 주장하고 있기 때문이다.

빗물 바위 배양액(원시 수프)에서 세포가 만들어진 것을 봤나? 지금 재현할 수 있나? 없다. 따라서 가정이다. 우연히 어쩌다 보니 생겼다는 그 물질(죽은) 세포가 어쩌다 보니 저절로 살아나는 것을 경험(관찰과 실험)할 수 있나? 없다. 역시 가정이다. 우연히 어쩌다 보니 살아난 세포가 다세포 생물을 출산하는 것(진화)을 경험(관찰과 실험)할 수 있나? 없다. 역시 또 가정이다. 그 다세포 생물에게서 어쩌다 보니 우연히 저절로 등뼈를 가진 후손이 출산되는 것을 경험(관찰과 실험)할 수 있나? 없다. 계속 가정이다. 아메바가 인간에 이르기까지 모든 진화의 과정이 다 가정일 뿐이다. 그게 과학이라니... 신화다.

3장 창세기 역사와 신화

출애굽

왈(日),
"유대인의 민족 신화는 이집트의 노예 생활로부터 벗어나 거친 광야를 거쳐서 젖과 꿀이 흐르는 땅 가나안으로 간다는 내용이다. 가나안은 신이 아브라함에게 약속한 땅이다. 이집트로부터 유대인을 해방시킨 지도자가 바로 모세이다. 그가 구약의 첫 다섯 권을 기록했다.

수십만 명의 노예들이 집단으로 탈출할 정도의 사건이라면, 당연히 이집트 역사에 그 흔적이라도 남아 있어야 하지 않겠는가? 그런데 놀랍게도 그런 증거의 흔적은 전혀 없다. 유대인이 이집트에서 노예로 살았다는 고고학적인 흔적도 없다. 아예 그런 사건이 없었을 가능성이 매우 높음에도 불구하고 여전히 그 이야기는 유대인들 사이에서 반복되고 있다. 지금도 매해 유월절이면 이집트에서의 탈출을 기념하는 만찬이 행해지고 있다."

이집트의 아바리스 지역 중 한 곳에서 궁전이 발굴되었다. 외형은 이집트 양식이었지만 내부 모양은 시리아식이었다. 그 주변에서 12개의 무덤을 발굴하였다. 야곱의 열 두 아들을 연상시킨다. 그 중 하나는 특이하게도 피라미드였다.

피라미드 안에는, 버섯 머리 스타일에 황색 피부(아시아인)이며 어깨에는 이방인의 표시인 던지는 지팡이가 있는 조각상이 있었다. 그리고 어깨 뒤쪽에 채색 줄무늬가 남아 있었다. 채색 옷은 요셉의 특징이다. 게다가 그 무덤에는 시신이 없었다. 도굴꾼들도 뼈를 가져가지는 않는다. 존경의 의미로 시신을 모시기 위한 사람들만이 뼈를 가져간다.

'이스라엘 자손이 이집트에서 가져온 요셉의 뼈를 세겜에 장사하였으니'(수24:32)

요셉은 7년의 풍년과 7년의 흉년을 대비하는 일을 담당했다. 그가 나일 강의 기근에 대비하는 역할을 했다면, 그 흔적이 남아 있지 않을까? 이집트에 가면 나일 강에서 파이윰의 저수지까지 이어지는 물길이 있다. 그 운하의 이름이 요셉의 물길(Bahr Yussef)이다. 아주 오래 전부터 그렇게 불려 왔다. 왜 그럴까? 합리적인 대답은 요셉이 만든 것이기 때문이다.

최근 라암셋 근처의 아바리스에서 가나안 출신들이 살았던 커다란 동네가 발견되었다. 이집트 왕에게서 뭔가 특별한 대우를 받고 있는 자유 지역 비슷한 곳으로 보였다. 성경에 따르면 이집트 왕 바로는 비옥한 고센 땅에 야곱의 가족들이 머무르게 했다.

아바리스에서 발굴된 유골들을 분석한 결과 여성 인구가 더 많았고, 갓난아기 유골의 비율도 다른 곳보다 훨씬 높았다. 성경에 따르면 시간이 흘러 요셉을 모르는 왕이 즉위하여 이스라엘 민족의 사내아이만을 골라 죽이라는 명령을 내렸다.

성경에 기록된 이집트에서 벌어진 대재앙을 기록한 이집트의 자료가 있을까? 이푸워라는 이집트의 서기관에 의해 쓰여진 〈이집트 현자의 경고〉라는 파피루스에는 계속되는 재난과 그로 인한 혼란들이 시적으로 표현되어 있다.

〈강은 피이다. 그 물을 마시면 너의 인간성을 잃어버린다… 보리의 풍부함이 떠나갔고 식량의 공급이 부족해졌다… 보라, 역병이 땅을 쓸어버린다… 그의 형제를 땅에 묻는 자들이 모든 곳에 있다… 땅 모든 곳에 울음이 있다… 보석들이 여자 노예들의 목에 채워졌다.〉

혹자는 이 파피루스가 실제 사건일 수 없는 이유로서 상황 설명이 서로 모순적인 점을 지적했다. 풍부함이 떠나고 땅은 전적인 결핍을 당했다고 하면서, 가난한 자가 멋진 치장을 함으로 부자가 된다고도 한다. 자기 주인의 소유였던 것으로 말이다.

하지만 성경을 자세히 읽어 보면 이런 모순되는 현상이 어떻게 일어났는지를 알 수가 있다. '이스라엘 자손이 모세의 말대로 하여 이집트 사람에게 은금 패물과 의복을 구하매, 여호와께서 이집트 사람들에게 이스라엘 백성에게 은혜를 입히게 하사 그들이 구하는 대로 주게 하시므로 그들이 이집트 사람의 물품을 취하였더라.'(출12:35, 36)

BC 3세기 이집트의 역사가 마네토는 이집트에 내린 재앙에 대해 기록하고 있다. '13왕조(중왕국 시대)의 마지막 왕이었던 두디모세 3세라고 불리는 왕의 치세에 알 수 없는 이유로 신의 재앙이 이집트를 덮쳤다.' 마네토는 신을 단수로 표기하였다. 이집트식 표현으로 하자면 신들이라고 했어야 한다. 그런데 왜 신이 벌하셨다고 단수로 썼던 것일까? 이집트의 신들이 아니라, 히브리인들의 신(여호와)에 의한 재앙을 표현했기 때문이 아닐까?

혹자는 홍해가 단순히 늪지대로서 이스라엘 백성은 갈대가 많은 낮은 물가를 건넌 것이라고 주장하기도 한다. 홍해를 뜻하는 히브리어 글자가 '얌 수프'이다. '수프'라는 단어는 '붉다'는 뜻 외에도 '갈대(reed)'라는 의미도 있다. 그래서 갈대 바다라는 번역이 가능한 것이다.

성경에 나오는 홍해는 수에즈 만이 아니라, 아카바 만이다. 아카바 만을 건너면 아라비아 반도이다. 그야말로 이집트를 벗어난 것이다. 이스라엘이 거주했던 고센 땅에서부터 상당히 먼 거리이다.

이스라엘 백성이 홍해에 도달한 것은 3일 만이 아니었다. 모세가 바로에게 사흘 길을 걸어가서 제사를 드리겠다고 말했을 뿐이다. 이스라엘 백성을 보냈던 바로가 갑자기 그들을 뒤쫓게 된 이유가 뭘까? 바로는 당연히 그들이 제사만 드리고 돌아올 것으로 여겼다. 그래서 애들은 놔두고 가라, 가축은 놔두고 가라면서 조건을 달았던 것이다.

모세의 말대로 사흘을 가서 신께 제사하고 사흘을 돌아온다면, 최소한 일주일은 걸려야 한다. 시간이 흐르면서 바로는 그들이 안 돌아오고 점점 이집트 영토에서 멀어져 간다는 소식을 들었음이 분명하다. 그래서 약속을 어기고 도망 간 노예들을 잡으러 나섰던 것이다.

모세가 건넌 곳은 아카바 만 서쪽 해변으로 '누웨이바'라는 곳이다. 그 곳의 옛 지명은 '누웨이바 알 무자이나'(모세가 물을 가른 곳)이다. 거기에는 200만 명이 충분히 진 칠 수 있는 평지가 있다. 게다가 수심 1km 이상인 바다 속에 6-7도 정도의 경사로 둑이 형성되어 있다. 만일 강풍으로 바닷물이 썰물처럼 밀려난다면, 사람이 걸을 수 있는 폭 1.6-6km 정도의 길이 바다를 가로질러 건너편까지 드러나게 된다. 바다 속 둑길에서는 마차와 바퀴와 사람 뼈와 말발굽 등 이집트 군대의 흔적들이 발굴되었다.

6일 전쟁으로 시나이 반도를 빼앗은 이스라엘은 15년의 점령 기간 동안에 학자들을 동원해서 지리학적 고고학적 조사를 샅샅이 마친 후 결론을 내렸다. 시내 산은 시내 산이 아니다. 출애굽기의 시내 산과 40년의 광야 생활의 흔적을 전혀 발견할 수가 없었던 것이다.

시나이 반도는 늘 이집트 땅이었다. 모세가 만일 시나이 반도에 있는 시내 산에 가서 십계명을 받았다면 출애굽이 아니다. 이집트에서 도망간 모세는 미디안 땅에 가서 살았다. 그런데 그가 장인의 양떼를 몰고 아라비아 반도의 미디안 땅을 떠나서 시나이 반도의 시내 산까지 풀을 먹이러 갔다니... 제 정신인가? 당연히 모세가 양을 몰고 간 호렙 산은 미디안 땅에 있는 장인 집 근처여야 합리적이다.

성경에서도 시내 산이 아라비아에 있다고 했다. 요세푸스도 시내 산이 미디안에 있다고 했다. 그 곳에는 모세 장인 이드로의 동굴 집터가 지금도 남아 있다. 그리고 이드로의 딸들과 모세가 처음 만났던 우물도 남아 있다. 그 곳 족장의 말로는 자기가 어렸을 때까지도 우물에 물이 있었다고 한다. 우물 이름이 에인 무사(모세 우물)이다.

이드로의 집터 근처에 큰 광야가 있고 그 서편(뒤편)으로 높은 산이 하나 있다. 현지인들은 그 산을 자발 호렙(호렙 산), 자발 무사(모세 산), 자발 스나(시내 산) 등으로 부른다. 산의 한 봉우리는 위쪽이 지금도 까맣게 그슬린 채로 남아 있다. 여호와의 불이 내렸기 때문이다. 다른 봉우리에는 엘리야가 숨었던 호렙 산 동굴이 있다. 광야에는 성경 기록대로 제단 터와 움막 터와 무덤 터와 바위 암각화들(이집트 소, 타무딕 문자, 등잔대 등)이 있다.

20세기 중반에 캐서린 케년이 여리고를 재차 발굴하고 난 후, 성경과 일치하는 여리고성의 파괴 흔적은 없다는 결론을 내렸다. 그녀는 과연 아무것도 발견하지 못 했던 것일까? 그건 아니다. 발굴 결과들을 종합해 보자.

여리고 성은 이중 성벽으로 되어 있었다. 점령당할 때는 특이하게도 성벽이 밖으로 무너져 내렸다. 밖에서 성을 공격하면 성벽이 안으로 무너지는 게 일반적인데도 말이다. 그 후에 도시가 점령자들에 의해서 불에 태워졌다.

이는 성경의 기록과 일치한다. 먼저 성벽이 무너졌고 이스라엘 백성들이 성을 점령한 후 도시를 불살랐다. 이스라엘 백성들은 굳이 성벽을 부수지 않고도 성을 점령할 수가 있었다. 성벽이 밖으로 무너져 내리면서 성벽을 오를 수 있는 계단을 만들어 주었던 것이다.

집집마다 항아리에 곡식이 가득 차 있었다. 점령당한 시기가 추수가 끝난 즈음이었고, 포위당한 기간이 짧았기 때문이다. 성경에 따르면, 점령 시기는 봄철 수확 때였고 포위 기간은 7일 정도였다. 성을 점령 후 약탈하지 않고 불로 살랐다. 그래서 곡식이 있는 것이다.

출애굽의 증거가 없는 게 아니다. 성경의 연대기와 이집트의 연대기가 일치하지 않을 뿐이다. 이집트 왕들의 계곡을 발견한 캔트 웍스는 말했다. '람세스 2세가, 출애굽 때의 바로라구? 그걸 어떻게 증명할 수 있지? 이집트 연대기는 아직도 모호한 부분이 있어서 여전히 헷갈린다. 정확하게 언제 출애굽이 일어났는지는 알 수가 없다.'

이집트 연대기는 새로운 발견들에 의해 계속 수정되어야 할 처지에 있다. 따라서 이집트 연대기에 맞는 출애굽의 흔적을 찾을 게 아니라, 성경에 기록된 사건들이 이집트 어느 왕조 때에 순서대로 나타나고 있는지를 찾아보는 게 올바른 접근 방식이다.

고고학이 밝혀낸 바로는, 성경의 기록대로 사건들이 벌어지고 있는데, 다만 이집트 연대기로는 너무 이른 연대에서 발생했다는 것이다. 이집트 연대기를 수정할 시점에 도달한 게 아닐까? 이집트 연대기는 정확한 게 아니다. 현재의 이집트 연대기는 불확실한 추정을 담고 있기에 그러하다. 고고학자들로부터 이집트 연대기가 수정이 필요하다는 주장이 설득력 있게 제기되고 있다.

이집트의 여러 왕조들이 동시대적으로 있었음을 부인하는 고고학자는 없을 것이다. 문제는 '얼마나 많은 왕조들이 얼마나 오랜 기간 동안 그랬는가?'하는 것이다. 우리로서는 정확히 알 수가 없다. 게다가 천랑성 주기라는 불확실한 가정에 근거하여 마치 천문학적으로 확증된 것으로 오해하고 있다. 더 나아가 주변국인 앗수르나 히타이트 연대기와 비교할 때면 이집트 연대기는 더욱 혼란스러워진다.

"이집트 연대기에 따르면, 히타이트는 BC 1200년에 소멸되었지만, 앗수르인들은 BC 8세기와 9세기에 히타이트에 대항하여 싸운 전쟁들에 대해 기록하고 있다. 히타이트인들이 소멸되고 난 후 500년이 지났는데, 그들은 누구와 전쟁을 하였던 것일까? 고고학자들은 그것이 무엇을 뜻하든지 간에 '뒤에 남은 광채(afterglow)'라고 말한다. 앗수르인들은 BC 8세기와 9세기에 히타이트에 대항하여 전쟁을 하였을 뿐만 아니라, 그들은 히타이트 기록에 의하면 500년 전에 살았던 왕들과 동일한 이름들을 가진 왕들과 전쟁을 하고 있었다."(고고학자, 데이비드 다운)

낙타 논증

왈(曰),

"BC 605년 바벨론에 의해서 정복당한 뒤에 수많은 유대인들이 바벨론으로 끌려갔다. 바벨론 유수다. 바벨론으로 끌려갔을 즈음에 구약이 편집되었을 것으로 추정된다. 실제 사건의 발생으로부터 수 세기나 흐른 뒤에야 비로소 기록되었다는 소리다.

구약이 뒤늦게 기록되었다는 것은 시대착오적 내용을 통해서 확인할 수 있다. 그 시대에 맞지 않는 내용이 기록되어 있는 것이다. 만일 로마의 전쟁 장면에서 탱크가 등장한다면, 그야말로 시대착오적인 광경이지 않겠는가?

창세기에는 아브라함의 재산 중에 낙타에 대한 기록이 있다. 그러나 고고학적 발견에 따르면 낙타는 아브라함 시대로부터 수 세기 후에나 가축으로 사용되었다. 바벨론 유수 때는 이미 낙타가 가축으로 사용되고 있었다. 창세기는 그 시기쯤에 기록되었을 것이라고 보는 게 타당하다."

도킨스는 성경의 모든 내용이 BC 600~500년에 쓰인 것이라 믿는 듯하다. 그것은 확증된 사실이 아니라, 도킨스의 생각일 뿐이다. 성경의 내용 중 어떤 부분이 어느 시대에 쓰인 것인지를 정확히 알 수는 없다. 모세 오경이 처음 기록되고 편집된 시기에 대해서 네 가지 정도의 견해가 있다. 물론 이 견해 중 어느 것이 정확한 사실인지는 사실 알 수가 없다. 다만 각자가 믿는 바대로 추정해 볼 수 있을 뿐이다. 시대에 따라 더 인기 있는 이론이 있을 수 있을 뿐이며, 어느 이론이 사실이라고 단정할 수는 없다.

벨하우젠이 문서 가설을 제기한 이후 적지 않은 성서학자들이 모세 오경은 여호와 자료(J), 엘로힘 자료(E), 신명기 역사가의 자료(D), 제사장 자료(P) 등 네 문서의 결합으로 이루어졌다고 추정해 왔다(JEDP 가설). 그러나 사실 그 내부 사정을 들여다보면, 과연 네 가지 중 어느 자료가 가장 앞선 것인지, 모세 오경의 세부 내용들을 어디 부분까지 나눌 수 있는 것인지 등에 대해 어떤 합의도 없는 실정이다.

J 문서와 E 문서라는 가정(상상)은 창세기에서 여호와(Jehovah)와 하나님(Elohim)이라는 2개의 명칭이 혼용되는 데서 착안한 것이다. D 문서는 주로 신명기 역사가의 자료(신명기계)이고, P 문서는 주로 민수기 기록자의 자료(제사장계)이다. 저자 글에는 사람과 인간이라는 두 단어가 혼용되고, 종교, 과학, 철학, 역사의 관점들이 혼재한다. 문서 가설대로라면, 저자의 글은 사람 문서와 인간 문서라는 2가지 자료의 편집이고, 4명의 서로 다른 계통의 기록자가 있다는 얘긴가? 상상일 뿐이다.

성경에는 모세가 기록하였다는 대목이 여러 번 나온다. 그러므로 최소한 그 부분들은 모세의 기록으로 보는 것이 적절할 것이다. 분명히 모세가 기록한 율법은 여호수아에 의해 선포되었다. 물론 지금의 모세 오경 형태는 아니었을 것 같다. 아마도 모세의 기록들을 보존하다가 이후 어느 편집자에 의해 지금과 같은 형태로 편집되었을 가능성도 있다. 물론 원래의 기록을 보존하고 있을 가능성도 있다.

그렇다면 과연 언제부터 지금 우리가 가지고 있는 형태의 모세 오경이 만들어진 것일까? 성경이 서술하고 있는 사회 역사적 배경을 고려하여 네 시기 정도를 추정할 수가 있다.

1. 여호수아 정복 직후의 시대
2. 다윗 솔로몬의 시대
3. 히스기야, 요시야의 시대
4. 바벨론 포로기 귀환기

네 가지 견해를 모두 아우른다면, 이렇게 정리할 수가 있을 것이다.

모세 시기에 이미 주변국들은 종교와 역사에 대해 기록하고 있었다. 모세 역시 이집트에서 최고 학문을 익힌 자였다. 그가 이스라엘 백성의 종교와 역사를 기록했을 것이라는 사실은 충분히 가능한 일이다. 모세 오경 역시 모세가 기록했음을 여러 차례 기록하고 있다. 창세기의 기록은 고대 이집트 어법과 일치하는 내용들을 담고 있다.

또한 성경에는 모세의 죽음과 같이 모세 자신이 기록할 수 없는 것도 일부 있다. 이는 여호수아나 모세의 기록물을 보관하고 필사했을 후대 기록자에 의해 편집된 내용일 것이다. 문제는 모세의 기록과 후대 편집의 내용을 어떻게 나눌 것이냐에 있어서 온갖 추정이 있다는 것이다. 하지만 그것을 정확하게 구분할 수 있는 학자는 없다. 대부분은 모세의 기록이고 극히 일부만 편집된 것일 수도 있고, 대부분이 편집된 것이고 극히 일부만 모세의 기록일 수도 있다. 정확한 사실은 아무도 모른다는 것이다. 각자가 추정할 뿐이다.

모세 오경이 후대의 기록물(꾸며 낸 기록물)임을 입증하기 위해서 도킨스가 거론하는 고고학 증거라는 것은 아마도 낙타에 대한 성경 이외의 기록이나 벽화 같은 것일 것이다. 그런데 왜 도킨스는 성경 이외의 다른 기록물에 등장하는 낙타는 사실에 대한 서술로 인정하면서 성경 기록에 나오는 낙타에 대한 서술은 후대에 꾸며 낸 것이라고 부정하는 것일까? 종교 혐오감 때문인가? 그는 성경이 거짓말이라고 전제한다. 그래서 성경의 낙타 기록은 가짜고, 따라서 성경은 아브라함으로부터 수세기 이후에 쓴 것이라고 주장하는 것이다. 성경의 기록이 거짓이라는 도킨스의 확신이 도킨스 논증의 근거인 셈이다.

도킨스의 주장에 의하면 낙타 기록 때문에 성경이 틀렸다는 말인데, 성경의 낙타 기록이 틀려야 할 이유가 뭔가? 성경의 내용들이 거짓이기 때문이라고 도킨스는 믿는 것 같다. 아니면 그의 진화교 신앙에 따라서 아브라함 때 사람들은 낙타를 길들일 만큼 진화가 안 되었다고 믿는 것일까? 성경 기록대로 아브라함 때 낙타를 길들여 사용했다면, 성경 기록을 부정하는 도킨스의 논증은 무너진다.

도킨스의 확신과는 달리 굳이 아브라함 때에는 낙타를 길들여 사용할 수 없었을 것이라고 믿어야 할 이유가 없다. 그렇다면 성경의 기록대로 낙타가 길들여진 시기는 아브라함 때로 올라가야 한다. 동물 길들이는 데도 진화론적 오랜 시간이 필요한 것이라고 도킨스는 믿고 있는 듯하다. 낙타를 길들이는 데 무슨 기술이 필요하다고 도킨스는 수세기 이후 낙타 기록만이 참이라고 주장하는 걸까? 어려서부터 낙타를 기르면 자연스레 길들여진다. 호랑이도 코끼리도 새끼 때부터 기르면 다 길들여진다. 동물을 길들이는 데는 놀라운 지능의 진화가 필요한 게 아니다.

굳이 성경의 기록을 부정하고 아브라함 때로부터 수세기 이후에 등장하는 낙타 기록만을 믿어야 할 이유가 없다. 아브라함 때도 사람들은 낙타를 이동 수단으로 충분히 이용할 수 있을 정도의 지능을 갖고 있었다. 아브라함의 고향이었던 수메르 문명이나 아브라함이 정착했던 가나안 땅의 사람들이 낙타도 길들이지 못할 정도로 진화가 덜 되었다고 도킨스는 믿는 모양이다. 메소포타미아 문명 당시의 인간도 우리와 같은 수준의 지능을 가졌었다. 그 당시 문명들이 무슨 원숭이 지능 수준에서 이루어진 것이라고 도킨스는 믿고 있는 것인가? 설마, 그건 아니겠지.

사실 인간 지능은 진화한 게 아니다. 아메바로부터 오랜 시간을 거쳐서 어쩌다 보니 우연히 저절로 진화해 왔다고 믿다 보니 인간의 지능도 진화했을 것이라 가정할 뿐이다. 도대체 인간과 동일한 조상 유인원에게서 진화했다는 원숭이는 왜 지능이 진화하지 못한 것일까? 인간 이외에 지능을 진화시킨 종은 왜 없는 것일까? 인간보다 몇 십 배 몇 백배 더 오래 전에 진화를 마친 종들도 많이 있는데 말이다.

당연히 이 의문에 대해 도킨스는 진화론자들 전용 논증을 근거로 대답할 것이다. 알 수 없는 어떤 환경에서 자연 선택(적자생존)에 의해 그렇게 되었을 것이다. 자연은 선택하지 않는다. 생명체가 선택한다. 왜 인간만이 지능의 진화를 원하게 되는 환경에 놓여서 홀로 지능을 진화시킨 것인가? 아마도 도킨스는 애매모호한 표정으로 '자연 선택으로, 돌연변이에 의해'라는 전매 용어만을 되풀이 외칠 것이다. 하지만 자연 선택의 실상은 환경에 적응 못하는 것을 멸종시키는 과정이지, 새로운 종으로 진화시키는 과정이 아니다. 돌연변이 또한 거의 대부분 기존의 기능을 망가뜨리게 될 뿐이지, 더욱 향상된 고도의 기능을 발달시키지는 못 한다. 그게 과학적 사실이다.

노아 이야기

왈(曰),
"창세기의 노아 홍수는 바벨론 신화에서 유래한 것이다. 바벨론 유수 시절에 창세기가 편집되었기 때문이다. 길가메시 서사시에 따르면 신들이 큰 홍수를 통해서 인간을 모두 죽이기로 결정한다. 그런데 물의 신이 한 인간에게 홍수를 대비해서 큰 방주를 만들도록 지시한다. 방주의 모양과 치수 등을 기록하고, 온갖 종류의 동물을 태우고, 비둘기 같은 새들을 날려 보내고, 마침내 산꼭대기에 배가 도달하는 등 창세기와 내용이 유사하다. 그리스 신화에도 비슷한 내용이 있다. 몹시 분노한 제우스가 큰 홍수를 일으켜서 인간을 모두 죽인다. 한 쌍의 부부만이 큰 상자를 타고 살아남아서 산꼭대기에 도달한다. 이런 내용의 홍수 얘기는 세계 문명 곳곳에서 전해지고 있다."

엇비슷한 대홍수 이야기는 세계 모든 문명에 걸쳐 다 등장한다. 왜 그런 것일까? 한 곳에서 생겨난 이야기가 사람들의 입이나 기록을 통해서 세계 곳곳으로 퍼져 나갔다고 우길 수도 있지만, 실제로 그런 사건이 있었기에 그런 기록들이 도처에 있는 것이라고 자연스럽게 추정할 수도 있다. 전 세계를 잠기게 하는 대홍수가 있었고, 이를 경험한 누군가가 기록을 남기고 후손들에게 전해 주었던 것이다. 너무나 당연하고 합리적인 추정이다. 그렇다면 문제는 그렇게 남겨지고 전달된 이야기 중 어느 기록이 원래 사실에 가장 가까운 내용을 잘 보존해 왔느냐는 것이다. 기록은 전해지면서 잘 보존될 수도 있지만, 다르게 변질될 수도 있기 때문이다.

노아 이야기는 수메르와 바벨론의 홍수 이야기를 베낀 것이라는 주장이 있다. 과연 그것을 누가 입증할 수 있을까? 수메르 이야기 기록물의 연대가 노아 이야기 기록물의 연대보다 앞서기 때문이라고? 그 기록물의 연대가 틀리지 않다는 것이 확증될 수 있는가? 없다. 연대는 우리의 추정과 가정의 산물이기에 맞기도 하고 틀리기도 하는데, 그것을 정확히 확증하는 게 불가능하다. 고대 기록일수록 더 그렇다. 노아의 이야기를 이런저런 홍수 이야기를 담은 기록들을 편집해서 만들어 낸 것이 아니라, 홍수 이야기를 정확하게 담고 있는 더 오래된 기록물을 소장하고 있다가 필사한 것일 수도 있기 때문이다.

그렇다면 노아 이야기를 기록한 문서가 예전의 여러 기록들 중 가장 정확한 기록을 보존해서 이어 온 것이 되는 것이다. 우리는 사실 어느 것을 베낀 것이라고 단정할 수 있는 처지에 있지 않다. 그러므로 여러 기록들 중에 어느 것이 더 오래 된 것일까를 따지는 것보다는 어느 것이 더 정확한 사실에 대한 기록을 보존한 것이냐를 따지는 것이 더 의미가 있다. 기록물의 연대가 아니라 그 기록물 중에 어느 것이 사실에 더 가까운 내용을 담고 있는 것인지를 입증할 단서를 찾는 게 중요하다.

어느 기록이 과연 사실에 가장 가까운 이야기를 보존해 온 것일까? 수천 년 이후에 살고 있는 우리로서는 그걸 알아내는 것 역시 사실상은 불가능하다. 그게 우리의 정확한 처지이다. 우리가 할 수 있는 한계는 기껏 해 봐야 추정할 수 있을 뿐이라는 것이다. 우리가 그 대홍수라는 사건과 방주를 목격하지 않았기 때문이다. 다만 그 이야기 내용에 대한 분석을 통해 어느 쪽이 더 믿을 만한지를 따져볼 수는 있을 것이다. 예를 들면 기록된 치수대로 방주를 만들었을 경우, 과연 그 방주가 배로서 역할을 제대로 할 것인가를 실험을 통해서 확인해 보는 것이다.

실제로 노아 이야기에 나온 치수 비율대로 방주 모형을 제작해서 실험을 해 보았다. 놀라울 정도로 우수한 배임이 입증되었다. 현대 조선 기술을 능가할 정도였다. 수천 년 전 노아는 이미 오늘날 우리가 갖고 있는 최고의 조선 기술에 대한 지식을 갖고 있었던 것이다. 그렇다면 길가메시 이야기에 나오는 치수 비율대로 모형 방주를 만들었을 경우는 어떤 일이 벌어졌을까?

노아 방주는 6:1 비율로 된 직사각형 형태이다. 길가메시 방주는 1:1 비율로 된 정사각형 형태이다. 높이도 다르다. 6:1 비율인 노아 방주는 물결 따라 안정적으로 떠 있지만, 1:1 비율인 길가메시 방주는 물결 따라 뱅뱅 도는 현상이 벌어졌을 것이다. 홍수가 있었고 방주를 만들었다면, 어느 이야기가 실제로 만들어진 방주를 기록한 것이라고 판단해야 할까?

"국가 출연 기관인 해사 기술 연구소(구 선박 연구소)가 창조 과학회의 요청으로 노아 방주를 조선 공학적 입장으로 접근하여 연구한 결과를 발표하였다. 이 연구소는 선박의 선형 시험 및 관련 성능 평가 업무에서 세계적으로 인정받는 기관으로서 세계 조선 2위국인 우리나라 수출 선박의 대부분이 이곳에서 성능 평가를 받고 있다.

선박의 안정성 연구 분야에서 국내 최고 권위자인 홍석원 박사를 팀장으로 한 9명의 전문 연구팀에게 선박의 안전 성능을 실험하게 되었다. 홍 박사 팀은 방주를 50분의 1 크기로 축소 제작하였고, 해사 기술 연구소의 대형 수조(길이 200m, 폭 16m, 수심 7m)에서 인공적으로 다양한 높이, 강도, 속도의 조류, 파도, 풍랑, 바람을 만들고 역시 축소

된 내부 선체, 선원을 실은 상태, 내부 화물을 적재한 상태 등 다각적으로 실험을 수행했다.

그 결과 노아 방주가 현대의 최첨단 조선 공학적 기법으로 제작된 그 어느 선박보다 뛰어난 안정성을 갖고 있는 배였다는 것이 실증되었다. 또 상대 평가에 의한 우수성을 알아보기 위해 노아 방주와 동일한 부피를 가지면서 길이, 폭, 높이의 비율이 각기 다른 현대 조선 공학적 기법으로 제작한 12척의 다른 모형 선박을 만들어 선박의 안정성(파랑 안전성, 구조 안전성, 복원 안전성)에 대해 수차례의 비교 수치 해석 과정을 거쳤다. 조선 공학적인 관점에서 변환 가능한 12척의 모형 배들과의 비교 수치 해석 결과, 선형의 높이가 같은 경우에는 노아 방주가 가장 최적인 복원 안정성을 주는 것으로 판명되었다."(한국 창조 과학회 자료실)

창조 이야기

왈(曰),

"피그미 족의 창조 신화를 살펴보자.

〈어느 날 신은 흙으로 인간을 만들었다. 신이 그에게 지시했다. '타후 나무는 결코 먹지 말라.' 오랜 시간이 흐른 뒤에 임신한 어떤 여자가 자기 남편에게 타후 열매가 먹고 싶다고 했다. 그가 아내를 위해서 열매를 따다 주었다. 그 바람에 다른 사람들도 함께 맛보게 되었다. 이를 알

게 된 신이 크게 노해서 이 일 때문에 너희가 죽을 것이라고 말했다.〉

혹시 기독교 선교사들에 의해 전해진 선악과 이야기가 피그미 족의 신화로 편집된 것은 아닐까? 피그미 족 신화를 연구한 학자는 역으로 피그미 족 신화가 이집트와 중동을 거쳐서 유대인에게 전해진 것이라고 본다. 어느 가설이 맞든지 간에, 두 신화 사이의 상이점은 전해지는 과정에서 왜곡이 발생한다는 사실을 보여 주는 증거이다."

왜 인간 기원에 대한 이야기는 반드시 있지도 않았던 사실을 상상해서 만들어 낸 얘기라고 주장하는 걸까? 재미있는 점은 자기가 확인(경험)할 수 없는 먼 옛날에 관한 기록이기 때문이라는 것이다. 맞는 말 같지만 경험하지 못했으니 사실이 아닐 것이라는 판단 역시 확인 불가능한 상상일 뿐이다. 자기가 모르는 검증할 수 없는 이야기이기에 상상해서 만든 이야기일 거라고 추정하는 게 과연 합리적인지 의문이 간다.

그러면서 도킨스가 제시하는 대안이 아주 먼 옛날 지구에 내린 빗물 바위 배양액(원시 수프)에서 우연히 저절로 조금씩 인간을 향해서, 사실 여부를 검증 불가능한 어떤 물질이 어쩌다 보니 저절로 진화해 왔다는 것이다. 그런데 아주 재미있는 점은 마치 자신이 그 사건을 경험이라도 한 듯이 확신에 차서 과학적인 이야기라고 주장한다는 사실이다. 그러나 도킨스의 믿음과는 달리 그것 역시 만들어 낸 이야기일 뿐이다. 왜냐하면, 절대로 결단코 경험할 수 없는 머나먼 옛날에 벌어진 사건이기 때문이다.

빗물 바위 배양액(원시 수프)에서 세포가 만들어진 것을 봤나? 지금 재현할 수 있나? 없다. 따라서 가정이다. 우연히 어쩌다 보니 생겼다는 그 물질(죽은) 세포가 어쩌다 보니 저절로 살아나는 것을 경험(관찰과 실험)할 수 있나? 없다. 역시 가정이다. 우연히 어쩌다 보니 살아난 세포가 다세포 생물을 출산하는 것(진화)을 경험(관찰과 실험)할 수 있나? 없다. 역시 또 가정이다. 그 다세포 생물에게서 어쩌다 보니 우연히 저절로 등뼈를 가진 후손이 출산되는 것을 경험(관찰과 실험)할 수 있나? 없다. 계속 가정이다. 아메바가 인간에 이르기까지 모든 진화의 과정이 다 가정일 뿐이다. 그게 과학이라니…

원시 수프 따위는 지구상에 존재하지도 않으며 과거에도 역시 존재하지 않았다. 그냥 존재하지 않았을까 하는 상상의 산물이다. 거기서 세포가 저절로 만들어졌다고? 그런 일은 어디서도 관찰되지 않고 과거에도 결단코 발생한 적이 없다. 그냥 그러지 않았을까 하는 상상의 산물일 뿐이다. 우연히 저절로 만들어진 단세포가 어느 날 우연히 저절로 살아났다고, 우연히 저절로 복제하는 능력이 생겨났다고? 결단코 그런 일은 지금 어디서도 관찰되지를 않는다. 과거에도 관찰되지 않았다. 발생하지도 않은 일이다. 그냥 그럴 수도 있지 않을까 하는 상상의 산물이다.

도킨스는 성경 이야기가 피그미 족 이야기를 오염시켰을 수도 있고, 피그미 족 이야기가 성경 이야기를 오염시켰을 수도 있다고 주장한다. 이것 역시 경험(관찰과 실험)할 수 없는 추정일 뿐이다. 그래서 피그미 족 이야기에서 유대인 이야기에게로 전파도 가능하고 유대인 이야기에서 피그미 족 이야기로의 전파도 가능하다고 말할 수밖에 없는 것이다. 그런데 문제는 둘 중 하나가 사실일 거라는 것 역시 추정일 뿐이라는 사실이다. 검증할 수 없는 가정에, 가정에, 가정으로 이어지는 허무한 주장일 뿐이다.

여기서 주목할 점은 또 하나의 가정이 가능하다는 사실이다. 너무나 확실하고 분명하게 설명할 수 있는 다른 선택지가 있다는 말이다. 실제로 인간 창조의 사건이 있었고, 그것을 기록으로 남긴 것이 각각 오랜 시간 전해져 오면서 조금씩 달라지게 되었다는 것이다. 그렇다면 피그미족 이야기나 유대인 이야기 중 하나는 좀 더 사실에 가까운 기록이거나 어쩌면 원래 사실을 가장 정확하게 기록하여 보존한 기록일 수도 있다. 이 가정이 도킨스의 가정보다 합리성이 떨어진다고 주장할 근거는 전혀 없다. 인간이 바위 배양액에서 우연히 저절로 진화했다는 상상이 과학적으로 입증된 사실이라고 굳건히 믿고 있는 자가 아니라면 말이다.

왜 신은 아브라함에게 아들을 바치라고 했을까? 그리고는 아들을 바치려 하는 순간, 신은 아브라함을 불러 아이에게 손대지 말라고 명령한 것일까? 성경의 메시지는 뭘까?

오늘날 태아는 어미의 행복을 위해서 인권(자기 결정권)이라는 신(우상)의 제물로서, 머리가 찢겨 나가고 손과 발이 찢겨 나간 후에 남은 몸통이 갈가리 찢기며 흡입기에 빨려 들어가는 의식을 치른다. 이름하여 능지처참(낙태)이다. 물론 그 아이의 어미인 여자는 극단 페미 운동가와 함께 아이에게 고통이 없을 것이라고 서로를 격려하며 확신한다. 도킨스는 여전히 아브라함을 향하여 아동 학대 타령을 하고 있어도 되는 것일까?

4장 성경

벌과 악

왈(曰),
 "노아의 홍수 사건은 왜 일어났을까? 인간의 죄에 대한 신의 진노 때문이다. 노아만이 의인이었다. 그래서 노아 가족을 제외한 모든 인간이 아이들까지 모두 물에 빠져 죽었다. 그다지 좋은 얘기는 아니다.

 욥은 어느 날 모든 재산을 순식간에 다 잃어버렸다. 게다가 10명의 자녀도 집이 무너지는 바람에 다 죽었다. 이 처참한 상황에서도 욥은 신을 배신하지 않고 신을 섬겼다. 그 덕에 신은 욥의 배신을 걸고 했던 사탄과의 내기에서 이겼다.

 사탄이 여전히 깐죽대자 신은 사탄의 요구대로 욥의 생명을 해치지 않는 선에서 질병을 주어도 좋다고 허락했다. 온몸에 종기가 나서 기와로 긁어야 하는 고통스런 상황에서도 욥은 믿음을 버리지 않았다. 그러자 신은 욥에게 재산을 배로 주고 자식도 10명을 더 주었다. 욥은 다시 행복해졌다. 이미 죽은 자녀와 종들만 불쌍한 희생양이 되고 만 것이다."

도킨스는 죄에 대해서 벌이 반드시 따른다(죗값 치르기)는 신의 정의에 대해서 불만이 많은가보다. 죄를 그냥 용서하면 되지 왜 죗값을 치르게 하는가? 왜 심판을 하는가? 그가 신에게 따지는 걸 보면, 그는 연쇄 살인범이나 소아성애자도 그냥 용서해 주는 것이 선한 일이라고 주장할 것처럼 보인다. 물론 그가 재판장이라면 그렇게 하지 않을 것이라고 기대한다. 하지만 그가 신이라는 재판장이라면 무조건 그렇게 할 것 같다. 그는 신이 비정상이기를 너무나도 바라고 있기 때문이다.

이 세상에서의 삶은 좋고, 죽음 이후는 나쁜 것이라는 관점에서 보자면 죽음이야말로 절망이다. 죽음으로 모든 게 끝이다. 살아 있음은 좋은 것이고 죽음 또는 무(無)로 돌아감은 나쁜 것이라는 믿음에 대해서는 이론의 여지가 있다. 굳이 천국을 거론하지 않더라도 말이다. 우리가 잘 알다시피 죽음을 통해 더 나은 생으로 환생한다는 견해도 있고, 죽음은 존재 자체의 없어짐이 아니라, 자연 안에서 다른 존재로의 변화일 뿐이라는 도가(道家)의 견해도 있다.

그러니 신의 심판으로 죽었다는 것에 대해서 너무 신을 비난하지 말라. 도킨스의 비위가 상한 것은 신 때문이 아니라, 도킨스가 이 세상에서의 죽음은 반드시 나쁜 것이라는 가정을 믿음으로 받아들였기 때문이다. 노자는 부인의 죽음 앞에서 애초에 삶이 없었거늘 죽음이 어디 있는가라고 노래했다. 그냥 자연의 한 모습에서 다른 모습으로 바뀌었을 뿐이라는 것이다. 마치 우리가 날이 바뀌면 옷을 갈아 입듯이 말이다.

그런 관점에서 보면, 똑같은 죽음이더라도 모두에게 같은 죽음이 아닐 수 있다. 죽음을 대하는 자세에 따라서 죽음의 의미가 다양해지게 된다. 죽음을 대하는 자세 역시 그러하다. 죽음을 저주하는 이도 있을 수 있고, 죽음을 기꺼이 받아들이는 이도 있을 수 있고, 죽음이 오히려 잘된 일이라 여기는 이도 있을 수 있다. 죽음을 어떻게 바라볼 것이냐는 오롯이 죽음을 대하는 사람의 몫이고, 그 죽음의 의미 역시 사람의 선택에 따르는 결과이다.

기독교적 관점에 의하면, 같은 날 같은 곳에서 죽더라도 죽음 이후까지 같은 것은 아니다. 도킨스의 관점으로는 같은 것이겠지만, 기독교적 관점으로는 그 죽음의 의미가 결단코 같을 수가 없다. 죽음과 동시에 의인은 천국으로, 악인은 지옥으로 가는 것이니 어찌 같은 죽음이라 할 수 있겠는가? 문을 열고 들어가면 누구는 시원한 방이요, 문 열고 들어가면 누구는 불타는 용광로인데 어찌 같은 문일 수 있겠는가? 이 세상에서의 끝(죽음)이라는 이유만으로 그 죽음이 똑같이 절망일 수는 없다.

죽음은 새로운 시작이다. 그렇기 때문에 죽음에도 질의 차이가 있다. 같은 날 같은 장소에서 같은 쓰나미에 휩쓸려 동시에 죽었다고 하더라도 결코 같은 죽음이 아니다. 하나는 두려움과 절망이요 다른 하나는 소망과 기쁨이다. 이 세상보다도 더 나쁜 쪽으로 가는 자와 이 세상보다 더 나은 쪽으로 가는 자에게 죽음의 질이란 결코 같을 수가 없다. 설령 죽음 이후가 없다고 하더라도 죽음을 대하는 태도는 사람마다 다를 수 있는 것이다. 각자의 선택에 따른 몫으로 말이다.

마찬가지로 같은 날, 같은 장소에서 같은 쓰나미에 휩쓸렸지만, 함께 살아남았다 해도 그 살아남이 결코 같은 것이 아니다. 죽은 자보다 살아남은 자가 더 행복한 것이라 단정할 수가 없다는 말이다. 악인은 살아남아서 더 많은 죄를 지을 수 있는 기회를 얻었고, 의인은 살아남아서 더 많은 의를 행할 기회를 얻었으니 그 삶의 질이 결코 같은 것이 아니다. 아니면 악인은 살아남아서 회개할 수 있는 기회를 얻었고, 의인은 살아남아서 악을 행할 기회를 얻었으니 그 삶의 질이 같은 것이 아니다. 게다가 악인이든 의인이든 오히려 살아남았기에, 죽었더라면 안 겪어도 좋았을 더 험한 꼴을 겪게 될 가능성도 항상 열려 있다는 점 역시 살아남음의 질을 좌우하는 요소가 된다.

욥 이야기에 대한 도킨스판 설명 역시 신에 대한 빈정거림으로 가득 차 있다. 하지만 그의 해석과 전혀 다른 판도 얼마든지 가능하다. 세상에 살다 보면 인간에게는 원하지 않는 재앙이 닥친다. 왜 신은 그걸 막아 주지 않고 그냥 허락하는 것일까? 의인이라 불릴 정도로 선하게 살았는데도, 나쁜 자들도 겪지 않는 고통이 어찌하여 욥에게 닥친 것일까? 신은 과연 공정한 것인가? 인간에게는 누구나 이해할 수 없는 재앙이 때때로 닥친다. 그 순간 인간은 절망하며 신에게 항의한다. 욥도 따지고 들었다.

그런데 사실은 인간에게 닥치는 재앙이 이상한 게 아니다. 이미 세상은 죽음 아래 있다. 즉 재앙 아래 있다. 의인이나 악인이나 모두 재앙 아래에 있다. 그러니 왜 내게 재앙이, 나에게만 하필... 이렇게 따지고들 일이 아니다. 욥이 의롭게 살았다고 하나 그것은 욥이 잘나서가 아니다. 어찌 보면 신의 은혜(선하게 살 수 있게 돕는 성품과 환경 여건들)를 입은 것이다. 그러니 내가 의로우니까 당연히 재앙은 나를 피해 가야 한다는 식의 주장은 하지 마라. 살아온 삶이 선하고 악하고를 떠나서 모든 인간은 이미 재앙 아래에 있다. 그 재앙에서 온전히 구원받는 길은 인간이 아닌 신에게 있다.

욥이 받은 재앙 중에는 10명 자녀의 죽음이 있다. 도킨스가 보기에는 그들만 억울하다고 한다. 죽음에 대한 그러한 성급한 규정은 유물론자인 도킨스에게나 해당하는 진리(?)이다. 모든 인간에게 죽음은 필연이다. 다만 그 시기가 다를 뿐이다. 게다가 단지 더 많이 살수록 삶의 질이 더 좋아진다는 보장도 없다. 성경은 인간에게 필연적인 죽음이 죗값이라고 한다. 더불어 육신의 죽음이 끝이 아니라고 말한다. 육신의 죽음은 새로운 시작이다. 먼저 죽는다고 불행한 게 아니라는 말이다.

그래서 바울은 개인적으로는 빨리 이 세상을 떠나기를 원하지만, 아직 이 땅에서 할 일이 있어서 머무르는 것이라고 고백한다. 이 땅에서 누군가를 위해서 할 일이 남아 있어서 이 땅에 아직도 있는 것이지, 이 땅이 인생의 전부라서 이 땅에 머무르고 있는 게 아니다. 단순히 이 땅에 머무는 기간이 더 오랠수록 더 행복하고 가치 있는 인생이 되는 것이 아니라는 얘기다.

도킨스 같은 유물론자로서는 이해가 안 갈 것이다. 그에게는 육신이 전부이기 때문이다. 그가 유신론의 견해를 이해하지 못하는 것은 그가 무신론을 선택한 결과이다. 도킨스는, 인간이란 원시 수프라는 것(먼 옛날 지구의 바위에 내린 빗물의 배양액)으로부터 진화해서, 존재해야 할 별 다른 이유나 목적도 없이 그냥 세상을 떠돌다가, 자기도 모르는 어느 순간에 사라져 버리는 존재라는 믿음을 받아들이기로 했기 때문이다. 그래서 그에게 있어서 죽음은 끝이고 불행이다.

아브라함

왈(曰),
"신이 아브라함에게 명령했다. '하나뿐인 아들 이삭을 번제로 바쳐라.' 신에 대한 충성심을 입증하기 위해 아브라함은 아들을 죽일 준비를 해야 했다. 아브라함이 신의 명령에 순종하여 이삭을 제단에 묶고 칼을 드는 순간, 신이 나타나서 긴급하게 제지하였다.
사람을 가지고 노는 방식으로 이보다 더 사악한 경우가 있을 수 있을까? 아이에게는 평생 지울 수 없는 상처를 심어 주고, 부자 관계를 엉망으로 만들어 버리는 해괴한 장난질을 행하고 있는 신에 대해서 창세기 기록자는 거리낌 없이 서술하고 있다."

자녀를 제물로 드리는 일이 성경 여러 곳에서 언급되고 있다. 그런 행위에 대한 신의 심판을 경고하고 질책하는 구절들이다. 자녀 제물은 고대 사회에서 종종 있었던 의식이었던 것이다. 이에 대한 질책에도 불구하고 이런 행위는 사라지지 않았다. 신에게 얼마나 큰 것, 비싼 것을 바치느냐에 따라 신의 도움도 더 확실할 것이라는 기대 때문이다. 요즘도 뇌물이 오고 간다. 뇌물의 값이 비쌀수록 확실하게 청탁이 성취된다는 기대를 누구나 품고 있다.

그런데 왜 신은 아브라함에게 아들을 바치라고 했을까? 이에 순응하는 아브라함과 이삭 역시 그 시대의 인물이었기에 지금 우리가 느끼는 감정과는 다른 감정이었을 것이다. 자녀를 제물로 바치는 행위는 가나안 땅의 풍습이었던 듯하다. 우리처럼 낯선 것이 아니었다는 말이다. 마치 오늘날 태아 살해(낙태)를 여성 행복을 위한 자기 결정권이라고 부르며 권장하는 극단 페미 운동가들의 감정과 비슷했을지도 모른다. 현대 인권의 선두라는 극단 페미 운동가들 역시 태아 살해(자녀 제물)에 대해 전혀 어색해 하지 않는다.

그래도 아브라함이 한 행위는 낙태 권리론자들보다는 덜하다. 결박해서 제단 나무 위에 올려놓았을 뿐이다. 칼로 그를 잡으려 할 때, 신이 아브라함을 불러 아이에게 손대지 말라고 명령한다. 거기서 끝이었다. 신이 준 아들 이삭을 통해서 네 자손이 번성하리라고 약속하였기에 어떤 식으로든 이삭은 살 것이라고 아브라함은 믿고 있었으리라.

어쩌면 신이 부모의 행복(농사 풍년, 전쟁 승리, 재난 모면 등)을 위해서 자녀를 바칠 필요가 없으며 신을 향한 마음이면 충분하다는 것을 실감나게 가르치고 싶었던 것은 아니었을까? 제물이 아니라 마음이 중요하다는 성경의 메시지와 통하는 해석이다. 성경에는 이후 인간들이 악을 행하면서 제물만 풍성하게 바치는 행태에 대한 신의 격렬한 분노가 자주 등장한다. 제물 따위는 가져오지도 마라. 나는 그런 것 없어도 된다.

반면에 오늘날 태아는 엄마의 행복을 위해서 인권이라는 신(우상)의 제물로서, 머리가 찢겨 나가고 손과 발이 찢겨 나간 후에 남은 몸통이 갈가리 찢기며 흡입기에 빨려 들어가는 의식을 치른다. 이름하여 능지처참이다. 물론 그 아이의 어미인 여자는 극단 페미 운동가와 함께 아이에게 고통이 없을 것이라고 서로를 격려하며 확신한다. 도덕적으로 계몽(?)된 현대 인권이 행하는 의식보다는 계몽(?) 이전 아브라함의 경우가 훨씬 더 인간적이라 여겨진다. 그러니 도킨스 양반, 아브라함을 향하여 오로지 우리 시대의 의식에 근거한 아동 학대 타령은 이제 그만했으면 하는 바이다.

태아는 사람이 아니라며 사지와 머리를 찢어 죽이는 아동 대량 학살이 당신이 살고 있는 시대에 인권이라는 이름으로 버젓이 횡행하고 있다는 사실을 기억하라. 남 탓할 계제가 아니다. 한때 여자는 사람이 아니었다. 아이도 사람이 아니었다. 유대인도 사람이 아니었다. 노예도 사람이 아니었다. 장애인도 사람이 아니었다. 전쟁 패자도 사람이 아니었다. 흑인도 사람이 아니었다. 도덕적으로 계몽(?)된 이 시대에는 태아가 사람의 자리를 빼앗길 순번이란 말인가? 그 어린 것이 대체 무슨 잘못을 했길래... 연쇄 살인범도 사형에 처하지 말자(사형 폐지론)는 현대 인권 신(우상)께서는 도대체 무슨 생각을 하고 있는 것일까?

계시의 부재

왈(曰),

"왜 신이 오늘날은, 성경에 기록된 것처럼 인간에게 말하지 않는 것일까? 구약에서는 신이 인간에게 말하는 모습을 쉽게 볼 수가 있다. 신은 모세에게 수시로 말하였고, 예언자들에게도 메시지를 전하였다. 하지만 오늘날은 신의 말을 들었다는 사람이 없다. 만약에 누군가가 신의 말을 들었다고 하면, 우리는 그를 정신과 의사에게 보내려 할 것이다. 구약의 기록들이 사실이 아니라는 심증이 가지 않는가?"

왜 신이 사람들에게 말을 걸지 않느냐고 도킨스는 의문을 제기한다. 정확히 서술하자면, 도킨스에게 말을 걸지 않는 것이라고 해야지. 더 이상 신이 사람들에게 말을 걸지 않았다고 단정할 수 있는 것은 아니다. 도킨스가 살고 있는 이 시대에도 신의 음성을 들었다고 하는 사람들이 꽤 있다. 그들의 주장을 도킨스가 안 믿을 뿐이다. 물론 게 중에는 거짓말이고 사기임이 드러난 경우들도 있다. 그걸 근거로 해서 도킨스를 비롯한 많은 사람들이 믿지 않을 뿐이다. 나 역시 그들 중 누가 진실이고 거짓인지를 잘 알지 못한다. 하지만 당연히 그 중에는 사실도 있다고 믿는다.

아브라함의 시대에 살았던 그 많은 사람들에게 신이 일일이 다 말을 걸었던 것은 아니다. 그야말로 숱한 사람들 중에 아브라함에게 말을 걸었을 뿐이다. 혹 아브라함 외에 또 다른 사람도 있었을 수 있다. 다만 신의 음성을 듣는 사람이 소수였음은 분명하다. 오늘날 수십억의 인구 중에 신이 말을 거는 사람이 굳이 도킨스이어야 할 이유는 없지 않은가? 말할 수 없는 것에 대해서는 침묵하라.

　이집트의 왕도 모세가 신의 음성을 들었다고 생각하지 않았다. 그랬기 때문에 그는 모세의 제안을 거절했다. 이집트에 10번의 재앙이 모두 닥칠 때까지도 그랬다. 그도 역시 도킨스처럼 생각했을 것이다. '메뚜기 재앙? 그런 것은 예전에도 있었잖아. 우연히 올해도 생긴 거지. 때가 되었을 뿐이야. 신의 계시는 무슨... 히브리 노예 출신 주제에'

　자기 맏아들이 죽자 그제야 모세의 말을 들어 준다. 모세가 신의 계시를 들었다고 믿어서라기보다는 재수가 없어서 그랬을 것이다. 사랑하는 장자가 죽으니 겁도 덜컥 났을 것이다. 바로뿐만 아니라 온 나라 집집마다 장자가 죽었다. 수많은 백성들의 원성과 두려움 앞에서 바로도 어쩔 수가 없었다. 그렇다고 그가 모세에게 신의 계시가 임했다고 믿었던 것은 아닌 듯하다.

　그러니까 기껏 이스라엘 백성을 보내 놓고 다시 잡으러 뒤쫓아 가지 않았겠는가? 당장 아들이 죽으니까 그냥 내보내 준 거다. 둘째, 셋째에게도 그런 재수 없는 일이 생길지도 모른다는 두려움 때문에... 모세가 신의 음성을 들었다는 사실을 바로는 믿지 않았다. 이스라엘 백성 중에도 믿지 않은 자들이 많았을 것이다. 그러니까 광야 길을 가는 동안 계속 모세를 원망하며 때로는 반란을 일으킨 것 아니겠는가?

전멸시켜라

왈(曰),

"'오직 네 하나님 여호와께서 네게 기업으로 주시는 이 민족들의 성읍에서는 호흡 있는 자를 하나도 살리지 말지니, 곧 헷 족속과 아모리 족속과 가나안 족속과 브리스 족속과 히위 족속과 여부스 족속을 네가 진멸하되, 네 하나님 여호와께서 네게 명령하신 대로 하라.'(신 20:16,17)

이 명령은 신의 본심을 드러낸 것인가? 인간적으로 보자면 너무나도 잔혹한 명령이었음에도 불구하고 신의 의지대로 실현되었다. 신이 준 약속의 땅 가나안을 정복하는 시작 단계부터 왕국을 세워 가는 과정 내내 계속되었다.

'지금 가서 아말렉을 쳐서 그들의 모든 소유를 남기지 말고 진멸하되, 남녀와 소아와 젖 먹는 아이와 우양과 낙타와 나귀를 죽이라 하셨나이다 하니'(삼상15:3)

자비로운 신의 소망은 어린 아이들까지 모조리 다 죽여 없애는 것이었다."

사실을 밝히자면, 전멸시키라고 명한 그 부족들은 전멸되지 않았다. 이후에도 이스라엘과 함께 살았다. 다윗의 용장 중 하나였던 우리야는 헷 사람이었다. 이스라엘 사울 왕의 수하에도 아말렉 사람이 있었다.

우리가 흔히 사용하는 말로, 쥐새끼 한 마리 남겨 놓지 말라고 명령했다고 해서 쥐새끼까지 다 잡아 죽이라는 뜻은 아니라는 말이다. 어떤 장수가 전쟁을 명하면서 적당히 해라 하겠는가? 지금도 전쟁 시에는, '적을 궤멸시켜라'라는 명령을 내린다. '한 놈도 살려 두지 마라' 이런 명령을 한다.

BC 15~14세기경의 전쟁은 지금의 전쟁과 그 양상이 달랐다. 당시에는 전쟁에 패하면 노예가 되거나 죽임을 당하거나 도망가거나 셋 중 하나였다. 전선에서 군인들 간에 싸움이 벌어지고 후방에 있는 민간인은 전쟁에서 예외가 되고 보호되는 상황이 아니었다. 국가가 항복하면 전쟁이 끝남과 동시에 후방에 있는 사람들은 별일 없었다는 듯이 살아갈 수 있는 지금 같은 시대가 아니었다. 여자나 아이나 누구나 다 전쟁의 참여자였던 셈이고, 패배 시에는 약탈과 죽임의 대상이었다.

전쟁을 통해서 노예와 재물과 땅이라는 재산을 불리어 가든가, 자기 생존 혹은 복수를 위해서 상대를 진멸해 버리든가, 그게 그 당시 일반적인 전쟁의 모습이었다. 고대 사회에서는 개인 간에도 복수는 반드시 해야 할 의무였다. 국가가 나서서 개인의 복수를 못하게 막고 공권력으로 처벌하는 우리 시대의 시스템과는 달랐단 말이다.

그러므로 자기 가족을 죽인 자에게 복수(피 갚음/살해)를 행한 사람의 행동을 우리 시대의 관점으로 살인이라고 판단해서는 안 된다는 말이다. 그는 당연한 권리와 의무를 행사한 것이고, 만일 그가 그렇게 하지 못했다면 부끄러워해야 할 처지였다.

간신히 살아서 이웃 나라로 도망간 아이가 커서 군대를 이끌고 복수하러 오는 영화 속의 장면이 고대 사회에서 있었던 일이다. 지금처럼 특별하게 정해진 정규 군인이 따로 있었던 게 아니다. 그 나라 전체 백성이 싸울 수만 있다면 다 군사인 셈이다.

전쟁 중에 여자가 망대에서 내던진 맷돌에 맞아 적국의 왕이 죽는 장면도 성경에 등장한다. 여자라서, 아이라서, 민간인이라서 살려 두라는 말을 할 수 있는 시대가 아니었다. 그게 그 때의 전쟁 모습이었다. 그러니 우리 시대의 전쟁 상을 기준으로 해서 고대 사회의 전쟁 양상을 비인간적이라며 트집 잡을 일이 아닌 것이다.

'네가 가서 그 땅을 차지함은 네 공의로 말미암음이 아니며, 이 민족들이 악함으로 말미암아 네 하나님 여호와께서 그들을 네 앞에서 쫓아내심이라.'(신9:5)

가나안 백성들이 오랜 시간 동안 악에서 돌아서지 않고 있었기에 마침내 그 악함에 대한 값을 치렀다. 이스라엘은 일종의 심판의 도구로서의 역할을 수행했던 셈이다. 전멸시키라는 명령은 단순히 전쟁을 확실하게 수행하라는 뜻만이 아니라, 심판자의 법적 선고라는 의미까지 담겨있었던 것이다.

그런데 가나안 땅을 물려받은 이스라엘 백성들이, 가나안 백성들이 행하는 악한 풍습을 보고 따라 행하였다. 전멸하라고 했던 그들과 어울려 살면서 그들의 풍습에 물들어 버린 것이다. 결국 이스라엘도 가나안 땅에서 쫓겨났다.

수 세기가 지난 후에 북 이스라엘은 앗수르에 의해서, 남 유다는 바벨론에 의해서 망하고 고향으로부터 먼 곳으로 끌려갔다. 그리고 70년 만에 다시 살던 고향으로 돌아온 후에 잠시 일으켰던 나라는 다시 로마에 의해서 망하고 이후에 이스라엘 백성들은 전 세계로 흩어져 이천 년 동안 나라 없는 민족으로 살았다.

아담 그리고 죗값

왈(曰),

"아담과 하와는 신화적 존재일 뿐이다. 우리 부모의 부모의 부모를 따져 올라가다 보면 유인원과 맞닥뜨리게 된다. 계속 더 올라가면 물고기를, 그 다음에는 바이러스를 만나게 된다. 더 가면 마침내 원시 수프(초기 지구 빗물)에 다다르게 된다. 인간에게 원죄라는 타이틀을 가져다 준 아담과 이브라는 조상 따위는 있지도 않았다.

예수의 십자가 희생은 조상 아담이 지은 죄로 죽게 된 인간을 구원하기 위한 것이다. 인간의 죄를 예수의 피로 대신 속한다는 교리이다. 예수가 우리 대신 죗값을 치름으로써 우리 죄가 용서되었다. 이름하여 대속이다.

만일 우리를 용서하고 싶다면, 그냥 용서해 주면 되는 것 아닌가? 굳이 속죄라는 이름으로 피를 보아야 할 이유가 있을까? 용서한다는 것만으로는 신의 마음이 충족되지 않는 것이다. 누구든지 간에 고통스럽게 대가를 치러야만 직성이 풀리는 것이다. '피 흘림이 없은즉 사함이 없느니라.'(히9:22)"

최초의 부부 따위는 없다고? 도킨스의 믿음과는 달리 현대 유전학은 현재의 인류는 하나의 조상에게서 유래하였다고 한다. 유전자(남자의 Y염색체와 여자의 미토콘드리아) 분석 결과, 현대 인류는 한 명의 남자와 한 명의 여자에게서 나왔음이 확인되었다. 그래서 현대 인류의 공통 조상을 'Y염색체 아담', '미토콘드리아 이브'라고 부른다. 이 두 조상은 도대체 언제쯤 지구상에 나타났을까? 진화론자들이 인간과 침팬지에게 공통 조상이 있다는 가정하에서 계산한 결과는 10~20만 년 전이었다.

'인간과 침팬지에게 공통 조상이 있다'는 가정이 틀렸다면, 어찌 할 것인가? 과학적으로 말하자면 인간과 침팬지 사이에 공통 조상이 있다는 증거는 어디에도 없다. 진화론자들이 그냥 그렇게 상상하고 가정할 뿐이다. 진화론자들이 인간의 조상이라고 주장하는 온갖 유인원들은 그냥 가정일 뿐이다. 그들이 우리를 낳았다는 증거는 없다. 인간의 조상이라고 늘어놓은 뼛조각을 근거로 상상한 인류의 진화 과정에 등장하는 그 어떤 유인원도 자기 다음 단계의 유인원을 낳았다는 증거가 없다. 그냥 낳았을 것이라는 가정에, 가정에, 가정을 이어감으로써 그려 낸 상상일 뿐이다.

진화론자들의 신념인 이 가정을 거부하고 계산을 하면 그 연대가 어떻게 나올까? 할머니, 엄마, 손녀의 미토콘드리아 유전자에서 발견되는 돌연변이 개수를 측정해 보면 세대 당 인간의 유전자 변이 속도를 알아낼 수가 있다. 이 계산 방식으로 계산한 변이 속도를 가지고 계산을 하면, 인류의 공통 조상이 살았던 시기는 지금으로부터 대략 6천 년 전이라는 결과가 나온다. 놀랍게도 성경의 연대기와 일치한다. 물론 과거에는 돌연변이 속도가 지금과 달랐을 수도 있다. 그것은 확인 불가능한 사항이다. 6천 년 정도라면 큰 변화가 없이 유지되었을 것이라는 가정이 그리 불합리한 것은 아니다.

현대 인류의 공통 조상인 아담과 이브는 언제 살았던 것일까? 증명되지도 않은 '침팬지와 인간의 공통 조상'을 가정하고 계산한 돌연변이 속도 값을 적용하여 나온 결과를 믿어야 할까? 아니면 인간에게서 현재 나타나고 있는 돌연변이 속도 값을 적용하여 나온 결과를 믿어야 할까? 어느 쪽이 더 과학적인가? 후자가 훨씬 더 설득력이 있다. 후자는 현재의 변이 속도가 6천 년 동안 비슷했을 것이라는 가정만 하면 된다. 하지만 전자는 변이 속도가 10~20만 년 동안 비슷했을 것이라고 가정을 해야 한다. 거기다가 침팬지와 인간에게 공통 조상이 있었을 것이라는 가정을 해야 한다. 증거 없이 상상으로만 세워진 진화라는 가정 말이다.

도킨스는 죗값을 치르게 한다는 것이 그렇게도 못마땅한가? 그래서 그는 오늘날 사법 제도를 거부하는가? 그냥 용서하면 되지 무슨 재판을 하고 벌금을 물리거나 감옥에 집어넣을 게 또 뭐란 말인가? 정말 도킨스가 그렇게 믿고 있다고는 생각하지 않는다. 다만 그의 종교 혐오증이 신과 연관된 오만 가지에 대해서 신경질적인 비아냥과 트집을 잡게끔 이끌고 있다고 여겨진다. 예수 그리스도로 하여금 대신 인간의 죗값을 치르게 했다는 것이 그렇게도 가학적이라고 느껴지는가? 피를 흘린다는 표현은 죗값을 치른다는 의미이다. 우리도 이런 말을 쓴다. "너 피 보고 싶냐?" 무슨 소린가? "비싼 대가를 치르고 싶냐?" 이런 소리다.

히틀러도 자기 양심에 따라 유대인 학살을 감행했다. 인류 문명의 진화(적자생존)를 위해서는 유대인을 제거해야 한다. 다윈의 『종의 기원』에 따르면, 우세한 종이 열세한 종을 자연 선택에 의해서 진멸하게끔 되어 있다. 그게 자연의 순리이자 법칙이다. 히틀러 당시 게르만 학자들에 따르면 유대인은 열등한 종족의 1순위이다. 히틀러의 유대인 멸종은 자연 선택에 따른 결과이다. 이게 히틀러의 양심(신념)이고 진화론이라는 과학 이론(?)에 따른 선택이라면 어쩌겠는가?

5장 십계명

여섯 번째 계명

왈(曰),
"제6계명 : 살인하지 말라.
 제6계명의 본래 뜻은 네 동족을 죽이지 말라는 것이었다. 물론 안식일을 범하거나 고의로 살인을 하는 등의 죄를 범하는 경우는 예외이다. 무슨 근거로 그렇게 추정할 수 있다는 건가? 신이 가나안 땅에 사는 다른 종족들을 남김없이 죽여서 전멸시키라는 명령을 내렸다는 사실을 떠올려 보라."

 도킨스는 십계명도 못마땅하다. 종교 계명이기 때문이다. 도킨스의 종교 혐오증은 종교 비판에 대한 그의 논리를 자꾸만 빈약하게 또는 오버하게 만든다. 도킨스는, 살인하지 말라는 명령을 들은 이스라엘 사람들은 기겁을 했을 것이라고 추측한다. 왜냐하면 전쟁에서도 사람을 죽일 수 없게 되었기 때문이란다. 그런데 그들은 가나안 정복 전쟁에서 사람들을 숱하게 죽였다. 그러므로 살인하지 말라는 계명은 자기 부족 사람을 죽이지 못한다는 의미였다고 도킨스는 해석한다.

이 논리를 도킨스에게 그대로 적용해 보자. 강도가 도킨스에게 총을 겨누었다. 두 가지 선택지가 있다. 그냥 총 맞고 죽거나, 먼저(혹은 같이) 총을 쏘는 것이다. 물론 있는 것 다 줄 테니 살려 달라고 할 수도 있다. 하지만 강도는 자기 노출(목격자의 존재)을 원치 않는다. 살기 위해서 도킨스가 강도를 쏘는 순간, 그에게 살인하지 말라는 계명은 나만 죽이지 말라는 의미가 되고 만다.

살인하지 말라는 계명의 의미는 아주 간단하다. 사람의 생명을 함부로 죽이지 말라, 혹은 생명이 소중하다는 의미를 담고 있다. 하지만 실제 상황에서 적용할 때는 종종 이견 충돌이 생기곤 한다. 전쟁에서의 살인이 그런 경우이다. 흔히 내 목숨을 지키려다 상대를 죽이게 된 경우를 정당방위라 한다. 전쟁은 정당방위인가? 전쟁의 종류도 다양하다. 정복 전쟁도 있고, 응징 전쟁도 있고, 생존 전쟁도 있다.

전쟁을 거부하고 평화를 지향하는 양심 때문에 병역을 거부한다는 사람들이 있다. 전쟁은 살인이며, 살인을 피하기 위해서 혹은 평화를 위해서 전쟁의 수단인 군대를 거부한다는 것이다. 그런 견해를 가질 수도 있다. 하지만 이를 양심적 병역 거부라고 주장하지는 말라. 양심이 아니라 자기 이론(잘못된 신념일 수도 있다)이나 종교 교리에 따른 것이다. 오히려 군대가 없어서 침략을 당하고 전쟁에 휘말리는 경우도 있다. 전쟁은 힘의 균형이 깨질 때 생기지 않던가? 그러니 군대 안 가는(군대를 허약하게 혹은 없어지게 하는) 행위가 전쟁을 유발할 수도 있다.

그는 정당방위를 거부할 수도 있다. "그냥 총 맞고 내가 죽지, 남을 죽이지는 못하겠다. 그래서 군대 안 가겠다." 그게 아니라면 군대가 전쟁의 원인이라고 믿고 병역을 거부할 수도 있다. 군대가 없어지면 전쟁이 사라질 것이고 평화가 올 것이다? 나부터라도 군대를 거부하면 결국 사람들이 뒤따라 군대를 거부하게 됨으로써 모든 군대가 사라지게 할 수도 있다? 하지만 모두가 감당해야 하는 병역 의무를 나만 하지 않겠다는 것은 비양심적이다. 이런 비난을 방어하기 위해서 자기 양심이 군대를 허용하지 않는다고 말한다.

군대 때문에 전쟁이 생기는가? 전쟁의 원인은 군대가 아니라, 인간의 탐욕이다. 군대가 없는 곳에서도 전쟁은 벌어진다. 심지어는 부부 사이에도, 부모 자녀 사이에도 전쟁이 벌어진다. 총이 없으면 칼로, 칼이 없으면 돌로, 돌이 없으면 주먹으로, 주먹이 아니면 말로 서로를 죽이는 전쟁을 한다. 그래서 인간사는 전쟁사이기도 하다.

때로는 서로 총을 갖고 있기에 총질(전쟁)을 삼가는 경우도 있다. 서로 군대를 갖고 있기에 전쟁을 미루는 경우도 있다. 군대는 전쟁의 원인이 아니라, 전쟁의 수단 중 하나일 뿐이다. 뿐만 아니라 전쟁을 막는 수단 중 하나이기도 하다. 문제는 인간의 마음 즉 선택에 달려 있다. 전쟁하기로 마음먹느냐, 전쟁을 멈추기로 마음먹느냐?

병역 거부는 양심적이라서가 아니라, 종교 교리나 자기 이론에 따른 선택이다. 그 교리나 이론이 맞는다는 보장은 없다. 적어도 군대를 거부함으로써 전쟁을 막고 평화를 이룰 수 있다는 판단은 반쪽만 진실이다. 나머지 반쪽은 거짓이다. 그래서 잘못된 신념이라는 말이다. 그러므로 모두에게 부과된 공동체 수호를 위한 세금인 병역을 자기만 빠지겠다는 것은 비양심적인 선택이다. 국가 세금 거부와 같은 행위에 해당한다.

양심에 따라 가기 싫은 군대를 가는 사람들을 고려해서 그리고 그 행위의 본래적 의미에 맞게끔 종교적 혹은 신념적 병역 거부라고 부르는 게 맞다. 만일 병역 거부를 양심적이라고 인정한다면, 양심적 살인도 인정해야 하는 경우가 발생할 것이다. 내 종교가 내 신념이 어떤 이는 죽어도 싸다거나 이 땅에서 사라져야 할 존재라고 믿는다면, 그 양심에 따라 그를 죽이는 것은 양심적 살인에 해당한다. 양심적이라는 딱지가 붙었으니 그 살인 행위는 무죄라는 말인가?

히틀러도 자기 양심에 따라 유대인 학살을 감행했다. 인류 문명의 진화(적자생존)를 위해서는 유대인을 제거해야 한다. 다윈의 『종의 기원』에 따르면, 우세한 종이 열세한 종을 자연 선택에 의해서 진멸하게끔 되어 있다. 그게 자연의 순리이다. 히틀러 당시 게르만 학자들에 따르면 유대인은 열등한 종족의 1순위이다. 히틀러의 유대인 멸종은 자연 선택에 따른 결과이다. 이게 히틀러의 양심(신념)이고 진화론이라는 과학 이론(?)에 따른 선택이라면 어쩌겠는가?

열 번째 계명

왈(曰),

"제10계명 : 네 이웃의 집을 탐내지 말라. 네 이웃의 아내나 그의 남종이나 그의 여종이나 그의 소나 그의 나귀나 무릇 네 이웃의 소유를 탐내지 말라.

제10계명은 아내와 종을 소나 양처럼 재산으로 간주하고 있다. 여성이 남성의 소유라는 개념에 대해 당신은 어떤 견해를 갖고 있는가? 너무나도 오랫동안 남성들의 뇌리에 새겨져 있었던 혐오스럽고도 낙후된 사고방식이다.

십계명은 시대에 뒤떨어진 사고방식을 담고 있다. 물론 수천 년 전 당시 상황에서는 너무나도 당연한 사고방식이었기에, 그것 때문에 십계명을 비난한다면, 이는 적절하지 못한 행동이다. 요점은 우리가 더 이상 그런 시대에 살고 있지 않다는 사실이다. 따라서 더 이상 도덕의 기준을 성경에서 찾을 필요가 없으며, 결코 그래서는 안 된다는 것이다."

도킨스의 넋두리에 찬 논리는 그의 종교 혐오감이 그의 사고를 얼마나 심각하게 찌들게 하고 있는지를 여실히 보여 주는 듯하다. 그래서 여자를 소유로 표기하는 열 번째 계명은 인간의 도덕(옳고 그름)에 전혀 도움이 안 된다는 결론에 이른다. 더 이상 성경을 의지하지 말라. 성경은 선한 책이 아니다.

요즘에도 연인들이 이런 말을 쓴다. 넌 내 꺼야. 여자(혹은 남자)를 소유물로 여기는 전 근대적인 끔찍한 고백이란 말인가? 도킨스식으로 하자면 인간이 고전 따위를 읽을 필요가 없다는 말이 된다. 고전이라는 게 다 시대에 뒤떨어진 기록들 아닌가? 오직 현대적으로 계몽된 도킨스의 말씀만 들어라? 나라면 도킨스의 책을 보느니 차라리 성경, 불경, 코란, 유교 경전을 보겠다. 그래야 내 인생과 인류 문명에 수백만 배나 보탬이 된다고 믿기 때문이다.

낙태를 여성의 권리로 보는 극단 페미니즘의 견해에 동조하는 도킨스는 태아가 여성의 소유라는 개념에 대해서 아무런 거부감을 느끼지 않는 듯하다. 극렬 페미들에 따르면 태아는 스스로 생존할 수 없기에 여성의 몸의 일부이고 인간이 아니니 낙태는 살인이 아니라는 것이다. 도킨스는 어른의 사형을 찬성하면서 태아의 낙태는 반대하는 것이 모순이라며, 왜 여성들의 낙태 권리를 박탈하려 하느냐고 비난하면서 낙태 권리주의자들을 거들고 있다.

그런데 재미있는 사실은, 극악무도한 악행을 저지른 어른의 사형을 반대하는 이들이 아무런 악을 행한 적이 없는 어린 아이인 태아의 사형(낙태)을 찬성할 뿐만 아니라, 엄마이면서 어른인 여자들의 권리(사형시킬 권리)라고 주장하는 것에 대해서 도킨스는 전혀 모순을 느끼지 않는 듯하다. 상대에게 적용한 논리를 내게 적용하는 것이 도킨스 역시 힘겨운 모양이다. 아마도 도킨스는 낙태의 범위를 생후 1달까지 연장해야 한다는 피터 싱어의 좀 더 진화한(?) 견해에 대해서도 그다지 심각한 문제의식을 느끼지 않을 수도 있을 것 같다. 자신은 태어난 지 1달이 훨씬 넘었지 않은가? 다만 계속해서 늙어 갈 뿐이다.

우리는 도킨스가 너무 늙어서 판단력도 약화되고 생산력도 거의 없어지고 거동도 혼자 힘으로는 힘들어졌기에, 그를 위해서나 그의 뒷감당을 책임져야 하는 후대의 행복할 권리를 위해서, 판단력과 체력이 좋은 후대가 도킨스의 제거(낙태)를 선택해 줄 수 있다는 의견에 동조하지 않는다. 마찬가지로 인간의 유전자를 가진 어떤 존재를 무슨 이유를 들어서든 간에(진화가 덜 되었다, 지능이 떨어진다, 식물인간 상태다, 여자다, 흑인이다, 아이다, 노예다, 안 태어났다, 늙어서 쓸모없다 등등) 인간이 아니라고 규정할 수 없다고 믿는다. 그것이 바로 우리의 도덕, 즉 옳은 것과 옳지 않은 것에 대한 판단을 함에 있어서 도킨스의 견해에 귀를 기울여서는 안 되는 이유이다.

도킨스의 도덕(가치 기준)에 굳이 동의하지 않는 사람에게, 당신이 틀렸다고 말할 권리가 도킨스에게 있을까? 도킨스의 도덕(가치 기준)을 정당화시켜 주는 것은 누구인가? 도킨스 자신인가? 도킨스의 도덕에 동조하는 사람들인가? 반대하는 사람들은 어떤 이유로 무시할 것인가? 도킨스의 도덕(가치 기준)과 히틀러의 도덕(가치 기준) 중 어느 것이 옳은 지를 판단하기 위해서, 여전히 신이 주신 양심이라는 절대적 가치 기준을 필요로 하는 사람들이 아주 많이 있다는 사실을 그는 받아들이기 싫은 모양이다.

6장 선악의 기준

만능 신, 진화

왈(曰),
"지구상의 모든 동물이 그러하듯이 인간도 수억 년 진화의 결과이다. 인간의 두뇌도 다른 신체 기관들처럼 진화해 왔다. 오래전에는 당을 맘껏 섭취할 수가 없었기 때문에 조상들은 당에 대한 욕구를 진화시켜 왔다. 썩는 냄새는 질병을 일으키는 세균과 연관이 있다. 그래서 조상들은 썩은 고기를 멀리했고, 그로 인해 썩는 냄새에 대한 거부감을 진화시킬 수 있었다. 성욕은 어떻게 진화시켰을까? 성욕으로 아이를 갖게 되었고, 유전자는 자라는 아이에게 성욕을 일깨워 주었다. 그렇게 짝짓기에 대한 욕구가 진화된 것이다."

도킨스에게는 모든 게 다 진화 때문이다. 그는 진화라는 것으로 이 세상의 이치를 다 설명할 수 있다고 믿는다. 단 것을 좋아하는 것도 진화 때문이란다. 단 것을 싫어하는 사람은 진화가 덜 된 것인가? 아닐 것이다. 싫어하는 것도 진화 때문이라고 할 것이다. 썩는 냄새에 대한 혐오감도 진화란다. 냄새는 맡다 보면 그냥 적응된다. 썩는 냄새에도 별 반응이 없는 사람은 퇴화된 것인가? 그런데 누가 진화를 시킨 것인가? 그냥 저절로 그렇게 되어 갔다. 성욕도 진화의 결과다. 맨 처음 암컷과 수컷은 왜 이성을 보고 성적 욕구를 갖게 되었을까? 그냥 저절로… 진화의 부르심에 따라서.

그런데 암컷과 수컷은 어떻게 각각 생겨나게 되었을까? 암컷이 먼저 생겨났나, 수컷이 먼저 생겨났나? 아니면 먼저 생겨난 어느 한쪽이 다른 쪽으로 변해 간 것일까? 아마도 그것은 우리가 영원히 알 수가 없을 것 같다. 만일 암컷이 먼저 생겨났다면, 왜 무엇이 부족해서 혹은 무엇이 문제가 되어서 암컷으로 진화하게끔 되었던 것일까? 그 다음 수컷이 진화한 이유는 암컷만 있으면 종족 보존이 안 되니까, 수컷을 진화시키게 되었다고 말할 것인가? 사실 진화를 가지고 답할 수 없는 질문들은 너무나 많다. 그럴 때마다 그들은 알 수 없는 어떤 조건하에서, 다만 그 방식을 모를 뿐이라는 식의 변명으로 땜질을 한다.

진화의 아주 초기 단계에서는 굳이 암컷과 수컷을 따로 진화시키지 않고서도 번식이 가능했을 텐데, 어떤 이유로 말미암아 굳이 암컷과 수컷으로 나누어서 후손을 이어 가도록 진화를 하게 된 것일까? 아마 그것에 대해서도 딱히 할 말이 있을 것 같지 않다. 그냥 알 수 없는 어떤 이유에 의해 알 수 없는 어떤 방식으로 그렇게 된 것이다. 굳이 왜 그들은 서로 다른 생식기를 진화시켰을까? 그냥 우연히 저절로 그렇게 생겨났다. 왜 성관계는 임신을 하게 하는 걸까? 항문 섹스는 왜 임신을 못하는 것일까? 그냥 우연히 저절로 그렇게 되었다. 우리가 자연 선택에 의해서 그렇게 진화되었다.

이런 식의 말장난이 무슨 설명이 된 것이라고 도킨스는 믿고 있는 것일까? 그는 <오랜 시간 동안 그냥 우연히 저절로>라는 만능 신을 만들어 냈다. 그 신의 명칭이 바로 진화다. 그 진화라는 신의 신묘한 능력을 일컬어서 자연 선택, 적자생존, 돌연변이라고 한다. 진화라는 신은 도대체 어떤 방식으로 이 세상의 모든 존재들을 만들어 냈던 것일까? 그가 가지고 있는, 복잡한 기계(생명체의 조직과 기관)들을 만들어 내는 에너지는 대체 어디서부터 온 것인지 좀 더 명확하게 세부 내용을 밝혀 보도록 하자.

자연 선택이 암컷과 수컷을 만들었다는 건데, 사실은 다른 말로 쉽게 하자면 그냥 우연히 저절로 그렇게 되었다는 것이다. 적자생존이 암컷과 수컷으로 하여금 성욕을 품게 하고 성관계를 통해 새끼를 임신할 수 있게 했다는데, 다른 말로 하자면, 그냥 우연히 저절로 그렇게 되었다는 것이다. 돌연변이가 단세포 아메바로부터 근육과 살과 뼈와 피와 핏줄과 심장과 신경계와 눈과 콩팥과 폐와 뇌와 지성과 도덕성을 조금씩 만들어(진화시켜) 갔다는데, 다른 말로 하자면 그냥 우연히 저절로 그렇게 되었다는 것이다.

진화는 왜 그렇게 복잡한 구조들을 만들어 갔던 것일까? 그냥 우연히 저절로... 별 다른 이유는 없다. 어떤 에너지가 그렇게 만들 수 있게 했던 것일까? 모른다. 어떤 알 수 없는, 계획적 설계도 없고 하겠다는 의도도 없는 무작위적인 에너지의 운동에 의해서 어쩌다 보니 우연히 저절로 그냥 그렇게 된 것이다. 그런 무작위적인 운동이 복잡하고 의도를 가지고 있는 복잡한 조직체(생명체)를 만들어 내기 위해서는 무한에 가까운 경우의 수들이 필요하다. 그 무한에 가까운 경우의 수를 발생시킬 수 있는 오랜 시간만 주어진다면 우연히 저절로 무작위적인 운동의 무분별한 혼합에 의해서 무엇이든 진화시킬 수 있다. 필요한 것은 충분한 시간일 뿐이다.

이런 전능 신을 믿는 종교가 바로 다윈주의 진화교이다.

가치관

왈(曰),

"가치관은 생물의 진화와는 비교할 수도 없을 만큼 빨리 변화(진화)한다. 21세기 가치관은 20세기와 비교할 때 확연히 달라졌다. 18세기에는 노예 제도가 너무나 당연한 것이었다.

성경이 노예제를 인정하는 것도 당연하다. 신약 성경조차도 2천 년 전 기록이지 않은가?

'종들아 두려워하고 떨며 성실한 마음으로 육체의 상전에게 순종하기를 그리스도께 하듯 하라.'(엡6:5)

그로부터 1800년이 지난 다윈의 시대에 진보적인 사상가들조차도 흑인과 백인이 동등할 수는 없다고 생각했었으니 성경을 탓할 일은 아니다.

제2차 대전 때의 폭격기 조종사들은 민간인도 가리지 않고 폭격을 했다. 그러나 반세기가 지난 오늘날 폭격기 조종사들은 실수로라도 민간인을 폭격하게 되면 양심의 가책을 느끼고 사죄한다."

도킨스는 인간의 가치관이 진화했다고 한다. 그것을 입증하는 사례라는 것이, 2차 대전 폭격수는 민간인을 거리낌 없이 폭격해서 죽였으나, 현대의 폭격수는 민간인 폭격에 대해 실수였으며 잘못했다고 사과한다는 것이다. 정말 2차 대전 때 폭격수는 민간인의 죽음에 대해 미안해하지 않았을까? 정말 현대의 폭격수들은 민간인 폭격을 미안해할까? 각 사람이 처한 상황이나 감정 상태에 따라 다르게 나타날 것이라는 설명이 더 합리적이지 않을까? 과연 9·11 테러를 저지른 이들은 가치관의 진화가 덜 되어서 그랬던 것일까?

이스라엘은 그처럼 가치관의 진화가 덜 된 팔레스타인인들을 가두기 위해서 장벽을 설치한 것일까? 아니면 이스라엘이 가치관의 진화가 덜 되어서 팔레스타인인들을 장벽에 가둔 것일까? 이스라엘과 팔레스타인 중 어느 쪽의 가치관이 덜 진화해서 이스라엘은 팔레스타인 민간인들을 향해 군사 공격을 하는 것일까? 어떤 경우이든 간에 2차 대전 때의 히틀러도 같은 논리로 유대인들을 가두고 학살할 수 있는 것 아닐까? 과연 히틀러의 가치관이 진화가 덜 된 것인가, 이스라엘의 가치관이 진화가 덜 된 것일까?

　성경이 노예 제도를 당연시 했다고 도킨스는 단언한다. 그렇지 않았다면 노예 제도를 비난했을 것이라고 도킨스는 생각하는 듯하다. 노예 제도는 나쁜 것이다. 하지만 현실적으로 존재하니, 종의 처지에 있는 자들은… 뭐 이런 식으로 언급을 했어야 하는 거 아니냐고 도킨스는 떠벌이고 있는 듯하다. 종들은 주인에게 충성하라는 구절을 인용하면서 그 뒤에 이어지는 구절에 대해서 언급하지 않은 것은 도킨스의 실수인가, 아니면 무지인가, 아니면 의도인가? 도킨스가 인용한 에베소인들에게 보낸 편지 뒤에 이어지는 구절들까지 함께 살펴보자.

　'종들아 두려워하고 떨며 성실한 마음으로 육체의 상전에게 순종하기를 그리스도께 하듯 하라… 기쁜 마음으로 섬기기를 주께 하듯 하고 사람들에게 하듯 하지 말라… 상전들아 너희도 그들에게 이와 같이 하고 위협을 그치라.'(엡6:5~9)

　이어지는 구절까지 다 읽었을 때에 파악되는 문맥의 논지는 이렇다. <종들은 주인을 대할 때 주님(신)을 대하듯 하고, 주인도 역시 종을 대할 때 주님(신)을 대하듯 하라.> 종들은 주인에게 복종하라는 언급만을 거론하면서 성경이 노예제를 비난하지 않고 인정하고 있다고 도킨스가 비난해도 좋을 만한 내용이 아닌 것이다. 오히려 현대인들이 마음에 새겨야(진화시켜야) 할 신분을 넘어선 인권 존중에 대한 가치관이 담겨 있는 내용이다. 왜 그런가?

　현대 자본주의 사회에서 노예라는 명칭(신분)은 분명히 사라졌다. 하지만 여전히 노동자들은 노예들이 했던 것처럼 일하고 있다. 자본가나 고객이나 상전에 의한 갑질과 성추행과 멸시에 직면하고 있다. 인간의 도덕성은 변한 게 없다. 도덕성이 변한 게 아니라, 대상이 달라졌을 뿐이다. 도킨스 자신도 소위 근본주의 종교인들에게 조롱과 멸시와 분노와 혐오를 표현하고 있지 않은가? 물론 그는, 자기가 그래도 될 만한 짓들을 근본주의 종교인들이 하고 있기 때문이라고 주장할 것이다.

도킨스가 품고 있는 그런 주장과 믿음은 얼마 전까지 백인들이 흑인들에게 품었던 생각이고, 히틀러가 유대인을 향해 품었던 생각이고, 남성이 여성을 향해 품었던 생각이다. 현대 자본주의 사회에서는 부자가 가난한 자를 향해 품은 생각이고, 배운 자가 못 배운 자를 향해 품은 생각이고, 선진국(서양)이 후진국(아시아, 아프리카)을 향해 품은 생각이다. 그리고 도덕적으로 계몽된 현대 페미 인권 운동가들이 엄마 뱃속에 있는 태아를 향해서 품고 있는 생각이기도 하다.

〈네가 태어나면 엄마 인생이 불행해질 것 같아. 너도 그럴 것이고. 그러니 네가 뱃속에서 나오지 말고 갈가리 찢겨서 죽어 좋으면 좋겠다. 너는 고통도 모르잖아. 아직 인간이 아니니까.〉

태아는 정말 고통을 모를까? 인간이 아닌 것일까? 열렬한 진화론 추종자인 헉슬리가 흑인은 백인과 지능이 동등할 수 없다고 말했다. 흑인은 진화가 덜 된 열등한 종족이기 때문이다. 그러나 이런 식의 판단은 백인들이 흑인에게 내린 자기 편의적이고 주관적인 규정에 불과하다. 덜 진화한 가치관인 셈이다. 태아는 여자의 몸의 일부(소유권)이고, 아직 미숙해서(신경 진화가 덜 되어서) 고통을 모른다는 페미 인권 운동가들의 주장 역시 태어난 인간들이 아직 태어나지 않은 인간에게 내린 자기 편의적이고 주관적이고 타락한(혹은 덜 진화한) 규정에 불과하다.

사람됨에 대한 논쟁

왈(曰),
"자궁 속 배아는 언제부터 사람이 되는 것인가? 이 문제는 종교적인 논쟁에 속한 것이다. 다수 종교들의 전통에 따르면, 어떤 순간 태아의 몸속으로 영혼이 들어온다는 것이다. 가톨릭 교리에서는, 수정이 바로 그 순간이다."

사람이냐 아니냐는 종교적 질문이 아니라, 생물학적 질문이다. 생명체의 종을 분류하는 게 생물학이지 종교인가? 인간에게 불멸의 영혼이 있느냐 없느냐는 종교와 철학의 문제이다. 그것과 상관없이 사람이냐 아니냐의 구분은 생물학이 해야 하는 것이다. 생물학은 영혼을 다루지 않는다. 그렇다고 인간이라는 종을 다루지 않는 것은 아니다.
도킨스는 '이 생물이 사람인가?'라는 질문은, 아메바에서 물고기를 거쳐 원숭이로 그 다음 인간으로 이어지는 진화의 과정에서 도대체 어디쯤부터가 인간이냐를 결정해야 하는 곤경을 초래한다고 주장한다. 그래서 그는 '이 생물이 고통을 느낄 수 있는가?'라는 비종교적(?) 질문을 하겠다고 주장한다. 과연 그 질문은 비종교적일까? 도대체 엄마 뱃속의 태아는 언제부터 고통을 느낄 수 있는 것일까?

진화 초기에 바위 배양액(원시 수프/지구 암석에 떨어진 빗물)에서 우연히 저절로 만들어졌다는 단세포 생물은 고통을 느낄 수 있었을까? 도킨스의 주장대로 하자면, 초기 단세포 생물은 인간 배아처럼 아직 신경계가 만들어지지 않았기 때문에 고통을 몰랐을 것이다.

썩는 냄새는 세균과 관계가 있고 이는 인간의 생존을 위협하기에 그 냄새에 대한 혐오감(고통)이 진화한 것이라고 도킨스는 주장한다. 고통은 생명체의 생존을 유지시키는데 중요한 역할을 한다. 고통을 모른다면 아마도 생명체는 위험한 짓을 피하려 하지 않을 것이고 결국 멸종하게 될 것이다.

단세포 생물이 고통을 모른다면 그들은 생존을 위협하는 것들을 어떻게 피하고 진화해서 더 나은 생명체로 살아남을 수 있었을까? 한 번 생각해 보라. 당신이 고통을 전혀 느끼지 못한다면, 과연 당신이 험한 정글에서 살아남을 수 있을까? 찔리고 긁히고 넘어지고 피 흘리고 감염되는 순간에도 당신은 아무런 대비나 반응도 보이지 않을 것이다. 진화는커녕 생존도 불가능할 것 같다.

도킨스의 믿음대로 신경계가 생겨날 때까지는 고통(생존 위협에 대한 감지)을 모르는 것이라면, 우연히 저절로 생겨난 단세포 생물이 (도킨스의 주장에 따르면 생명 발생은 단 한 번만 일어났다) 과연 어떻게, 죽지 않고 살아남아서 진화할 수 있었을까? 생명체가 살기 힘든 초기 지구의 그 험한 환경에서 그 길고 긴 시간 동안 말이다. 너무나 너무나 너무나 큰 곤경임에 틀림없다.

이 생물이 고통을 느낄 수 있는가? 생명체의 진화 단계에서 고통을 언제 느낄 수 있게 되는가에 대한 논쟁은 심리적 논쟁이다. 고통을 느낀다는 것은 심리적 현상이다. 같은 매를 맞아도 즐거울 수도 있고, 고통스러울 수도 있다. 짝사랑하는 대상과의 충돌은 쾌락이다. 관심 없는 대상과의 충돌은 고통이다. 만일 혐오하는 대상이라면 충돌이 아니라 가벼운 접촉만으로도 고통이다. 심지어는 그가 나를 향해 웃는 것까지도 고통이다.

생물학적 논쟁은, 고통을 느끼는가가 아니라 자극과 반응이 있는 가이다. 모든 생명체는 자기를 향한 자극에 대해 어떤 식으로든 반응을 한다. 그 반응을 통해서 위험에 대처하고 생명을 유지해 가는 것이다. 단세포 생물도 인간도 자극과 반응이라는 메커니즘 속에서 생존한다. 엄마 뱃속의 태아 역시 마찬가지이다. 도킨스와 다를 게 없다. 태아의 몸을 찢어 내는 도구가 들어가면 태아는 그 도구를 피하려 한다. 도킨스가 생명을 위협할지도 모를 고통을 피하려 하듯이 말이다.

도킨스의 상상에 따르면, 신경계가 미발달해서 고통을 느끼지 못하는 태아는 사람이 아니라고 한다. 따라서 살해(낙태)해도 된다는 게 도킨스의 논리이다. 그러나 신경계가 발달해서 죽음을 가져올 무언가에 대해서 고통을 느끼고 피하려는 능력을 진화시킨 도킨스처럼 태아도 죽음을 가져올지도 모를 고통을 피하기 위해서 반응하는 능력을 가지고 있다. 도킨스가 태아를 향해서 너는 인간이 아니야라고 선고할 권리는 과연 어디로부터 무슨 이유 때문에 진화한 것일까?

도덕률

왈(曰),
"신자이든 아니든 간에, 현대의 도덕 기준과 성경의 도덕 기준이 다르다는 것은 명백한 사실이다. 그러므로 현대인들에게는 '하늘에 있는 CCTV 카메라'(신) 때문에 선하게 행동한다는 것은 그다지 바람직한 삶의 태도가 아니다. 선해지기 위해서 신이 있어야 한다는 생각이 현대인들에게는 불필요한 것이다."

도덕률이 다르다는 말은 도덕률이 변했다는 의미에서 한 말인가? 아니면 종교 혐오감에 사로잡힌 무모함에서 나온 감정인가? 과연 성경의 도덕률과 현대의 도덕률이 모두 다른 것일까? 살인하지 말라는 성경의 도덕률과 현대의 도덕률은 어떻게 다르다는 것인지 모르겠다. 도덕률은 단순히 시대적 관습이나 행동 방식을 의미하는 것이 아니다. 불교, 유교, 기독교 경전의 핵심 개념들을 얼핏 들여다보기만 해도 누구나 그 도덕규범의 유사성을 발견할 수 있다. 자비, 인, 사랑...
가치 상대주의자들이야 도덕률의 보편성을 부정하려 하겠지만, 시간과 공간을 아울러서 인간 역사를 살펴보면 우리는 도덕률의 보편성을 발견하게 된다. 칸트의 유명한 비명도 있지 않은가? "나로 하여금 무한한 경외감에 사로잡히게 하는 두 가지, 하늘에 반짝이는 별과 내 마음에 빛나는 도덕률." 칸트가 말한 내 마음에 빛나는 도덕률이 현대의 도덕률을 의미하는 것이고 기독교와 같은 기존 종교의 도덕률과는 다른 것이라고 도킨스는 믿고 있는 모양이다.

도킨스가 무지한 건가, 허풍이 심한 건가, 생각이 사차원인 건가? 인권이니 민주니 헌신이니 배려니 하는 도덕적 가치를 담은 현대의 사상들이 성경, 불경, 코란, 유교 경전 등으로부터 직간접적으로 영향을 받았음을 도킨스는 정말 모르고 있는 것 같다. 인간 사회 어느 곳을 가더라도 온갖 다양한 문화적 차이와 상반된 관습들 가운데서 인간이 공유할 수 있는 도덕률이 발견된다는 사실을 함부로 무시해서는 곤란하다.

도킨스의 도덕(가치 기준)과 히틀러의 도덕(가치 기준) 중 어느 것이 옳은 지를 판단하기 위해서, 여전히 신이 주신 양심이라는 절대적 가치 기준을 필요로 하는 사람들이 아주 많이 있다는 사실을 그는 받아들이기 싫은 모양이다. 신이 주신 양심이라는 것은 도덕률이 모든 인간에게 보편성을 가진 것이라는 의미이다. 인간이 갖고 있는 도덕적 기준에 대해서 맞는 것과 틀린 것을 분별할 수 있는 기준이 인간 개인을 넘어서 보편적으로 존재한다는 믿음을 나타낸 것이다.

도킨스의 도덕(가치 기준)에 굳이 동의하지 않는 사람에게, 도킨스가 당신이 틀렸다고 말할 권리가 있을까? 도킨스의 도덕(가치 기준)을 정당화시켜 주는 것은 누구인가? 도킨스 자신인가? 도킨스의 도덕에 동조하는 사람들인가? 반대하는 사람들은 어떤 이유로 무시할 것인가? 다수결로 결정할 것인가? 다수결 결정에 동의하지 않는다면, 그러면 안 된다고 말할 수 있는 근거(가치 기준)가 누구에게 있는 것인가? 도킨스에게 있는 건가?

선한 사람이 되기 위해서 신이 필요하다는 생각은 유효하다. 물론 그런 생각을 하지 않아도 상관없다. 도덕률을 잘 지키기 위해서 신이 반드시 있어야 한다는 주장은 성경적 관점에서도 성립하지 않기 때문이다. 에덴동산에서 살던 인류의 선조인 아담과 하와의 모습을 보라. 신과 대면하는 상황에서도 대놓고 계명을 어기지 않았던가? 신의 존재 유무가 선한 사람이 되는데 절대적 영향을 미치는 게 아니라는 사실을 창세기의 기록은 분명히 보여 주고 있다.

도킨스가 신을 믿지 않는 현대의 도덕률과 매우 다르다는 성경의 도덕률을 한번 살펴보자. 이사야 예언자가 전하는 신의 메시지(사58:4-7)이다. 도킨스의 말처럼 자랑스러운 현대의 도덕률과는 너무나 달라서, 더 이상 현대 사회에서는 필요로 하지 않는 쓰레기 같은 도덕률만을 담고 있는지 객관적으로 판단해 보라. 도대체 도킨스가 말하는 현대의 도덕률은 어떻게 다른 것인지도 고민해 보라.

'너희가 계속 다투고 싸우며 서로 주먹질하면서 하는 금식이 무슨 소용이 있느냐? 너희가 이런 금식을 한다고 해서 내가 너희 기도를 들어 주리라고 생각하느냐? 너희는 금식할 때 자신을 괴롭히고 머리를 갈대처럼 숙이며 굵은 삼베와 재를 깔고 눕는다. 이것을 금식이라 할 수 있겠느냐? 너희는 이런 금식을 내가 기뻐할 것이라고 생각하느냐? 내가 기뻐하는 금식은 압박의 사슬을 풀어 주고 모든 멍에를 꺾어 버리며 억압당하는 자를 자유롭게 하는 것이다. 너희는 굶주린 자에게 너희 음식을 나눠 주고 집 없이 떠돌아다니는 가난한 사람을 너희 집으로 맞아들이며 헐벗은 자를 보면 입히고 도움이 필요한 너희 친척이 있으면 외면하지 말고 도와주어라.'

도킨스가 보기에는 결함이 있는 생물이 있다. 그 결함들은 설계로는 정말 멍청한 방식이지만, 진화로는 그 멍청한 방식이 자연스러운 것이다. 그래서 설계한 것이 아니란다. 멍청한 진화가 약간의 결점을 지녔지만 그처럼 복잡한 기능과 조직을 가진 생명체를 우연히 만들어 내는 것은 가능하다는 것인가? 멍청한 설계는 그냥 도킨스의 상상이다. 정말 멍청한 설계인지, 고도의 기술을 담은 설계인지는 앞으로 더 연구해 봐야 할 일이다. 중요한 점은 아무런 문제없이 잘 작동하고 있다는 사실이다. 마치 누가 그렇게 설계했다는 듯이 말이다.

7장 설계에 대한 미몽

설계

왈(曰),

"치타는 정말 세밀하게 설계된 것처럼 보인다. 빠른 속도에 맞게끔 심장이 커서 신선한 피를 대량으로 공급할 수가 있다. 쉼 없이 펌프질하며 작동하는 것만 봐도 입이 딱 벌어질 판이다. 심장의 펌프질 운동을 수학적으로 정리한 내용은 너무나도 복잡하다. 언뜻 천재적인 수학자가 설계했을 거라는 생각이 들지만, 절대로 그렇지가 않다.

변신으로 유명한 동물은 카멜레온이다. 카멜레온은 자신을 적으로부터 보호하기 위해서 서서히 몸 색깔을 바꿀 수가 있다. 그런데 문어는 놀랍게도 아주 순식간에 급속도로 몸 색깔을 바꿔 버린다. 재미있는 사실은 그들의 색깔 변신 기술이 컬러텔레비전의 작동 기술과 유사하다는 것이다."

도킨스는 동물이나 식물의 모든 것, 즉 모든 생물의 모든 세부는 마치 누군가가 설계하고 창조한 것처럼 우리를 압도한다고 스스로 말한다. 하지만 절대로 설계한 것이 아니란다. 왜냐하면 거기에는 결함이 있기 때문이다. 그리고 그 결함들은 설계로는 정말 멍청한 방식이지만, 진화로는 그 멍청한 방식이 자연스럽다는 것이다. 그래서 설계한 것이 아니란다.

신은 멍청한 설계를 하면 안 되기 때문이라는 것이 도킨스 논리의 근거이다. 쉽게 말해서 이런 멍청한 설계를 했기 때문에 진화한 것이 맞다는 논증인 셈이다. 즉 설계는 멍청하지 않아야 하지만 진화는 멍청해도 된다. 우연히 저절로 그렇게 된 것이기 때문에 그렇다. 그렇다면 그처럼 멍청한 진화가 약간의 결점을 지닌 그처럼 복잡한 기능과 조직을 가진 생명체를 만들어 내는 것은 가능하다는 것인가? 아무 설계도 의도도 없이 좌충우돌하는 무작위적인 운동이 고도의 질서를 만들어 내는 것이 나의 경험 세계에서는 눈을 씻고 찾아봐도 없다. 물론 진화론 과학자의 상상의 세계가 아닌, 실제 경험 세계에서도 역시 그렇다.

그런데 우연히 저절로 그렇게 복잡한 기계 조직(눈, 심장, 변색 피부 등)이 만들어지는 것을 도킨스는 경험해 봤다는 듯이 설계가 아니라 진화가 사실이라고 주장한다. 도킨스를 제외한 세상 그 누구도 결코 경험한 적이 없을 것이라는 게 내 주장이다. 왜냐하면 오랜 시간 우연히 저절로(자연적으로)는 모든 복잡한 기계와 정교한 질서를 망가뜨릴 뿐이라는 것이 물리학의 법칙(열역학 제2법칙)이기 때문에 그렇다. 오랜 시간 동안 그냥 저절로 그렇게 진화했을 것이라는 도킨스의 해석은 그의 머릿속에서 오로지 상상만으로 지어낸 동화 같은 이야기에 불과하다. 아무도 복잡한 것으로의 진화를 관찰하지 못한다. 설계(유전자) 안에서의 다양한 변이만을 볼 수 있을 뿐이다. 변이 속에는 결점이 있게 마련이다.

도킨스의 논법대로 하자면 진화 역시 사실이 아니다. 진화가 가정하고 있는 '오랜 시간 동안 우연히 저절로 어쩌다 보니'라는 공식을 가지고는 단순한 것이 복잡한 것으로 변하는 과정을 오직 머릿속에서만 상상할 수 있을 뿐이다. 도킨스가 머릿속에서 상상하는 진화의 과정(우연히 저절로 어쩌다 보니 단순한 것에서 복잡한 것으로의 지속적 발전)은 이 세상에서 결코 관찰되지 않기에 그렇다. 도대체 이 세상에서 그렇게 만들어진 물건이 어떤 게 있다는 것인지 궁금할 뿐이다. 인간이 바로 그 증거라는 헛소리는 그만 하라. 인간이 진화한 것을 입증하랬더니 인간이 그 증거라니…

현대의 컬러텔레비전이나 자동차가 먼 옛날 광산에서 뒹구는 철광석 덩어리로부터 진화했다고 누군가 말한다면 도킨스는 어떤 반응을 보일까? 화산 폭발로 인한 마그마의 유출이 철광석을 녹이고 어쩌다 보니 우연히 철이 분리되었다. 지진, 번개, 태풍, 풍화 등 알 수 없는 무작위적인 운동에 의해서 그 철은 엔진과 바퀴와 문과 구동축과 기어 등 온갖 자동차 부품들로 우연히 저절로 다듬어졌다. 즉 진화했다는 말이다.

마침내 알 수 없는 환경 조건하에서 무작위적인 운동에 의해서 전혀 설계되지 않았음에도 불구하고 그 부품들은 서로 기능할 수 있게끔 기가 막히게 조립되어서 마침내 자동차가 완성되었다.

물론 이 자동차의 진화 과정에 대한 서술에 대해서 도킨스는 기꺼이 아멘할 것이라 예측된다. 그가 주장하는 바를 단지 대상만 바꾸어서 제시했으니까 말이다. 설마 원시 수프라는 물질에서 인간이라는 생명체는 가능해도 철광석이라는 물질에서 자동차라는 기계는 불가능하다고 주장하지는 않으리라 믿는다. 자동차가 생명체가 아니라서 선뜻 마음에 들지 않는다면 좀 더 이해를 돕기 위해서 로봇으로 대체해도 된다. 그러면 훨씬 더 인간과 유사해지니까 도킨스가 믿고 있는 진화의 논리에 대한 이해가 더 쉽게 될 수 있을 것이다.

유물론적 관점에서 보면, 인간이란 생명체도 기계다. 다른 기계들에 비해서 그 기능이 남다를 뿐이다. 자기 생존 능력과 자기 복제 능력이라는 놀라운 기능이 첨부되었을 뿐이다. 이제껏 인간이 만들어 낸 로봇보다 훨씬 더 고도의 기술을 필요로 하는 그야말로 극 최첨단 생체 기계인 것이다. 아마도 도킨스가 믿는 바대로 말하자면, 언젠가 인간의 지능이 진화하면 그런 로봇을 만들 수 있을지도 모른다. 영화에서는 벌써 가능하다. 로봇과 사람이 사랑에 빠지는 얘기가 있지 않은가? 감정을 느끼는 로봇이라니... 진화의 능력은 전능하다. 문제는 현실 세계에서는 결코 발생하는 것을 관찰할 수 없고 오직 머릿속 상상의 세계에서만 관찰할 수 있다는 것이다.

결함에 대한 설명 방식

왈(曰),

"생명체를 보며 너무나도 완벽한 설계라고 감탄하는 이가 있다면, 실망스러운 측면에 대해 귀띔해 주고 싶다. 그것은 바로 결함이다. 만일 전능한 신이 설계했다면 그런 결함(잘못된 설계)이 있어서는 안 될 것이다. 그러나 진화라는 관점에서는 그런 결함이 자연스럽다.

물고기가 옆으로 누웠다고 생각해 보라. 한 눈은 위로, 다른 눈은 바닥으로 가는 희한한 모습이 된다. 홍어는 이런 난감한 상황을 피해 갔다. 몸은 납작해졌지만, 다행히 두 눈이 머리 위에 와 있다. 반면에 가자미는 머리를 뒤틀어서 두 눈이 위로 오게 했다.

홍어는 위에서 눌리면서 진화한 형태이고 가자미는 옆으로 누워서 진화한 형태이다. 진화야 그런 식으로 진행될 수도 있겠지만, 의도적으로 그렇게 설계를 해서 만들었다? 최소한 생각이 있는 설계자라면 그런 식으로 디자인 하지는 않았을 것이다."

도킨스는 결함의 예로 홍어와 가자미를 비교한다. 홍어는 물고기가 위에서 곧바로 눌려서 만들어졌기에(진화했기에) 눈과 머리가 정상적이다. 반면에 가자미는 물고기가 옆으로 누운 상태에서 눌려서 만들어졌기에(진화했기에) 눈 하나는 땅 밑을 향할 수밖에 없었다. 이를 극복하기 위해서 머리를 뒤틀어서 두 눈이 모두 위를 향하도록 진화하였다. 설계자가 있었다면 이런 식으로 설계하지 않았을 것이고, 우연히 어쩌다 보니 자연적으로 진화했기에 그렇게 된 것이란다.

홍어와 가자미가 눌려서 된 것이라는 상상은 어디서부터 시작된 것일까? 그런 것을 어디 가면, 경험할 수 있는 것인지 궁금하다. 도대체 서서히 조금씩 오랜 시간 동안 눌려서 홍어처럼 납작하게 만들어졌을까(진화했을까)? 왜 가자미는, 하필 옆으로 누운 상태에서 서서히 조금씩 오랜 시간 동안 눌려서 납작하게 만들어졌을까(진화했을까)? 도킨스에 의하면 그냥 어쩌다 보니 그렇게 진화하였다. 이게 바로 자연 선택과 적자생존의 전능한 능력이다.

어떤 것은 진화에 의해서 옆으로 눌리고, 또 어떤 것은 진화에 의해 바로 눌리고, 또 어떤 것은 진화에 의해서 육지로 상륙할 수 있게끔 다리가 생겼고, 또 어떤 것은 진화에 의해서 그냥 물에 남게 되었다. 그러다가 또 어떤 것은 진화에 의해 날 수 있게끔 날개가 생겼고, 또 어떤 것은 진화에 의해 날지 못하도록 날개가 안 생겼다. 게 중에서 또 어떤 것은 자기가 진화해 온 물속이 그리웠던지 다시 물속으로 들어갈 수 있게끔 진화에 의해서 다리가 지느러미로 바뀌었다. 정말 대단한 진화의 능력이지 않은가? 안 되는 게 없다.

가자미가 홍어에 비해서 이상하다는 것은 도킨스의 상상일 것이고, 그럴 수도 있겠다. 그런데 굳이 설계자가 도킨스 입맛대로 설계할 이유가 있었을까? 디자인의 창조성과 다양성이 도킨스에게는 매우 못마땅한 부분인 모양이다. 디자인적 창조성이나 다양성이 누군가의 입맛에는 아주 불편하고 멍청한 짓처럼 보일 수도 있다는 것은 디자인의 세계에서 흔히 있는 일이지 않은가? 그러니 그 설계가 맘에 안 든다고 설계가 아니라고 할 일은 아니라고 본다.

도킨스는 자신이 신이라도 된 듯이, 그리고 존재의 질서를 완벽하게 다 이해하고 있다는 듯이 신의 결점을 얘기한다. 진화론자들은 한때 맹장이 쓸모없는 것이라고 했고, 편도선이 쓸모없는 것이라고 했다. 진화의 과정에서 퇴행한 장기로서 이제는 아무런 기능도 없는 것이기에 당연히 없어도 될 것이 남아 있으므로 인간의 몸은 설계한 것이 아님을 입증하는 진화의 증거라고 했다. 그냥 무지했던 것이다. 인간 몸의 기능과 장기의 존재 이유에 대해서 몰랐던 것이다.

보지도 못한 것을 마치 보기라도 한 듯이 위에서 눌려서 혹은 옆으로 눌려서 진화했다고 하는데, 아니 눌리면 그 눌린 모습 그대로를 후손에게 물려주기라도 한다는 말인가? 그래야만 진화가 가능해지기 때문이다. 진화론자들이 한때 쥐의 꼬리를 자르는 실험을 했다. 꼬리 없는 쥐로 진화시키기 위해서였다. 아무리 꼬리를 잘라도 그 자손은 여전히 꼬리를 달고 나왔다. 두더지의 눈을 아무리 못쓰게 해도 그 자손은 여전히 눈을 달고 나온다.

그렇다면 아무리 물고기가 눌려도 그 후손은 눌리기 이전의 모습으로 늘 태어날 것이라는 사실을 도킨스는 이해할 수가 없는 모양이다. 설사 어쩌다 보니 조금 두개골이 뒤틀렸다고 해도 그 뒤틀린 모양대로 후손이 태어나는 게 아니다. 원래 어미가 태어났던 대로 새끼도 태어난다. 그렇다면 굳이 뒤틀린 두개골을 진화시키겠다고 애쓸 이유가 없다. 진화하기 위해서 아무리 조금씩 뒤틀려도 자손이 태어날 때는 원상 복구된 상태이니 무한 반복만을 되풀이할 뿐 진화는 더 이상 진행하지 못한다.

물고기 스스로가 자기 유전자를 조금씩 계속 바꾸지 않는 한, 두 눈을 위로 하겠다는 목적을 달성할 때까지 두개골이 조금씩 뒤틀리면서 가는 일이, 누군가 의도하지 않는 한 지속적으로 누적되면서 발생하지는 않는다. 그런데 진화(어쩌다 보니 조금씩 저절로)라는 개념을 사용하면서 그런 목적(눈이 위로 가게 하자는 계획)을 개입시켜도 되는 것인지도 정말 의문스럽다. 진화는 아무런 의도나 목적이나 계획이나 설계 없이 어쩌다 보니 그렇게 된다는 것 아닌가? 그렇다면 굳이 눌려서 진화한 게 아니라, 처음부터 그렇게 설계된 것이라고 보는 게 훨씬 더 합리적인 설명 방식이다.

설계의 이유에 대한 무지

왈(曰),

"인간의 눈은 또 다른 치명적 결함의 사례이다. 문어는 망막 신경 세포가 망막 뒤쪽으로 연결되어 있다. 합리적인 구조이다. 그러나 인간을 비롯한 척추동물은 망막 신경 세포가 망막 표면(앞)으로 지나가서 망막 한 가운데 모인 다음 뒤로 빠져 나간다.

모였다 빠져 나간 부분은 시각 기능이 없기에 맹점이라 부른다. 왜 맹점이 생기게 설계했을까? 만일 그딴 식으로 눈을 설계해 준다면 반품해야 되는 거 아닌가? 물론 눈은 아주 잘 작동하고 있다. 다행히도 신경 세포가 아주 투명해서 빛이 망막에 닿을 수 있기 때문이다."

척추동물의 눈의 설계 역시 도킨스는 못마땅하다. 그의 절친한 친구와 함께 이 따위로 설계해서 준다면 돌려보냈을 것이란다. 그렇게 마음에 안 든다면 지금이라도 무를 수 있는 방법이 있을 듯하다. 두족류 방식으로 수술해서 바꾸어 보는 것은 어떨까? 도킨스 말마따나 아무 문제없이 잘 작동하고 있는데, 굳이 그럴 필요를 느끼는 사람이 도킨스 말고는 별로 없을 것 같다.

맹장이 쓸데없는 것이라고 진화하다가 남은 흔적이라고들 얘기했다. 진화의 증거였다. 그런데 맹장이 갖고 있는 중요한 기능이 있음을 최근에 알게 되지 않았나? 그렇다면 척추동물의 눈 설계가 아직 우리가 모르고 있는 어떤 이유가 있어서 그렇게 된 것이라는 생각을 해볼 수 있을 것이다.

그 설계가 도킨스의 지식수준에서 멍청해 보인다고 해서 정말 그 설계가 멍청한 것은 아니다. 왜냐하면 도킨스의 지식이라는 게 사실 생명체가 가지고 있는 놀라운 기능에 비하면 아주 하찮은 수준이기 때문이다. 만일 도킨스가 우주선의 내부를 들여다보면, 거기서 쓸모 있는 것과 없는 것을 어떻게 구분할 수 있을까? 전혀 알지 못할 것이다. 우주선의 구조에 대해 그가 완벽한 지식을 가진 게 아니기에 그렇다. 그렇다면 그냥 필요하니까 그렇게 만들었겠지라고 생각하는 게 보다 합리적인 선택이다. 인간의 눈이 멍청한 구조라는 인식은 도킨스가 그만큼 무지해서 그럴 수도 있다는 생각이다.

나쁜 설계를 근거로 한 진화 주장은 그냥 도킨스의 상상이다. 정말 나쁜 설계인지, 고도의 기술을 담은 설계인지는 앞으로 더 연구해 봐야 할 일이다. 요점은 아무 문제없이 잘 작동하고 있다는 사실이다. 그게 진화의 능력이라고 할 수도 있지만, 설계의 능력이라고 할 수도 있다. 이해 안 되는 기계가 아주 잘 작동하고 있다면, 그것은 오랜 시간 동안 우연히 저절로 조금씩 그렇게 된 것이라고 생각하는 게 합리적인가? 아니면 누군가가 그렇게 작동하도록 설계했다고(조작하고 있다고) 생각하는 게 더 합리적인가?

이 세상에서 만들어진 기계들 가운데 우연히 저절로 어쩌다 보니 조금씩 진화해서 완성된 것이 하나라도 있던가? 생명체 말고는 그 무엇도 우연히 저절로 어쩌다 보니 조금씩 진화해서 완성되었다고 하는 게 없다. 고대 유적이나 현대 첨단 제품이나 하다못해 아주 단순한 돌도끼 돌화살조차도 우연히 저절로 어쩌다 보니 무작위적 운동에 의해서 만들어졌다고 하지 않고 지성을 가진 존재(인간 혹은 우주인)가 만들었다고 추정한다.

이 세상 그 어떤 고대 유물이나 현대 첨단 기계보다도 더 복잡하고 신비할 정도의 조직과 기능을 가지고 있는 최첨단 기계인 생명체에 대해서만은 그것을 만든 지성을 생각하지 않고, 우연히 저절로 어쩌다 보니 만들어졌다고 추정하는 이유가 뭘까? 너무나도 잘 작동하고 있는 기계를 보면, 그것 참 잘 만들었네라고 생각하는 것이 일반적이다. 자율 운행 자동차(로봇)가 잘 작동되지 않을 경우, 스스로 잘 작동되도록 하기 위해서 자동차(로봇)의 구조를 스스로 바꾸는 경우는 없다. 애초 그것을 만든 자가 미리 스스로 고장난 것을 고칠 수 있도록 설계해 놓지 않았다면 말이다.

있을 법하지 않은 것들로 가는 진화의 요지는 이렇다. 절대로 불가능한 일도 아주 많은 단계로 세분화시키면 가능한 것이 된다. 곰이 한 번에 고래가 되는 것은 불가능하지만 곰에서 고래로의 변화 과정을 수십만, 수백만 단계로 분할해서 보는 순간, 불가능이 가능으로 바뀐다. 아주 작은 변이는 가능해 보이기 때문이다. 이와 같은 도킨스의 논리가 지닌 결정적 문제점은 그 가능해 보이는 작은 변이 자체가 사실이 아니라 가정에 불과하다는 사실이다. 불가능한 것을 수백만 개의 작은 변이라는 가정으로 나누는 순간, 가능한 것(사실)이 된다는 놀라운 마술… 착각을 이용한 사기다.

8장 진화의 정체

진화라는 종교

왈(日),

"작은 돌연변이의 누적이 진화를 이끌어 간다. 작은 돌연변이는 관찰이 어렵기에 과학자들은 큰 돌연변이를 다룰 수밖에 없다. 그런데 큰 돌연변이는 거의 대부분 해롭다. 그래서 사람들은 돌연변이가 해롭다는 착각을 하게 된다. 우리는 인공 교배(선택)를 통해서 종을 다양하게 변화시킬 수 있다. 마찬가지로 자연도 선택을 통해서 다양한 종을 진화시킨다.

늑대를 사냥개로 변화시키는 것은 몇 세기 정도면 된다. 100만 세기가 지난다면 얼마나 그 변화 폭이 크겠는가? 물고기가 인간이 되기까지

300만 세기가 지났다. 작은 돌연변이의 무수한 누적이 엄청난 변화를 가져왔던 것이다. 진화는 무작위적이지만 아주 작은 돌연변이를 통해서 진행된다. 아주 조금만 달라지는 것이기에 망가뜨리는 실수를 피할 수 있다."

큰 돌연변이는 거의 해롭지만 작은 돌연변이는 유익한 돌연변이일 확률이 높다고 도킨스는 장담한다. 왜 그런가? 그냥 도킨스의 상상이다. 독약도 양이 적으면 피해가 없을 수 있다. 어쩌면 어떤 특정한 상황에서는 약이 될 수도 있다. 그것은 맞는 말이다. 그러나 아무리 작은 양의 독이라도 계속 누적되면 결국에는 큰 해가 되고 만다. 문제는 작은 돌연변이가 누적이 되어야 한다는 것이다. 종이 바뀔 때까지 말이다.

진화론에 있어서 크든 작든 돌연변이는 해롭다. 돌연변이가 누적되어야 하기 때문에 크다거나 작다거나 구분하는 게 의미가 없다. 더군다나 이미 자기에게 최적화되어 있는 유전자에 변이가 생기면 어쩌다 한번은 유리해 보이는 부분이 있을 수도 있지만, 그것은 아주아주 드문 경우일 뿐이다. 그래서 유익한 돌연변이라는 게 무의미하게 된다. 결국에는 돌연변이에 의해 망가지게 되는 것이다.

도킨스의 논리를 경제에 적용해 보자. 일 년 중 하루만 이익을 보고 나머지 날들은 다 손실인 가게가 있다. 그 가게 주인은 과연 부자가 될 수 있을까? 도킨스의 상상 속에서는 충분히 가능하다. 아주 오랜 시간만 있으면 된다. 조금씩 아주 조금씩 집적해서 태산이 될 때까지 필요한 아주 오랜 시간 말이다. 일 년에 하루는 이익을 본다. 그게 수천 년 지나면, 이익인 날도 수천 일이 된다. 만 년이 지나면 어찌 될까? 이익을 본 날이 만 일이다. 만 일은 약 27년 남짓이다. 27년 동안 계속 이익을 남겼다면 충분히 부자가 될 것이다. 그 가게 주인은 부자가 된 게 맞다. 이게 바로 도킨스의 진화 논리가 일으키는 기적이다.

과연 도킨스가 상상하는 대로 그 가게 주인은 현실에서도 부자가 되었을까? 이익을 본 날들만을 모아 27년이 되었다면, 손실 본 날들만을 모으면 도대체 몇 년이나 될까? 거기에 대해서 도킨스는 전혀 고려하지 않는다. 그의 사고 구조가 의도적으로 이익만을 생각하고 손실에 대해서는 생각하기를 거부하고 있기 때문이던가, 아니면 그런 것을 생각할 수 있을 만큼 충분히 진화되지 않았기 때문일지도 모른다.

『춘향전』에 오타가 생기고 오타가 누적될수록 그 내용이 더 좋아진다는 현상이 과연 가능한 상상일까? 생명체의 유전자는 완성된 소설책이나 완성된 컴퓨터 프로그램과 마찬가지다. 무작위적인 작은 오타나 무작위적인 작은 바이러스가 그 소설이나 컴퓨터 프로그램을 더 나은 것으로 업그레이드할 수 있다는 상상이 과연 정상적인가, 비정상적인가? 만일 그런 일이 실제로 일어났다면 그야말로 기적이다. 도킨스가 경기를 일으키며 싫어하는 기적 말이다.

큰 돌연변이는 해롭지만 작은 돌연변이는 해롭지 않을 것이라는 가정은 도킨스의 소망일 뿐이다. 큰 돌연변이든 작은 돌연변이든 유익함과 해로움의 발생 비율은 똑같다. 다만 그 유익과 해로움의 정도에 차이가 있을 뿐이다. 큰 돌연변이는 큰 해 혹은 큰 유익이고, 작은 돌연변이는 작은 해 혹은 작은 유익일 뿐이다. 작은 돌연변이는 큰 돌연변이보다 유익을 줄 확률이 높다는 근거 없는 상상과 기대를 도킨스는 스스럼없이 사실로 둔갑시키고 있다. 도킨스가 급하긴 급했나 보다.

　이제까지 어떤 관찰이나 실험도 돌연변이가 유익을 주는 경우를 발견한 사례가 거의 없다. 해를 주는 경우는 숱하게 발견된다. 만 번 혹은 십만 번을 계속 마이너스 상태이다가 어쩌다 한 번 아주 조금 플러스인 상황이 되풀이 되는데, 과연 그 사업이 성공(진화)할 수 있겠는가? 결단코 망한다. 그 때가 언제냐는 시간의 문제가 남았을 뿐이다.

　그렇기 때문에 진화론의 입장에서는 가급적 돌연변이가 발생하지 않아야 멸종 시기를 늦출 수 있다. 모든 생명체가 세대를 거듭하면서 일으키는 사소한 돌연변이의 누적은 멸종으로 가는 길이다. 현대 유전학이 밝혀낸 사실이다. 사실 우리는 진화하는 게 아니라 퇴화하고 있다는 뜻이다.

　〈유전적 돌연변이나 진화의 과정 중에 유전자에 정보 증가가 일어났다고 볼 수 있는 사례를 하나만 주실 수 있으십니까?〉

　도킨스는 이 질문에 답할 수가 없었다. 돌연변이에 의한 유전자 정보 증가 사례라 할 만한 것이 없었기 때문이다.

　현대 유전학은 확실하게 인간의 유전적인 퇴화를 관찰하고 있다. 한 세대 당 평균 100개 정도의 돌연변이를 후손에게 물려준다고 한다. 이 때문에 점점 인간의 체력과 건강이 약화되고 있다. 진화론 유전학자 알렉세이 콘드라쇼프는 자신이 쓴 논문에 소견을 이렇게 달았다. 〈왜 우리는 100번도 넘게 멸종되지 않았을까?〉 이런 식의 퇴화라면 수백만 년을 인간이 살아 있을 수가 없기 때문이다.

해결책은 최초 인간이 등장한 것이 수백만 년 전이 아니라는 것이다. 하지만 진화론자에게는 수백만 년이 필요하다. 그래서 다른 방식으로 탈출구를 찾았다. 아마도 과거의 알 수 없는 어떤 환경 조건하에서는 유전자의 진화가 가능했을 것이라는 상상이다. 진화를 가능하게 했던 놀라운(?) 환경 조건이 뭔지를 찾아보자. 진화론의 새 연구 과제가 생겼다.

진화론에서는 이미 익숙한 패턴이다. 과학적이지 못한 상황이 발견되면 그들은 늘 새로운 과제를 제시한다. 알 수 없는 무언가를 찾아보자. 파스퇴르의 실험에 의해 생명은 생명으로부터라는 법칙이 입증되었지만, 진화론자들은 물질이 생명체가 될 수 있는 어떤 환경 조건이 있을 거라며 찾아보자고 연구 과제를 제시했었다. 그 이후로 150년간을 현재는 불가능하지만 원시 지구에서는 가능했던, 생명 자연 발생의 알 수 없는 조건을 찾겠다며 시간을 낭비하고 있다.

다윈을 교주로 떠받드는 진화교 신자들은 실험이나 관찰 결과가 자기들의 진화 신앙과 충돌하는 상황에 직면하게 되면, 늘 그런 식의 상상으로 자기 합리화를 시도한다. 알 수 없는 어떤 환경 때문에, 알 수 없는 어떤 방식에 의해서 진화했을 것이다. 실험 관찰 결과가 어떠하든, 무조건 진화는 사실이다. 실험 관찰 결과를 무리하게라도 재해석할 수 있는 길을 찾아라. 진화 신앙과 일치하도록! 그래서 과학이 아니라 종교다. 도킨스에 의해 만들어진 신, 진화라는 기적.

유전자 풀(한계)

왈(曰),
"치타와 가젤은 생존을 위해서 경쟁을 한다. 치타가 잡아먹거나 가젤이 살아서 도망친다. 순식간이다. 그러나 진화를 위한 경쟁은 아주 느리게 서서히 진행된다. 가젤이라는 종과 치타라는 종 사이의 경쟁이다. 아주 느린 속도로 조금씩 생존 기능이 개선되어 간다. 여러 세대를 거치면서 달리는 능력, 피하는 기술, 감각적 기능 등이 개선되고, 이에 연관된 몸의 화학적 반응도 조금씩 개선된다."

아무리 가젤이나 치타에게 체질 개선이라는 것이 이루어질지라도, 가젤이 치타라는 종으로 바뀌거나 치타가 코끼리라는 종으로 바뀌는 대진화는 발생하지 않는다. 아무리 핀치 새의 부리가 길어졌다 짧아졌다 두꺼워졌다 가늘어졌다(소진화/변이) 하더라도 여전히 새의 부리이지 물고기의 입술이나 사람의 입술로 변화(대진화)하지 않는다. 어떤 생물이 되었든지 간에 그 종이 본래 가지고 있는 유전자 한계 안에서 변이(소진화)가 있을 뿐이다.

프랑스의 한 화학자가 사탕무에서 설탕을 추출해 냈다. 평균 4%의 설탕을 함유했던 사탕무를 품종 개량을 통해 5%, 10%, 15%로 설탕 함량이 높아지도록 만들었다. 그러나 평균 17%의 함량에 도달하자 더 이상 증가하지를 않았다. 오히려 고함량의 품종끼리 교배를 거듭할수록 함량이 낮아지는 현상이 나타났다. 품종 개량으로는 넘을 수 없는 벽

(유전자의 한계)이 있었던 것이다.

아무리 인간이 달리기 훈련을 하고 다리 근육 좋은 자들끼리 결혼해서 후세를 이어 간다고 해도 인간이 치타처럼 혹은 말처럼 뛸 수 있게 되지는 않는다. 그냥 인간에게 주어진 근육(유전자 풀)을 이용해서 도달할 수 있는 최고의 상태까지 이를 뿐이다. 그렇게 훈련해서 근육을 키웠다 하더라도 태어나는 자손은 다시 원상태로 태어난다. 아버지가 훈련한 것처럼 또 열심히 훈련을 해야만 체력을 키울 수 있다.

생존을 위한 경쟁은 체력 조건의 개선을 가져다 줄 뿐이다. 결단코 유전자 정보의 증가를 통한 종에서 다른 종으로의 대진화를 가져오지는 않는다. 이제까지 시도했던 어떤 품종 개량도 종의 유전자 풀을 뛰어넘지는 못했다. 이러한 사실은 다윈도 이미 알고 있었다. 다만 인간이 하는 품종 개량에서는 불가능하지만, 자연 세계에서는 다를 것이라는 기대를 품었을 뿐이다. 아주 오랜 시간이라는 마술 지팡이가 있어서 가능할 것이라는 상상이다.

도킨스가 꿈꾸는, 생존 경쟁 때문에 생겨난 조금씩의 돌연변이가 종의 다양화(대진화)로 이어졌다는 신앙은 그야말로 도킨스의 머리에서만 가능한 상상의 산물일 뿐이다. 현실 세계 어디서도 관찰하지 못했으며 어떤 실험실에서도 성공한 적이 없는 한 편의 동화에 불과하다. 유전자는 아무리 오랜 시간이 흐르더라도 변함없이 그 유전자의 한계 내에서 자손을 번식하도록 하기 때문이다.

치타와 가젤이라는 종은 군비 경쟁을 하지 않는다. 두 종이 오히려 공존한다. 치타는 가젤을 잡아먹을 뿐이다. 가젤이라는 종을 없애 버리려 모의하지도 않는다. 치타가 가젤이 아닌 다른 종을 잡아먹기 위해서 스스로 진화하지도 않는다. 물고기를 먹기 위해서 아가미를 진화시키려 하지도 않고 새를 잡아먹기 위해서 날개를 진화시키려 하지도 않고, 사자를 잡아먹기 위해서 이빨과 발톱과 뼈대를 진화시키지도 않는다.

가젤 역시 치타를 이기기 위해서 이빨과 발톱을 진화시키지 않는다. 더 빨리 달리기 위해서 진화하지도 않는다. 주어진 유전적 능력의 한계 안에서 가급적 치타의 공격을 피할 수 있는 장소를 찾아 갈 뿐이다. 그러다가 운이 없는 가젤은 치타에게 잡아먹히고 그 순간부터 다른 가젤들은 한동안 위협으로부터 벗어날 수 있게 된다. 치타가 다시 배고파지기 전까지 말이다.

그래서 아프리카 초원에서는 사자와 치타와 가젤과 얼룩말 등 여러 동물들이 함께 생존할 수가 있다. 인간 세계와 달리 자연 세계의 본질은 약자가 멸종으로 치닫는 생존 경쟁이 아니라, 강자와 약자가 조화와 균형을 이루는 공존이다. 인간이라는 종만이 육체의 생존을 넘어서 축재라는 탐욕에 사로잡혀 상대를 멸종시키는 지경까지 가는 것이다.

도킨스의 사기

왈(曰),

"인간의 눈처럼 아주 복잡하고 정밀한 기관이 갑자기 생길 수는 없다. 주사위를 던져서 1이라는 숫자만 100번 계속 나오는 것보다 훨씬 더 가능하지 않은 일이다. 그러나 조금 덜 좋은 눈이 무작위적인 변이를 통해서 좀 더 좋은 눈이 될 가능성은 있다. 이런 과정이 계속 이어진다고 생각해 보라.

이런 과정은 모든 신체 기관에 적용될 수 있다. 그렇다면 도무지 가능할 것 같아 보이지 않는 생명체의 진화도 있을 수 있는 사건이 된다. 매 순간 아주 작은 변화를 일으키는 무수히 많은 사건들이 오래 누적되어서 조금씩 아주 조금씩 진화해 가는 것이다. 복잡성의 생성 문제는 더 이상 해결 불가능의 난제가 아니다."

그래서 도킨스는 덜 훌륭한 눈의 진화 과정을 보여 주는 수많은 단계에 해당하는 화석들을 발견하였는가? 심장과 혀와 혈액과 날개의 덜 훌륭했던 수많은 단계의 진행 과정을 보여 주는 화석들을 발견하였는가? 그런 화석은 없고, 그런 생명체도 없다. 비교를 통해서 다소 단순해 보이는 것이 있기는 하지만, 필요한 기능을 수행하고 있다. 눈 같지 않은 무언가에서 조금씩 고도로 정밀한 눈으로 진화해 간다는 것은 현실 세계에서는 관찰되지 않는 현상이며, 오직 도킨스의 머리에서만 존재하는 상상일 뿐이다.

도킨스가 제시하고 있는, 있을 법하지 않은 것들로 가는 진화의 요지는 이렇다. 아무리 불가능한 일도 아주 많은 단계로 세분화시키면 가능한 것이 된다. 곰이 한 번에 고래가 되는 것은 불가능하지만 곰에서 고래로의 변화 과정을 수십만, 수백만 단계로 분할해서 보는 순간, 모든 불가능해 보이던 것들이 가능해진다. 큰 변이는 불가능해 보여도 아주 작은 변이는 언제든지 가능해 보이기 때문이다.

도킨스의 논리가 지닌 결정적 문제점은 그 작은 변이가 가능할 것이라는 것 자체가 사실이 아니라 가정에 불과하다는 사실이다. 결코 가능할 수 없는 한 번의 가정을 수십만, 수백만 개의 가정으로 그 단계를 세분화하게 되면 가능한 것(사실)이 된다는 논리이다. 가정이 많아질수록 사실이 될 가능성 역시 비례해서 멀어진다는 것이 일반적인 원리임을 도킨스는 모르는 것인가?

도킨스의 논리를 내 경우에 적용해 보자. 100m를 20초에 뛰는 내가 단번에 10초에 뛸 수 있게 되는 것은 정말 있음직하지 않은 거의 불가능에 가까운 일이다. 하지만 20초와 10초 사이를 무한 분할해 보자. 우연히 저절로 0.000000001초 빨리 뛰게 되는 것은 가능한 일이다. 그렇지 않은가? 일단 한번 시작한 것은 그 다음에도 가능하다. 0.000000001초만큼만 더 빨리 뛰고, 또 다시 0.000000001초만큼만 더 빨리 뛰고... 내게 필요한 것은 시간뿐이다. 여러 번 뛸수록 10초 기록으로 가는 길은 점점 더 가능해진다.

놀라운 사실은 같은 논리로 나는 100m를 0초에 뛰는 것도 가능해진다는 사실이다. 그렇지 않겠는가? 0.000000001초만큼만 계속 누적해서 빨리 뛰면 된다. 문제는 그게 머릿속 상상에서만 가능하다는 것이다. 우연히 저절로 0.000000001초를 빨리 뛸 수도 있지만, 우연히 저절로 늦게 뛸 수도 있다. 그게 반복된다. 돌연변이(우연히 저절로)는 누군가의 설계와 의도가 없기에, 일정한 방향으로 계속 누적되지를 않는다. 그게 바로 문제다.

이런 식의 논법은 이미 오래 전에 제논이 사용했었다. 도킨스가 그걸 차용해서 적당히 변형시켰을 뿐이다. 〈내가 쏜 화살은 결코 과녁까지 날아갈 수 없다. 토끼는 조금 앞선 지점에서 출발한 거북이를 결코 따라잡을 수 없다.〉

논리 전개는 이렇다. 토끼가 거북이 있던 지점까지 쫓아가면 거북이는 아무리 느려도 조금은 앞서가 있을 것이다. 다시 토끼가 거북이가 앞서간 지점까지 쫓아가면, 아무리 느려도 거북이는 조금은 앞서가 있을 것이다. 결국 토끼는 거북이가 앞서간 만큼을 쫓아가느라 거북이를 따라잡을 수가 없다.

내가 쏜 화살이 과녁에 도착하려면 과녁까지 거리의 반을 통과해야 한다. 화살이 과녁까지 거리의 반인 지점에 도달하면, 다시 남은 거리의 반을 통과해야 한다. 다시 거기에 도달하면 짧아지기는 했지만 여전히 남은 거리의 반을 통과해야 한다. 남은 거리의 반은 무한히 존재한다. 화살은 무한을 통과할 수 없다. 따라서 화살은 과녁에 도달하지 못한다.

화살의 과녁까지의 거리는 유한하다. 그런데 그 반은 무한히 존재한다고 한다. 제논은 무한 분할을 통해서 가능한 것을 불가능한 것으로 바꾸었다. 반면에 도킨스는 무한 분할을 통해서 불가능한 것을 가능한 것으로 바꾸었다. 현실에서는 결코 일어나지 않지만, 상상 속에서만은 가능해 보이는, 언어적 유희 내지는 조작일 뿐이다.

화살 과녁까지 남은 거리의 반이라는 것은 현실 세계에서는 무한하지 않다. 어느 순간 더 이상 나눌 수 없게 된다. 날아가는 화살에게는 남은 거리의 반이라는 게 없다. 계속 움직이고 있기(연속) 때문이다. 연속을 정지로 슬쩍 바꿔침으로서 남은 거리의 반이라는 것을 만들었다. 움직이는 화살이 직면하고 있는 현실에서는 없으며, 오직 제논의 머릿속에서만 상상할 수 있을 뿐이다.

곰에서 고래로의 변이 과정은 단절(유전적으로 출산 불능)이다. 그런데 그 과정을 무한히 나눔으로써 마치 연속(유전적으로 출산 가능)인 것처럼 슬쩍 바꿔치기한 것이 바로 진화라는 신화다. 곰은 고래를 낳지 못한다(단절). 그런데 곰과 고래 사이를 무한 분할함으로써 마치 낳을 수 있는 것(연속)처럼 왜곡했던 것이다. 현실에서는 결단코 일어나지 않으며, 오직 도킨스의 머릿속에서만 상상할 수 있을 뿐이다.

조각 그림 맞추기가 시간이 아무리 걸리더라도 반드시 성공할 수 있는 이유가 뭘까? 왜 수백, 수천 개의 조각들은 자기에게 딱 맞는 자리가 있는 것일까? 누군가가 그렇게 설계해서 만들었기 때문이다. 그렇다면 자연 세계에서는, 지성도 의지도 없는 물질(분자)들에게 어찌해서 딱 맞는 자리라는 게 주어지게 되었을까? 그냥 우연히 저절로 그렇게 되었는가? 직소 퍼즐의 조각마다 각자 맞는 자리가 있다는 것은 그 직소 퍼즐이 계획과 의도에 따라 설계된 것임을 알게 한다.

9장 퍼즐이 맞춰지는 이유

직소 퍼즐

왈(曰),

"눈송이의 결정체는 다 다르다고 한다. 이 사실을 아는 순간 이런 생각이 들지도 모르겠다. 〈아주 뛰어난 재능을 가진 디자이너가 설계한 게 분명하다.〉 아니다. 다양한 돌멩이가 그냥 생겨났듯이 다양한 눈송이 결정들이 그냥 생겨났다. 이름하여 자기 조립이다.

눈송이를 구성하는 분자들이 저절로 조립되듯이, 바이러스의 몸도 저절로 조립된다. 바이러스는 박테리아의 표면에 달라붙어 자기 DNA를 박테리아 몸에 주사한다. 그러면 박테리아 몸속에서 떠돌던 분자들이 퍼즐처럼 맞춰지면서 바이러스가 생성된다. 자기 조립이다."

도킨스는 겨울에 내리는 눈의 다양한 결정이나 단순한 생명체인 바이러스(람다 박테리오파지)가 형성되는 과정을 그냥 저절로 된 것이라고 규정하고 이를 직소 퍼즐(조각 그림 맞추기)에 비유한다. 아이들이 조각 그림을 찾아서 제자리에 맞추기를 하듯이, 물질이 떠돌아다니다가 그냥 우연히 저절로 자기에게 맞는 자리를 찾아 맞춰진다는 것이다.

둘 사이에 차이가 있다면 직소 퍼즐은 2차원적이지만 결정이나 생명체의 조각 맞추기는 3차원적으로 일어난다고 한다.

"화학 반응을 생각해 보라. 물속에 녹아 있는 나트륨 이온과 염소 이온이 무작위적으로 떠돌다가 우연히 서로 부딪치게 되면, 퍼즐처럼 자기에게 딱 맞는 자리를 찾아 맞춰지면서 저절로 새로운 물질이 생겨나는 것이다."

직소 퍼즐은 아이들이 일일이 찾아서 끼워 넣지만, 자연의 물질들은 떠돌아다니다가 알아서 그냥 저절로 맞는 구멍을 찾아 들어간다. 이게 바로 복잡한 생명체가 단순한 물질에서 그냥 우연히 저절로 생겨나게 되는 과정이다. 진화를 가능하게 하는 신비로운(?) 법칙이 도킨스에 의해서 밝혀지는 순간이다.

그런데 한 가지만 생각해 보자. 조각 그림 맞추기가 시간이 아무리 걸리더라도 반드시 성공할 수 있는 이유가 뭘까? 왜 수백, 수천 개의 조각들은 자기에게 딱 맞는 자리가 있는 것일까? 누군가가 그렇게 설계해서 만들었기 때문이다. 그렇다면 자연 세계에서는, 지성도 의지도 없는 물질(분자)들에게 어찌해서 딱 맞는 자리라는 게 주어지게 되었을까? 그냥 우연히 저절로 그렇게 되었는가?

수백 수천 개의 조각들로 구성된 직소 퍼즐이 그냥 우연히 저절로 만들어지는 상황을 여러분은 과연 상상할 수 있는가? 나무가 우연히 저절로 잘리고 뭉개져서 부드러워지고, 그것들이 다시 비와 햇볕과 바람 등의 환경 변화 속에서 자연 선택의 과정을 거쳐서 종이가 되고, 그것들이 돌연변이를 거쳐서 빳빳하고 두터운 종이로 진화하고, 우연히 저절로 서로 정확하게 맞물리는 퍼즐 조각들로 만들어졌다?

더 나아가 그 조각들이 바람에 서로 엉키고 구르다가 각자가 꼭 들어가야 할 자리를 찾아서 쏙 들어간다. 도킨스에게는 그게 가능하다는 것이다. 진화라는 이름으로, 자연 선택과 적자생존과 돌연변이로 인해 오랜 시간만 주어지면 된다. 바이러스의 몸이나 눈의 분자들이 알아서 맞는 자리를 찾아가듯이, 아이들이 하는 직소 퍼즐도 알아서 맞는 자리를 찾아간다고 하는 것이 논리적으로 잘못된 것일 이유가 있는가? 모두가 다 의도도 계획도 없는 물질이고 무작위적인 운동에 의해 우연히 저절로 어쩌다 보니 그렇게 되는 것이지 않은가?

직소 퍼즐의 조각마다 각자 맞는 자리가 있다는 것은 그 직소 퍼즐이 계획과 의도에 따라 설계된 것임을 알게 한다. 도킨스는 지성적 존재인 신을 없애기 위해서, 무지성적 무작위적인 신 즉 진화라는 기적적인 존재를 만들어 내고 있는 중이라는 사실을 전혀 인지하지 못하는 모양이다. 그러니 자신의 과학(?)인 진화론은 기적을 거부한다고 하는 것 아니겠는가?

진화는 기적이다. 현실에서는 관찰되지 않기 때문이다. 그들은 이렇게 변명한다. 너무나도 오랜 시간에 걸쳐서 너무나도 천천히 조금씩 일어나기에 관찰할 수가 없다. 유신론자들이 보이지 않는 신을 설명할 때의 논리와 같은 식의 논리(인간의 눈으로 관찰할 수 없으나 있는 존재)일 뿐이다. 그런데 신을 가정하는 것은 비과학이고, 우연을 가정하는 것은 과학이라고 주장한단 말인가? 무식한 거라고 해야 할지, 아니면 뻔뻔한 거라고 해야 할지...

그냥 우연히 그렇게

왈(曰),

"우리 몸의 수많은 효소들은 그 모양이 제각각이다. 효소들은 각자 맡은 화학 반응이 있다. 치타의 다리가 빠른 속도에 맞는 모양을 갖고 있듯이, 효소도 각자 정해진 기능에 맞는 모양을 갖고 있다. 효소는 어떻게 자기만의 모양을 갖게 되었을까? 신이라는 디자이너의 설계 때문일까? 아니다. 자기 조립이다.

세상에는 온갖 냄새가 있다. 냄새는 서로 구분이 된다. 그 냄새들을 우리는 어떻게 구분할 수 있는 것일까? 자기 조립이다. 코의 점막에는 다양한 틈새가 있다. 냄새 분자들이 코에 도달하면, 자기에게 딱 맞는 곳에 퍼즐처럼 끼워지게 된다. 그 순간 뇌가 냄새를 인식하게 되는 것이다."

우리 몸에서 온갖 화학 반응을 촉진시키는 효소들은 인간의 생명이

효율적으로 유지될 수 있도록 하기 위하여 각각 떠맡은 작용들이 있다. 효소 분자마다 그 기능이 다 다르다. 그들은 어떻게 그런 기능들을 행할 수 있게끔 정해진 것일까? 그냥 우연히 어쩌다 보니 그런 기능을 수행하도록 되어 버렸다. 이게 도킨스가 하고 싶은 설명이다.

게다가 그들은 자기가 행할 기능을 수행해야 할 곳에 딱 들어맞게끔 분자의 모양이 만들어져 있다. 그래서 조각 그림 맞추기를 할 때처럼 꼭 필요한 자리를 찾아가서 기능을 발휘한다. 이 놀라운 계획성을 도킨스는 이렇게 설명을 한다. 그 효소 분자들은 다른 곳으로 잘못 가지 않도록 아무도 설계하지 않은 설계가 되어 있다. 우연히 그렇게 설계되었다. 아무도 설계하지 않았다. 무슨 논리가 이럴까? 말장난이다.

냄새 분자도 마찬가지다. 아무도 설계하지 않았는데, 공중을 떠도는 각 냄새 분자들은 인간의 코점막에는 자기와 꼭 맞는 분자 모양이 준비되어 있음을 발견하게 된다. 와우, 다른 냄새 분자가 아니라, 오직 자기가 딱 들어가도록 만들어진 맞춤형 분자가 인간의 코점막에 이미 마련되어 있음을 보고도 냄새 분자들은 결코 놀라지 않는다. 진화라는 기적의 이름으로 그냥 저절로 설계하지 않은 설계가 되어 있음을 알기 때문이다.

아무리 도킨스가 과학 지식을 동원해서 현란하게 말장난을 펼치더라도 그가 주장하는 바는 늘 동일하다. 너무나도 정교해서 마치 설계된 것처럼 보이지만, 결코 설계된 게 아니다. 왜 그런가? 그 이유는 우연히 그렇게 된 것이기 때문이다. 도킨스는 마치 그것들이 우연에 의해서 그렇게 설계된 듯이 존재하게 된 것을 관찰한 듯이 확신한다. 그냥 그렇게 상상하는 거다. 도킨스의 논지를 한 마디로 표현하자면 이렇다.

"모든 것이 다 그냥 우연히 어쩌다 보니 저절로 그렇게 된 거지."

왜 우연히 그렇게 되었는데?

"모르지."

그렇다면 우연히 그렇게 되었다는 증거가 있는가?

"그렇게 된 결과를 지금 우리가 보고 있잖아."

우리는 자동차 부품에 대해서도 그렇게 말할 수 있다. 우주선 부품에 대해서도 그렇게 말할 수 있다. 로봇 부품에 대해서도 그렇게 말할 수 있다. 어떻게 그 모든 부품들이 들어가야 할 딱 맞는 자리가 있으며, 어떻게 그 부품들이 어떤 다른 곳이 아닌 그 곳에 들어가게 되는지에 대해서 두 가지 견해가 가능하다.

어떤 지적인 존재가 있어서 의도와 계획을 가지고 설계를 해서 각 부품들을 만들었다. 그 부품들이 있어야 할 각자의 위치에 대해서도 면밀한 검토 과정을 거쳐서 미리 설계하였다. 그렇게 준비를 마치고 난 후, 각 부품들을 설계한 대로 의도와 목적을 가지고 조립함으로써 의도했던 기능을 수행할 수 있게끔 하였다. 자동차나 우주선이나 로봇을 이루는 부품들은 지적인 존재가 기대하는 바의 목적을 가지고 만들었다는 설명이 가능하다. 창조론이다.

반면에 이런 설명을 할 수도 있다. 그냥 온갖 물질들이 무작위적인 운동을 통해서 좌충우돌하다가 적당한 모양으로 깎이고 다듬어져서 우리가 부품이라고 부르는, 정교한 기능을 가진 것으로 진화했고, 어떻게 생겨났는지도 모르는 기능들을 각각의 부품들이 잘 발휘할 수 있게끔 필요한 자리 역시 무작위적인 운동에 의해서 우연히 어쩌다 보니 만들어졌다. 우주의 무작위적인 운동은 어떤 의도나 계획이나 설계 없이 마구잡이로 부품들을 흔들어 댐으로써 각 부품들이 자기에게 딱 맞는 자리에 갈 수 있게끔 이끌었다. 진화론이다.

인간도 집을 지을 때 한 가지의 규칙, 〈비와 햇볕을 피하라〉만을 가지고도 집을 지을 수가 있다. 물론 그 집은 아주 단순한 형태가 될 것이다. 설계도가 없는 게 아니다. 설계가 단순하기에 머릿속으로 설계도를 그리면서 이리저리 시도를 할 뿐이다. 도킨스가 말하는 상향식 건축(설계도 없는)이란 적용되는 규칙이 하나인(간단한) 경우이고, 하향식 건축(설계도 있는)이란 사용된 규칙이 많은(복잡한) 경우이다. 가우디의 성가족대성당을 짓는 데는 엄청나게 많은 규칙이 있었다. 그걸 다 외울 수 없어서 적어 놓은 것이 설계도이다.

10장 DNA

DNA의 진화

왈(曰),

"신이 나비의 아름다운 색깔과 부드러운 날개를 만들었다면, 그것은 배아 발생을 조작해서 만들었을 것이다. DNA를 통해서 만들었다는 의미다. 자연 선택이 색깔과 날개를 만들었다면, 자연 선택 역시 DNA를 조작함으로써 한 것이다.

수십억 년의 진화 과정을 통해서 DNA 정보가 조금씩 아주 조금씩 생기고 누적되었다. 그 정보는 자연 선택이라는 과정을 거치면서 서서히 축적되었다. 더 나은 유전자가 더 못한 유전자를 제치고 후대로 전달되었다. 끝없는 개선의 과정이다. 수백 수천만 세대를 거치면서 조금씩 아주 조금씩 진화해 왔던 것이다."

사람의 배아는 사람으로, 침팬지의 배아는 침팬지로, 붕어의 배아는 붕어로 자란다. 우연히 저절로 어쩌다 보니 다른 것으로 자랄 수도 있을 텐데, 결코 그런 일은 발생하지 않는다. 왜 그럴까? DNA 때문이다. DNA에는 침팬지와 붕어와 사람이 만들어지는 방법에 대한 모든 것이 담겨져 있다. 뿐만 아니라 그렇게 만들어지도록 이끌어 가기도 한다. 스스로 작동할 수 있고 자손도 낳을 수 있는 최신 로봇을 만드는, 아주 작지만 엄청나게 큰 공장인 셈이다.

오래 전 지구 바위에 떨어진 빗방울이 모인 물(원시 수프)로부터 반드시 사람으로만, 침팬지로만, 붕어로만 자라게끔 하는 유전자 프로그램이 오랜 시간 동안 우연히 저절로 조금씩 아주 조금씩 생겨났다는 도킨스의 믿음은 도대체 어떤 과학적 근거로부터 유래한 것일까? 원숭이 36억 마리가 모여서 36억 년 동안 무차별적으로 컴퓨터 자판을 두드리다 보면 그 중 한 마리에 의해서 엑셀이나 한글 프로그램이 우연히 저절로 만들어질 수 있다는 믿음에 대해서 도킨스는 고개를 끄덕여야만 한다. 그게 도킨스가 신봉하는 진화론의 논리이니까 말이다.

백과사전 70권 분량의 정보(철학, 문학, 역사, 물리, 지리, 천문 등등)가 담겨 있는, 손톱만한 크기의 컴퓨터 저장 장치가 있다. 이것을 보여 주면서, 저 흙에서부터 오랜 시간 동안 우연히 저절로 조금씩 아주 조금씩 자연 선택에 의해 만들어졌다고 말하면, 그 말을 믿을 사람이 몇이나 될까? 컴퓨터 업계에 종사하는 사람이라면, 당연히 정신 나간

소리라 여길 것이다.

　하드웨어인 저장 장치는 그렇다 치더라도 거기에 담긴 소프트웨어인 다양한 분야의 숱한 지식과 정보들은 어떻게 저절로 조금씩 아주 조금씩 생겨난 것일까? 우연히 그 지식과 정보라는 게 조금씩 자연 선택에 의해 만들어졌다고 말하면 해결이 된다고 도킨스는 믿는 듯하다. 그 지식과 정보를 가능하게 하는, 그 지식과 정보가 설명하고 있는 세계라는 것은 또 어떻게 생겨났을까? 도킨스식으로 그냥 우연히 조금씩 아주 조금씩 자연 선택에 의해 그렇게 생겨났다고 말하는 것으로 해결될 일이라고 진화론자들은 믿는다. 여기서 중요한 것은 조금씩 아주 조금씩이라는 것이다. 그렇지 않으면, 기적이 되기 때문이다.

　게다가 그 많은 지식들이 어떻게 그 좁은 공간 속에 들어가 앉게 된 것일까? 그것 역시 자연 선택에 의해서 그렇게 되었다고 말하면 모든 게 해결된다는 것이 도킨스의 진화론이다. 컴퓨터 저장 장치와 비슷하게 생긴 다른 것들은 결코 그렇게 반응하지 않는데, 왜 그 저장 장치를 컴퓨터에 연결시키면 백과사전 70권 분량의 지식으로 자라날(성장할) 수가 있는 것일까? 우연히 저절로 그것만이 그렇게 작동할 수 있도록 자연 선택이 창조하였다는 게 도킨스의 믿음이다.

　그냥... 수십억 년의 진화 과정에서 자연 선택에 의하여 조금씩 아주 조금씩 서서히 만들어졌다. 신이라는 지적 존재를 제거하기 위해서 도킨스는 자연 선택과 적자생존과 돌연변이라는 개념들을 들이대고 있다. 하지만, 그가 말하는 바를 아주 쉽게 표현하자면 이렇다. 그냥 우연히 어쩌다 보니 저절로 조금씩 아주 조금씩 모든 것이 만들어졌다. 도킨스에 의해서 만들어진 새로운 신인 '오랜 시간 동안 우연히 어쩌다 보니 조금씩 저절로'는 놀라운 능력 즉 전능성을 가진 존재이다. 다만 오직 진화론자의 상상 속에서만 존재하는 신이라는 게 문제일 뿐이다.

도킨스가 한 일은 창세기의 '태초에 신이 창조하였다'는 구절을 '오랜 시간이 우연히 어쩌다 보니 조금씩 아주 조금씩 창조하였다'로 바꾼 것이다. 그에 논리에 따르자면, 한꺼번에 만드는 것은 창조고, 조금씩 만드는 것은 진화인 셈이다. 너무나도 오랜 시간 동안에 너무나도 조금씩 만들어지기에, 인간은 우연히 어쩌다 보니 저절로 만들어지는 것(진화)을 결단코 관찰할 수 없다고 도킨스는 주장한다. 그럼에도 불구하고 진화라는 현상이 관찰과 실험으로 검증 가능한 과학이라고 우기고 있으니, 그게 문제다. 진화는 경험할 수 없으며 그냥 상상할 수 있을 뿐이다. 그래서 과학이 아니라, 믿음이다.

DNA의 정체

왈(曰),

"DNA가 청사진이라는 말은 적절하지 못한 비유이다. 집 청사진을 분실했다면, 집의 각 부분을 살피고 치수를 재서 청사진을 다시 만들면 된다. 그 청사진대로 짓기만 하면 똑같은 집이 만들어진다. 집과 청사진의 구성 요소들이 서로 일치하기 때문이다. 그러나 인간의 DNA는 인간 몸의 각 부분들과 일대일로 일치하는 게 아니다.

인간은 DNA를 통해서 후손을 만들어 간다. 집 청사진을 그리듯 부모의 몸을 살펴서 아기의 DNA를 만들 수는 없다. 아기를 만들려면 남성 DNA를 여성의 몸에 주입하면 된다. DNA는 청사진이 아니라, 아기 만드는 법에 대한 일련의 명령 체계이다. 청사진이라기보다는 음식을 만드는 레시피와 유사한 것이다."

집의 청사진(설계도)은 그릴 수 있는데, 왜 사람 몸의 청사진은 못 그릴까? 너무 복잡해서 그렇다. 집도 복잡해지면, 점점 설계도 그리기가 힘들어진다. 인간의 몸은 집하고는 비교도 할 수 없을 만큼 복잡하다. 유전자를 가지고 사람을 만들어 보지 않았으니, 사람을 가지고 유전자를 그려 낼 수 없는 것이다. 설계도를 가지고 집을 지어본 적이 없는 사람이 집을 보고 설계도를 그려 낼 수 있을까? 못 그린다.

도킨스는 자기 집을 설계도로 그렸다. 왜 그런가? 집의 구조라는 게 도킨스의 지식 수준에서는 그다지 어렵지 않기 때문이다. 만일 도킨스에게 우주선을 보여 주고 우주선의 청사진(설계도)를 그려 내라고 하면 과연 도킨스가 그릴 수 있을까? 못한다. 왜 그럴까? 우주선에는 본래 설계도라는 게 없어서 그런 것이 아니다. 우주선의 구조가 너무나 복잡해서 도킨스의 지식으로는 도저히 그릴 수가 없는 것이다.

청사진이나 레시피는 그 분야에 대한 전문 지식이 있는 사람만이 그려 내고 알아낼 수가 있다. 인간의 DNA라는 것도 역시 마찬가지이다. 생명체에 대한 지식이 충분히 있는 존재만이 DNA를 그려 낼(알아낼) 수가 있다. 실제로 DNA에는 생명체에 대한 모든 것이 담겨 있다.

인간이 생명체에 담겨 있는 내용을 온전히 다 알아낼 수 없기에 인간은 DNA를 그려 낼(만들) 수가 없는 것이다. 청사진이나 레시피는 얼마든지 만들 수 있다. 집이나 음식에 대한 지식을 충분히 알게 된다면, 얼마든지 가능한 일이다.

인간의 DNA는 인간의 지식을 초월해 있는 지식이고 정보이다. 인간이라는 생명체가 담고 있는 내용을 아직도 우리는 온전히 다 파악하지 못하고 있다. 사실은 어느 정도나 알고 있는지조차도 파악하지 못하고 있다. 담겨진 지식의 전체 내용이 어느 정도인지를 모르고 있기 때문이다. 그러니 청사진이나 레시피를 그려 내듯이 DNA를 인간이 그려 낸다는 것은 현재로서는 전혀 가능성이 보이지 않는 일이다.

인간이 알고 있는 지식인, 우주선에 대해 생각해 보자. 우주선의 설계도와 우주선을 만드는 방법과 우주선을 만들게 하는 능력, 즉 힘이 모두 담겨진 것이 무엇일까? 그게 바로 우주선의 DNA이다. DNA는 청사진과도 다르다. 레시피와도 다르다. 청사진과 레시피가 서로 다르다는 도킨스의 말은 단어에 대한 혼동에서 비롯된 듯싶다. 레시피 자체는 음식을 만들지 못한다. 청사진 자체도 집을 만들지 못한다. 음식과 집을 짓는데 사용되는 재료의 종류와 재료의 구성 방식에 대해서 언급하고 있을 뿐이다.

하지만 DNA에는 설계도뿐만 아니라, 만드는 방법과 만드는 힘까지도 갖추어져 있다. 생명체를 만드는 데 필요한 정보를 가지고 있을 뿐만 아니라, DNA 자체가 만드는 능력, 즉 힘이기도 하다. 그래서 DNA를 여성의 몸에 넣기만 하면 아이가 만들어지는 것이다. 레시피를 어디다 집어넣으면 음식이 만들어질까? 청사진을 어디다 집어넣으면 집이 만들어질까? 음식의 재료나 집의 재료가 레시피와 설계도를 만난다고 음식과 집이 만들어지는 게 아니다. 청사진이나 레시피에는 만드는 능력 즉 동인이 없기 때문이다. 단지 만드는 재료와 구성 방식만을 보여 줄 뿐이다. 그걸 보고 인간이라는 지성이 만든다.

하향식, 상향식 설계라니

왈(曰),
"집 짓는 과정은 하향식이다. 건축가가 설계도를 세밀하게 그리면, 그 설계도의 지시대로 집을 짓게 되는 방식이다. 반면에 흰개미가 진흙 둥지를 짓는 과정은 상향식이다. 겉모양은 바르셀로나의 성가족대성당과 유사하다. 성당은 아주 세밀하게 설계되었지만, 흰개미 둥지는 아무도 설계하지 않았다. 그냥 짓는다.

흰개미들은 계획된 설계나 감독 없이 각자 간단한 규칙에 따라 움직일 뿐이다. 예를 들자면, 뾰족한 곳에다 진흙을 쌓아라와 같은 규칙이다. 전체적인 계획이나 설계 없이 만들기에 상향식이다.

찌르레기는 큰 무리를 지어 날아가지만 서로 부딪히지 않고 자유자재로 아주 빠르게 이동한다. 마치 보이지 않는 누군가의 지시라도 받고 있는 듯, 일사불란하게 흐트러짐 없이 선회하며 날아다니는 것이다. 상향식이다."

상향식 건축(설계), 하향식 건축(설계)이라니... 푸하, 다른 말로 표현해 보자. 도킨스가 말하는 상향식 건축(설계)이란 적용되는 규칙이 하나인(간단한) 경우이고, 하향식 건축(설계)이란 사용된 규칙이 많은 (복잡한) 경우이다. 상향, 하향의 질적 차별이 있는 게 아니라, 규칙이 몇 개냐의 양적 차이일 뿐이다. 성가족대성당을 짓는 데는 엄청나게 많은 규칙이 있었다. 그걸 다 적어 놓은 것이 설계도이다. 흰개미의 진흙 둥지를 짓는 데는 하나의(간단한) 규칙이 있었다. 굳이 설계도까지 안 그려도 된다. 그 규칙이 머릿속에 있다.

흰개미들은 뭐가 만들어지는 것인지도 몰랐다고 도키스는 장담을 한다. 와우, 그 흰개미의 속사정을 도킨스가 어찌 확인해 보았을까? 그의 주 특기대로 그냥 그의 머릿속에서만 발생하는 상상일 뿐이다. 까치가 집을 지을 때도 까치는 뭐가 만들어지는 것인지도 모르고 그냥 나뭇가지를 가져다 쌓는 것일까? 연어가 고향을 찾아 물길을 거슬러 올라갈 때도 연어는 무엇을 목적하고 있는지도 모르는 채, 머리가 깨지면서도 물길을 거슬러 올라가는 것일까? 도킨스의 상상일 뿐이다.

인간도 집을 지을 때 한 가지의 규칙만으로 지을 수가 있다. <비와 햇볕을 피하라.> 이것만 가지고도 집을 지을 수 있다. 물론 그 집은 아주 단순한 형태가 될 것이다. 설계도가 없는 게 아니다. 대충 머리 위를 가리는 식으로 마음에 그리면서 집을 짓는다. 그래서 기둥을 세우고 지붕만 얹으면 된다. 기둥이 넘어지지 않게 하려면 어떻게 해야 할지 마음에 그리면서 이리저리 시도를 할 것이다. 수시로 설계 변경을 하는 것이다. 도킨스식으로 하자면 상향식 건축(설계)이다. 왜? 구조가 간단하니까. 구조가 너무나도 복잡한 성가족대성당은 하향식 건축(설계)이다. 왜? 구조가 너무 복잡해서 도무지 대충 만들어 갈 수가 없잖아.

도킨스는 상향식 설계의 또 다른 예라며 겨울에 거대한 무리를 지어 날아가는 찌르레기 떼를 거론한다. 그들은 간단한 규칙만으로 마치 지휘하는 새의 지시를 따르는 것처럼 움직인다는 것이다. 아무도 설계하지 않았다. 우연히 저절로 그렇게 움직인다. 진화가 바로 이런 것이다? 그렇다면 간단한 규칙은 누가 설계해 주었을까? 그냥 '우연히 어쩌다 보니 저절로'라고 도킨스는 말할 것이다. 그냥 '우연히 어쩌다 보니 저절로'가 아니라, 누군가가 그 규칙을 설계해서 찌르레기의 유전자 속에 심어 놓은 것이다. 컴퓨터 용어로 하자면, 프로그래밍해 놓은 것이다.

사람들도 그렇게 움직인다. <옆 사람과의 간격은 1미터보다 커야 하고 3미터보다 작아야 한다.> 이 규칙에 따라 수백 명의 사람들이 이동하도록 시켜 보라. 찌르레기 떼처럼 누군가 설계한 듯이 움직인다. 규칙 하나, 그걸 설계해서 입력하고 그것을 따르기로 선택한 거다. 설계가 없는 게 아니라, 설계가 간단한 것이다. 누구나 그냥 쉽게 외울 수 있다. 그래서 굳이 설계도를 안 그릴 뿐이다. 설계가 머릿속에 있다.

하지만 그 사람들을 가지고 매스 게임을 한다고 해 보자. 그냥 무리 지어 이리저리 움직이는 게 아니다. 그 사람들로 꽃 모양을 만들었다가, 감동적인 구호를 만들었다가, 물결치는 파도를 만들었다가 등등 복잡한 형태로 정교하게 모양을 바꾸어 가는 것이다. 그렇게 하려면 규칙이 많아져야 한다. 그 많은 규칙을 제대로 지키려면 설계를 해야 한다. 매스 게임을 만들어 가기 위한 설계도를 그려야 할 필요가 생긴 것이다.

왜 그런가? 너무 복잡해서 다 외울 수가 없으니까, 헷갈리지 않도록 하려니까 설계도를 그려야만 한다. 하향식 설계라서 그런 게 아니라, 규칙이 너무 복잡한 것이다. 물론 지능이 무진장 좋아서 그 많은 규칙을 쉽게 외우는 사람들이라면 설계도가 필요 없다. 그냥 하면 된다. 규칙이 단순할 때처럼 말이다. 설계가 머릿속에 있다. 그러면 도킨스가 말하는 하향식 설계가 되는 것 아닌가?

유익한 유전자라는 환상

왈(曰),
"DNA에 생기는 돌연변이는 생존과 번식에 영향을 미친다. 만일 오랜 세월을 살아남은 유전자라면 생존에 유리한 유전자일 수밖에 없다. 생존을 위해 더 빨리 달리게 하거나, 목을 길게 하거나, 사막을 견딜 수 있도록 만들어 가는 것이 자연 선택의 역할이다.
오랜 세월이 흐르면 자연 선택을 통해서 종의 모습이 바뀌게 된다. 수억 년의 세월은 물고기를 육지 동물로 진화시킨다. 수십억 년의 세월이 흐르면 아메바가 인간이라는 후손을 낳게 되는 것이다."

DNA에 일어난 모든 돌연변이라고? 그 수많은 돌연변이 중에서 기존 유전자에 없던 새로운 정보 즉 새로운 신체 조직이나 기능이 생겨나도록 하는 돌연변이의 사례를 하나만 제시해 줬으면 좋겠다. 모든 진화론을 신봉하는 과학자들뿐만 아니라, 도킨스도 역시 그 사례를 하나도 제시하지 못했다. 그렇다면 도킨스 말마따나, 어쩌면 다른 행성에서는 그런 돌연변이의 기적이 일어나고 있는지도 모른다. 하지만 도킨스도 살고 있는 우리 행성에서는 그와 조금이라도 비슷한 돌연변이의 기적은 일어나지 않는다.

더 빨리 달리게 하거나, 목을 길게 하거나, 물 없이도 사막을 견디게 할 수 있는 돌연변이 유전자는 자연에서 이제껏 나타난 적이 없다. 기존에 갖고 있던 유전자 정보 내에서 적응했을 뿐이다. 새로운 정보를 만들어 내는 유익한 돌연변이란, '그냥 우연히 저절로 어쩌다 보니'를 신봉하는 도킨스의 머릿속 상상 세계에서만 발생하는 돌연변이의 기적일 뿐이다. 자연과 실험실에서 발견되는 돌연변이는 진화, 발전, 창조의 과정이 아니다. 거의 모두가 퇴화, 망가짐, 장애, 파괴의 과정이었다.

수천 세대가 지나면 개체군 내 동물의 평균적인 형태가 변한 것을 알아차린다는 도킨스는 몇 세대를 살았던가? 그리고 진화교를 믿는 신자들은 또 몇 세대를 살았던가? 인간은 몇 천 세대를 경험할 수가 없다. 그냥 머릿속으로 상상만 하고 있을 뿐이다. 다윈이 관찰한 핀치 새처럼 몇 세대만을 관찰할 수 있을 뿐이다. 그 몇 세대에 일어난 개체군의 형태 변화라는 게 새 부리가 조금 길어졌다거나 짧아졌다거나, 조금 굵어졌다거나 가늘어졌다거나 하는 것이었다.

그런 부리의 변화를 근거로 마침내 새의 부리가 몇 천 세대를 지나면서 물고기 입술로 변할 수 있을 것이라고 추정한다면, 그야말로 엄청난 논리의 비약이고 근거 없는 상상일 뿐이다. 포유류의 입술로 바뀔 것이라고 상상한다면, 과학이 아니라 동화 같은 얘기가 된다. 수백만 년, 수천만 년을 들먹이며 경험할 수 없는 시간(초자연)으로 공갈을 쳐서 사람들로 하여금 '그래 그럴지도 몰라'라는 생각을 갖게 만들 수는 있을지도 모르겠다. 하지만 그것은 과학이 아니라, 과학을 빌미로 한 과학자의 사기 행각일 뿐이다.

진화론자들이 주장하듯이 박테리아가 인간으로 진화하였다면, 그 사이에는 무한히 많은 소위 중간 단계(잃어버린 고리)들이 있어야 한다. 그것을 찾는답시고 진화론자들은 종들 간의 비슷함을 찾기 위해 애를 쓴다. 이 물고기의 지느러미가 좀 딱딱하고 근육이 있네, 양서류나 포유류의 다리처럼 힘을 좀 쓰는 것을 보니 비슷하다. 진화의 증거다. 이런 식이다.

비슷함? 너무나 상대적인 개념이다. 뭘 기준으로, 누굴 대상으로 선택하느냐에 따라 비슷함의 결과도 전혀 달라지기 때문이다. 어쨌든 따지지 말고 뭔가가 비슷하다고 해 주자. 하지만 그 비슷함을 가졌다는 종들 사이가 출산(유전자)에 의해 이어졌다는 증거가 있는가? 없다. 그냥 출산(진화)했을 것이라고 가정하고 믿고 있을 뿐이다.

비슷함은 진화의 증거가 아니다. 분류의 기준일 뿐이다. 비교 대상이나 비교 기준이 바뀌면 비슷함과 안 비슷함 사이를 오락가락한다. 자녀는 부모를 닮는다. 하지만 닮았다고 다 부모 자녀 간이 되는 게 아니다. 전혀 관계없는 남일지라도 비슷한 사람들 많다. 외적 모양의 어떤 비슷함이 곧 출산(진화)의 증거가 되는 게 아니다. 비슷함을 갖고 있다는 종들 간의 출산 관계를 입증해야 진화의 증거가 되는 것이다.

진화론자들은 결코 박테리아에서 인간까지의 진화 과정에 있어서 무한히 많다고 상상하고 있는 중간 단계들을 화석으로 세밀하게 나열할 수가 없다. 그러한 중간 단계들 사이의 출산 관계를 입증할 수도 없다. 그런 것을 관찰할 수 있는 처지에 있지 않기 때문이다. 100년 사는 인간이 수억 년간 이어진 무수히 많은 중간 단계들 사이의 출산 여부를 어찌 다 경험하고 입증할 수 있겠는가? 아니 그 중 단 하나라도 경험하고 입증할 수 있는가? 없다.

현재 어떤 생물도, 어미 유전자에 없는 새로운 기능, 더 좋아진 기능을 갖게 하는 유전자를 가진 자손을 낳지 못한다. 그리고 돌연변이는 더 나은 기능과 조직이 아니라, 망가짐과 장애와 퇴화를 가져오고 있다. 그게 현대 과학이 관찰하고 있는 바이다. 우리가 갈 수 없는 과거 어느 시점에서는, 비록 확인 불가능하기는 하지만, 그런 돌연변이가 가능했을 것이라고 주장한다면, 그건 비과학적 상상이고 동화적 믿음일 뿐이다. 그러므로 진화의 입증이라는 것은 애당초 불가능한 과제였던 것이다.

자연 선택은 생명체의 유전적 능력이 자연환경 조건을 견딜 수 없을 때 멸종하게 되는 현상을 일컫는 말이다. 자연이 선택하는 게 아니다. 생명체의 환경 적응 실패, 부적응의 결과이다. 그런데 자연 선택이라는 전능자를 도입하여서 생명의 기원과 종의 기원과 인간의 복잡한 정신세계까지도 다 우연히 어쩌다 보니 저절로(자연 선택) 만들어졌다고 설명하려 한다. 지성을 가진 전능한 신으로부터 무지성적이고 무작위적인 전능한 우연이라는 신에게로 옮겨간 것이다. 도킨스는 자연 선택이라는 의인화 어법으로 위장한, 우연을 믿는 종교 교주로 탈바꿈하도록 진화된 것일까?

11장 종교적 성향

유일신으로의 진화?

왈(曰),
"옛 조상들은 만물에 영혼이 있다고 믿었다. 그래서 물의 신, 불의 신, 숲의 신 등의 명칭이 생겼다. 태양도 신이었다. 기도와 제사로 섬기지 않으면 재앙을 내리는 존재였다. 천둥도 신이었다. 엄청난 굉음이 불러일으키는 두려움을 이해하는 방식이었다.
 여호와(또는 알라)는 유대교와 기독교와 이슬람교의 유일신이다. 원래는 가나안 종족들이 섬기던 신들 중 하나였다. 가나안 종족의 신들이 뒤섞이고 혼합되는 과정을 거쳐서 유일신으로 진화했던 것이다."

도킨스가 믿는 것과는 전혀 다른 설명도 가능하다. 여호와는 다신에서 유일신으로 진화한 게 아니라, 최초의 조상으로부터 전해져 내려온 신에 대한 기억 중 가장 정확한 기억이다. 이 설명이 도킨스의 설명보다 더 합리적으로 보이지 않는가? 그렇게 생각되지 않는다면 그것은 당신이 도킨스의 말을 믿기로 선택했기 때문이다. 반면에 나는 도킨스의 논리가 너무 편향적이고 허접해서 안 믿기로 선택했다.

성경의 첫 구절은 이렇게 시작된다. 〈태초에 하나님이 천지를 창조하시니라.〉 그리고 창조 이후에는 인간을 향한 명령이 주어진다. 성경 내용의 흐름을 보면, 여호와교의 관심은 나는 누구인가에서 시작되었다. 나는 어디서 와서 어디로 가는가? 신에게서 와서 신에게로 간다. 나라는 인간의 정체는 신의 창조물이다. 그렇다면 나는 신의 뜻이 무엇인지 알아서, 신이 어떻게 살라고 했는지 알아서 그 말씀에 따라야 한다.

종교의 대상인 신은 다신에서 유일신으로 진화하는 게 아니다. 인간은 자기 욕망의 필요에 따라 자신을 도와서 혹은 자신이 할 수 없는 것을 해 줄 어떤 힘이나 요행을 기대한다. 그러한 기대가 너무도 간절해지면 마음이 가는 대로 무언가를 섬기고 모신다. 하나의 신으로 고등화(?)시키는 작업을 굳이 하지 않는다. 지금도 여전히 세상 곳곳에는 온갖 종류의 신들이 넘쳐난다. 기독교 신자라는 사람들 역시 다른 신에 혹해서 양다리를 걸치곤 한다.

일본에 가 보라. 그 곳에는 여전히 수많은 신들이 있다. 그들은 천황이라는 살아 있는 신을 모시고 있기도 하다. 인도를 가 보라. 거기에도 너무나도 많은 신들이 존재한다. 인간의 욕망이 종을 치지 않은 한,

신을 향한 인간의 갈망 역시 종 치지 않는다. 그러한 와중에도 하나의 신만을 생각하는 사람들도 있고, 아예 신 따위는 없다고 생각하는 사람들도 있다. 유일신으로 진화하고 말고가 아니다. 권력자가 정치적 통일을 위해 단일화를 시도할 수는 있지만, 그건 종교라기보다는 정치 이념이고 제도에 속하는 것이다.

가나안의 신 중 하나가 이스라엘 백성의 마음속에 유일신으로 진화했다고? 그냥 도킨스의 상상일 뿐이다. 아브라함이 가나안 땅으로 이주하게 된 계기가 무엇이었던가? 여호와의 명령이다. 그가 가나안에 오기 전에 그는 우상 숭배의 땅을 떠나라는 여호와의 명령을 받았다. 그래서 이주를 하게 된 것이다. 도킨스는 후대에 그렇게 편집한 것이라고 주장하려는가? 가나안의 신을 여호와로 바꿔서 편집했다는 증거는 있는가? 그냥 상상이다.

도킨스는 구약 성경의 핵심 주제가 무엇인지도 모르면서 구약 성경을 비판하고 해석하려는 시도를 무모하게 감행하고 있는 듯하다. 구약 성경에 기록된 이스라엘 역사를 한번이라도 주의 깊게 살펴보았다면 과연 유일신으로 진화했다는 식의 해석이 가능할까? 무엇을 근거로 유대인이 가나안 땅의 신들을 여호와라는 유일신으로 진화시켰다고 하는 것인지 정말 궁금하다.

구약 성경에 기록된 이스라엘 역사를 관통하고 있는 핵심적인 주제는 우상 숭배다. 이스라엘은 끊임없이 여호와뿐만 아니라, 바알과 아세라를 비롯해서 해와 달 등 온갖 자연 신들을 섬겼다. 심지어는 여호와의 성전에까지 우상들을 들여놓는 일도 벌어졌다. 그들은 유일신을 섬긴 게 아니다. 그들은 끊임없이 여러 신들을 섬겼다. 그래서 예언자들의 선포(예언서)가 구약 성경에 존재한다. "여호와께 돌아오라. 우상 숭배를 금하라." 이게 예언서를 관통하는 말씀이다.

예언자들은 계속 이스라엘을 향해서 외쳤다. 이스라엘이 망할 때까지 말이다. 이스라엘 백성이 애굽 땅에서 탈출한 것은 여호와의 부르심에 따른 것이었다. 40년의 광야 생활을 거쳐서 마침내 가나안 땅으로 들어간 이스라엘은 가나안 신들을 섬기기 시작했다. 그들을 애굽 땅에서 구해 낸 여호와의 경고에도 불구하고, 출애굽을 경험했던 세대가 죽고 나자 그 후손들은 보란 듯이 가나안 신들을 섬겼다.

이스라엘 백성이 가나안 땅에 들어갈 때부터 이방 신을 섬기지 말라는 경고가 있었다. 이스라엘이 망한 이유 역시 그들이 이방 신을 섬겼기 때문이라고 성경은 기록하고 있다. 가나안 신들을 섬기는 버릇을 고치지 못해서 결국 나라가 망하고 이스라엘 민족은 가나안 땅에서 쫓겨나서 여기저기 흩어졌다. 천 년 전 자신들이 점령했던 가나안 땅, 거기에 살던 백성들이 쫓겨났던 것과 같은 이유(우상 숭배)로 인해서 그들 역시 쫓겨난 것이다. 그런데 무슨 유일신으로의 진화라는 말인가?

패턴 찾기의 부산물

왈(曰),
"미래를 알 수 없는 상황에서 인간은 기도나 미신에 의지하려 한다.

기도나 미신 자체가 실제로 어떤 결과를 만드는 것은 아니다. 하지만 끝없이 변하는 세상에서 어떤 패턴(구름이 끼면 비가 오더라)을 발견하려는 성향에는 기여했을 것이다.

물을 먹으려 할 때는, 악어에게 먹힐 위험과 목말라 죽을 위험 사이에서 적절한 선택을 해야 한다. 패턴을 발견하려 할 때도, 패턴이 없는데 있다고 생각하게 될 위험과 패턴이 있는데 깨닫지 못하는 위험 사이에서 적절한 선택을 해야 한다. 패턴 찾기 성향으로 인간은 자연 선택에서 생존에 유리한 고지를 차지했다. 미신과 종교는 그런 성향의 부산물이었다."

도킨스는, 부산물 이론이야말로 종교적 믿음에 대한 진정한 다원주의적 설명이라고 주장한다. 패턴을 찾으려는 경향의 산물이라는 설명은 종교적 믿음에만 국한된 것은 아니다. 과학적 믿음 역시 패턴을 찾으려는 경향의 산물이다. 과학이 금과옥조처럼 여기는 인과론에 대한 분석을 통해서 흄이 파헤친 견해이다. 그의 분석이 칸트를 충격에 빠지게 했다고 하지 않는가?

과학의 기본은 인과론이다. 발생하는 모든 결과에는 반드시 그런 결과를 일으키는 원인이 있다. 우주 만물 사이에 얽혀 있는 인과 관계를 밝히는 것이 과학이 하는 일이다. 비가 있다는 것은 사실이다. 인간의 생각 바깥에 실재하는 것이다. 구름 역시 사실이다. 인간의 생각 바깥에 실재하는 것이다. 그런데 구름이 비의 원인이라는 인과의 개념도 사실일까? 인간의 생각 바깥에 실재하는 것일까? 도대체 어디에 구름과 비 사이의 인과성이라는 것이 실재하고 있다는 것일까?

비가 내리는 것은 구름이 있기 때문이다. 구름은 비의 원인이다. 구름과 비 사이에는 원인과 결과라는 법칙(인과성)이 실재한다(사실이다). 흄은 여기에 동의하지 않았다. 구름 때문에 비가 오는 게 아니라는 것이다. 사람들이 구름과 비라는 두 가지 사건을 연속해서 여러 번 경험하다 보니 둘 사이의 법칙(인과성)이 있다는 생각을 해냈다는 것이다. 구름이 끼어도 비가 안 오는 경우도 있고, 구름도 없는데도 비가 오는 경우도 있지 않은가? 과학이 말하는 인과법칙이라는 것은, 패턴을 알아차리는 경향의 산물일 뿐이다.

흄의 관점에서 보자면, 과학 법칙은 우리 관념 바깥에 실재하는 사실이 아니다. 구름도 있고 비도 있지만, 구름과 비 사이에 존재한다는 인과성은 그 어디에도 없다. 구름과 비 사이의 인과성에 따라서 반드시 그렇게 되어야만 한다는 필연성이 어디에 있는가? 단지 우리 머릿속에 있는 관념에 불과하다. 반드시 원인과 결과가 필연적으로 묶여 있다는 과학의 관념(믿음)은 일종의 미신인 셈이다. 자기 머릿속에 존재하는 관념(믿음)을 마치 저 바깥 세계에 실제로 존재하는 것처럼 착각하고 있는 것이기에 그렇다. 과학적 관념(믿음)과 객관적 사실 사이의 혼동이다.

도킨스의 표현대로 하자면, 패턴을 찾는 과학자도 두 가지 위험 사이에서 균형을 맞춰야 했다. 원인이 없을 때 원인이 있다고 생각하는 것의 위험과 원인이 있을 때 원인을 알아차리지 못하는 것의 위험이다. 패턴을 알아차리는 경향은 진화에 유리하게 작용했다. 인과성이라는 과학적 관념(믿음)은 그 경향의 부산물이었다.

그런데 그런 관념을 만들어 내는 지적 능력은 어디서 온 것일까? 우연히 저절로 오랜 시간 동안 서서히 조금씩 아주 조금씩 생겨난 것일까? 아니면 그렇게 사고하도록 누군가에 의해서 설계된(창조된) 것일까? 패턴을 찾으려는 지능이 어떻게 바위 배양액(지구 초창기 암석에 내린 빗물/원시 수프)에서 생겨날 수 있을까? 그냥, 우연히 어쩌다 보니 저절로…

인간의 위대한 업적인 과학을 가능하게 했던 인과성이라는 관념은 도대체 어떻게 생겨난 것일까? 그냥, 우연히 어쩌다 보니 저절로… 왜 인간 외의 다른 생물들에게는 위대한 과학을 가능하게 했던 인과성이라는 관념이 생겨나지 않은 것일까? 그냥, 우연히 어쩌다 보니 저절로… 그게 진화론의 정체다. 도킨스에 의해서 만들어진 신, 우연히 어쩌다 보니 저절로. 이를 자연 선택이라는 말로 치장한다고 해서 우연이 아닌 필연(과학)이 되는 것은 아니다. 도킨스가 자연 선택이라 부르는 그 우연이라는 신이 만들어 낸 기적이 바로 진화이다.

천국의 힘?

왈(曰),

"서로 다른 종교를 믿는 두 나라가 있다고 하자. 한 쪽은 싸우다 죽는 자들에게 천국이 보장된다고 가르친다. 다른 쪽은 평화 지향적이라서 싸우다 죽는 자를 위한 천국 보상을 약속하지 않는다. 어느 쪽이 정복자가 될 가능성이 더 많을까? 이슬람교는 군사력을 앞세워서 인도까지 세력을 확장하였고, 기독교는 스페인 군대를 앞세워서 남미까지 세력을 확장하였다. 종교가 담고 있는 신화와 종교 의식은 국가의 결속력을 강화하는 데 기여한다. 그래서 정치 권력자들이 종교를 지원했던 것이다."

 인류 역사상 가장 넓은 지역을 점령했던 인물이 몽골 제국의 칭기즈칸이다. 그의 군대는 무슨 종교의 가르침에 힘입어서 아시아에서 유럽 끝까지 이르는 땅을 정복할 수 있었을까? 도킨스는 칭기즈칸이 자기 전사들에게 행한 종교적 가르침에 대해서도 아주 궁금해 해야 할 것 같다. 그렇게 동서양 전역을 아우르며 정복한 군주가 없었기에 그렇다.
 칭기즈칸은 동서양의 대표적인 여러 종교들의 가르침 아래에 있는 숱한 국가들을 무차별적으로 무찌르고 정복하였다. 과연 칭기즈칸은 전쟁터에서 기꺼이 순교할 수 있도록 하기 위해서 그의 전사들에게 어떤 천국(?)을 약속하고 설교했던 것인가?
 도킨스 자신은 천국 간다는 설교를 듣는 순간, 목숨 걸고 전쟁터에서 용감하게 죽을 각오가 되어 있다는 것인가? 그가 말하는 투로 보아서는 결코 아닐 것이다. 본인은 그렇게 하지 않으면서 남들은 그렇게 할 것이라고 속단해 버리는 오만하고도 무모한 해석은 그의 타고난 천성 때문인가, 아니면 종교 혐오감에 사로잡힌 편협함의 결과인가?
 칭기즈칸이 동서를 아우르는 거대한 제국을 세울 수 있었던 요인이 무엇이었을까? 그의 전사들은 어떻게 천국 간다고 가르치는 종교를 믿고 있는 서양 세력들을 물리치고 유럽까지 석권할 수 있었을까? 도킨스의 이론대로 하자면, 기독교나 이슬람교의 천국보다도 더 강력한 보상을 칭기즈칸이 몽골 전사들에게 제시했던 모양이다. 전쟁사 연구를 위해서 칭기즈칸이 몽골 전사들에게 전쟁에서의 순교를 대가로 무엇을 약속했는지에 대해 심층 있게 연구해 볼 일이다.

도킨스의 주장과는 달리 내가 보기에는 말(馬)이라는, 현대적 의미로 보자면 일종의 탱크(?)를 많이 보유하고 있었기 때문인 것 같다. 물론 도킨스는 빠져나갈 구멍을 마련하느라 '다른 조건이 같다면'이라는 가정을 슬쩍 끼워 넣는다. 하지만 역사상 그 어느 나라도 종교를 제외한 모든 조건이 같은 나라는 없었고 앞으로도 그러할 것이다. 역사상 있을 수 없는 불가능한 조건을 전제함으로써 도킨스는 결코 경험적으로 입증할 수 없는 결론을 정당화시키려 하고 있다.

종교의 교리 때문에 그것도 천국에 대한 설교 때문에 전쟁의 승패가 갈렸다는 도킨스의 설명이, 그가 자랑해 마지않는, 현대적으로 계몽된 시대에서도 통할 수 있다니, 도킨스의 정신세계가 의아스럽다. 불교나 유교를 믿었던 아시아 세계에서의 전쟁은 어찌 설명할 것인지 정말 궁금하다. 유교나 불교에는 전사가 전쟁터에서 죽는 즉시 천국으로 직행한다는 가르침이 없었으니 말이다.

천국이라는 종교의 교리가 전쟁의 승리를 가져온다는 도킨스의 이론대로라면 이슬람교와 기독교와 유대교가 지금 전 세계를 정복하고 있어야 하는 것 아닌가? 아, 그렇지. 종교 외적인 다른 조건이 늘 국가마다 다르기 때문에, 그런 결과를 보증할 수는 없다는 사실을 깜빡 했구만… 그렇다면 도킨스의 주장은 어떻게 입증될 수 있다는 것인지 아리송하다. 입증될 수 없는 주장을 던지고 마치 진리를 발견한 듯한 태도를 취하고 있는 것 아닌가?

인간 집단의 문화를 형성하는 전통에는 종교만 있는 게 아니다. 어느 집단 어느 부족이든 자신들을 결속시키는 그리고 서로 협력하게 하는 전통들이 있다. 그러니 종교를 거론하며 결속력을 말할 정도는 아니라고 본다. 사실 겉으로 드러난 종교나 이념이나 전통들 이면에는 결속에 지대한 영향을 미치게 하는 진짜 이유로서 생존과 이익이라는 인간의 욕망이 자리 잡고 있다.

생존과 이익이라는 욕망과 관련된 갈등이 해결되지 않으면, 오히려 종교 때문에 나라가 끝장나기도 하고, 집단이 깨지기도 한다. 서유럽에서는 구교와 신교로 나뉘어 내전이 벌어지기도 하였고, 조선에서는 조상님 제사 방식을 놓고 집안 식구끼리 싸움박질이 벌어지기도 했다. 단지 그 갈등이 종교 의식이나 제사 방식의 문제였을까? 사람들이 정말 그렇게 단순하게 행동한다고 도킨스는 가정하고 있는 것인가? 아니다. 겉으로 드러난 갈등 이면에 감춰 둔 진짜 문제는 생존과 이익이라는 인간의 욕망이다.

자신은 결코 그런 종교 따위가 제공하는 허황된(?) 천국 약속 같은 것들 때문에 목숨을 걸지는 않는다고 자기 자신의 정신 수준을 자화자찬하면서, 다른 사람들의 행동 방식에 담겨 있는 동기에 대해서는 그처럼 단순하고 미개한(?) 정신 수준으로 쉽사리 단정해 버릴 일은 아니라고 본다. 도킨스나 그가 폄하하는 사람들이나 갈등에 빠지는 근본적 이유는 같다. 겉으로는 뭐라 포장을 하든, 그 근원적 진짜 이유는 생존과 이익에 대한 욕망이다.

자연 선택의 전능함?

왈(曰),
"조상들은 촌락을 형성하고 살았다. 친족들이 모여 사는 상황에서 〈모두에게 친절하라〉는 규칙은 〈친족에게 친절하라〉는 의미였을 것이다. 인간이 남에게 친절하려는 성향은 여기서부터 진화했을 것이다. 부족 사회의 조상들에게 〈낯선 자에게는 적대하라〉는 규칙은 〈친족이 아닌 자에게는 적대하라〉는 의미였을 것이다. 이게 바로 인종적, 민족적 적대감의 진화적 기원일 것이다."

친절이라는 인간의 덕목이 자연 선택적 진화에 의해 형성되었다는 도킨스의 상상 스토리는, 얼핏 듣고 있다 보면 아주 그럴 듯하게 들리기도 한다. 그런데 이런 경우는 어떻게 설명해야 하는 것일까? 삼 형제인데, 둘째가 동생에게는 친절하고 형에게는 불친절하다. 어떤 자연 선택적 진화가 이런 결과를 가져온 것일까? 형제인데 동생은 형에게 친절한 반면, 형은 동생에게 불친절하다. 이건 또 어떤 진화에 의해 만들어진 결과인가?

〈모두에게 친절하라〉는 규칙과 〈낯선 자에게는 적대하라〉는 규칙이 타인에 대한 친절과 적대를 가져온 진화적 이유라고 한다. 도킨스는 가족들에 대한 친절이 타인(가족 아닌 사람)에게까지 확장된다고 하고, 가족 아닌 자에 대한 적대가 타인에게까지 확장된다고 한다. 그렇다면 가족 아닌 사람에 대해서는 친절하면서 동시에 적대해야 하는 상호 모순되는 규칙의 충돌은 또 어떤 자연 선택적 진화에 의해서 유지되어 온 것일지 궁금하다.

자연 선택이라는 것은 생명체의 유전적 능력이 주어진 자연환경 조건을 견딜 수 없을 때에는 멸종하게 되는 현상을 일컫는 말이다. 적응의 실패, 즉 부적응의 결과이다. 자연이 선택하는 것이 아니라, 생명체가 주체적으로 환경에 대응하는 과정에서 나타난 불행한 결과일 뿐이다. 그런데 마치 자연이 무엇인가를 하는 듯한 인상을 주는 선택이라는 단어를 자연에다가 갖다 붙임으로써 진화교 신자들은 자연에 의해서 우연히 어쩌다 보니 저절로 생명체에 무슨 진화(고등한 생물로의 발전)가 이루어지는 것처럼 착각하게 만든다.

똑같이 자기 배로 낳은 자식인데도 부모가 어떤 자녀에게는 특별히 친절하다거나 혹은 어떤 자녀에게는 특별히 불친절한 경우는 또 어떻게 자연 선택적 진화가 이루어진 것일까? 분명히 같은 부모의 유전자를 물려받았음에도 불구하고(도킨스에 따르면 친절 유전자를 공유할 확률이 아주 높은데도) 한 자녀는 누구에게나 친절하게 대하는 반면에 다른 자녀는 누구에게나 불친절하게 대하는 것은 도대체 어떤 자연 선택적 진화의 결과일까?

윤리나 도덕이나 사상까지도 자연 선택에 의한 진화라는 설명을 하려고 애쓰는 이유는 뭘까? 자연은 아무것도 하지 않는다. 인간의 사상이나 윤리와는 상관없이 자연의 순환 질서에 따라서 유지되고 있다는 것이 신의 창조나 개입을 거부하는 무신론의 입장이다. 그런데 돌연히 자연 선택이라는 전능자를 도입하여서 생명의 기원과 다양한 종의 기원과 복잡한 인간의 정신세계까지도 다 우연히 어쩌다 보니 저절로 자연 선택에 의해서 만들어졌다고 설명하려 한다.

모든 게 다 신의 뜻, 신에 의해서라는, 무신론이 혐오해 마지않는 종교의 주장과 뭐가 다르다는 것일까? 지성을 가진 신에서 무지성, 무작위의 우연에게로 옮겨간 것 외에는 논리적으로 아무런 차이가 없는데 말이다. 전능하신(?) 자연 선택을 믿는 진화론의 선택은, 단지 지성을 믿는 종교에서 자연 선택이라는 의인화 어법으로 위장한 우연을 믿는 종교로 탈바꿈한 것일 뿐이다. 어떤 과학적, 합리적 증거가 있어서 그리한 것이 아니다. 도킨스는 자연 선택이라는 의인화 어법으로 위장한, 우연을 만드는 종교 교주로 탈바꿈하도록 진화된 것일까?

과학적으로 무얼 발견한 게 아니라, 그냥 종교로서 믿음의 대상을 옮긴 것에 불과하다. 신이 생명을 만드는 것을 보지 못했듯이, 자연 선택이라는 우연이 생명을 만드는 것도 결코 보지 못했기에 그렇다. 하지만 신이 아닌 인간이라는 지성이 아주 복잡한 존재(문명 이기)들을 창조하는 것은 무수히 볼 수 있다. 하지만 우연이(어쩌다 보니 저절로 아무런 의도나 설계도 없이) 복잡한 존재(생명체나 문명 이기)를 창조하는 것은 전혀 볼 수가 없다. 그럼에도 불구하고 진화론자들은 왜 지성을 가진 신을 거부하고 무작위적인 우연이라는 신을 선택한 것인지 궁금할 뿐이다. 추정컨대 나라는 인간(지성)의 행동에 대해서 판단하는 신(더 나은 지성)이라는 존재가 싫었기 때문이리라.

로봇은 사람이 설계해서 만들었다. 아무리 과학이, 로봇이 움직이는 방식에 대해서 많이 밝혀낸다고 해도, 사람이 만들었다는 사실이, 철광석이 우연히 어쩌다 보니 저절로 무작위적인 운동(자연 선택)에 의해서 만들어진(진화한) 것으로 바뀌지는 않는다. 과학은 자연과 생명체라는 기계가 움직이는 원리(물리 법칙)에 대해 알 수 있을 뿐이다. 그런다고 해서 생명체가 진화했음을 입증하는 것은 아니다.

 아주 단순한 기능을 가진 빗살무늬 토기조차도 어쩌다 보니 우연히 저절로 만들어지는 게 아니라, 아무도 본 적이 없으면서도 인간이라는 지성이 만들었다고 해야 과학적인 설명으로 받아들여진다. 그런데 우주에서 가장 복잡한 조직과 기능을 가진 완전 자동 로봇인 생명체가 우연히 어쩌다 보니 저절로 만들어졌다니... 정말 대단한 종교적 교리이다.

12장 과학과 진화

틈새 메꾸기?

왈(曰),
"다윈 이전에는 이런 식이었다. 〈진화의 시작을 알 수 없으므로 신이 창조한 게 맞다.〉 〈우주의 생성을 알 수 없기에 신이 창조한 게 맞다.〉 〈물리 법칙의 근원을 알 수 없으니 신이 창조한 게 맞다.〉 알 수 없는 것(틈새)마다 신을 끌어들이는 방식이다. 다윈이 생명체와 종의 기원이라는 큰 틈새를 해결했다. 여전히 남아 있는 틈새들도 과학이 결국 해결할 것이다."

진화 과정이 애초에 어떻게 시작되었는지 우리가 아직 모른다고?

진화 과정은 아예 있지도 않았다. 그래서 모르는 것이다. 물질에서 생명이 우연히 어쩌다 보니 저절로 생겨나는 것을 인간은 전혀 관찰할 수가 없다. 지금 관찰할 수 없는 것이 과거에는 단 한 번 발생했었다고 주장하는 것이 과연 과학적인가? 파스퇴르의 과학적 실험(생명은 생명에서만 발생)은 싹 무시해도 될 정도로 도킨스의 진화론은 막강하게 무식하다.

우연히 저절로 조금씩 아주 조금씩 원시 수프라는 물질(철광석)이 생명체(로봇)로 진화해 가는 과정은 애초에 있지도 않았다. 그러니 과학이 설계와 창조의 틈새를 메운 적도 결코 없는 것이다. 생명체(로봇)가 어떻게 움직이는지를 밝히는 것은 과학이 할 수 있는 일이다. 그렇게 한다고 해서 신(인간)이라는 지성이 설계해서 만든 생명체(로봇)가 우연히 어쩌다 보니 저절로 조금씩 아주 조금씩 진화한(만들어진) 것으로 바뀌는 게 아니다.

로봇은 사람이 설계해서 만들었다. 아무리 과학이 로봇이 움직이는 방식에 대해서 많이 밝혀낸다고 해도 사람이 만들었다는 사실이 저절로, 우연히 어쩌다 보니 조금씩 무작위적인 운동(자연 선택)에 의해서 만들어졌다는 것으로 바뀌지는 않는다. 과학은 자연이라는 기계가 움직이는 원리(물리 법칙)에 대해 알 수 있을 뿐이다. 그렇다고 이 우주와 생명체가 그리고 우주와 생명체를 움직이는 물리 법칙들이 우연히 어쩌다 보니 저절로 조금씩 만들어졌음(진화했음)을 입증하게 되는 것은 아니다.

도대체 도무지 경험할 수도 없는 아주 오랜 시간이 지나기만 하면 아주 복잡한 물리 법칙을 담고 있는 복잡한 우주와 생명이라는 질서의 복합체가 우연히 어쩌다 보니 저절로 조금씩 자연 선택이라는 이름으로 만들어지는 것을 한 번이라도 직접 관찰한 적이 있는가? 오히려 오랜 시간은 우연히 어쩌다 보니 저절로 조금씩 모든 것들을 망가뜨린다. 그게 우리가 확인한 물리 법칙이다. 우주와 생명체는 망가져 가고 있다는 말이다.

도킨스뿐만 아니라 세상 그 어떤 인간도 절대로, 그 옛날 원시 지구의 바위에 떨어진 빗물이 모여서 되었다는 원시 수프(실제 그런 게 있기나 했나? 인간은 본 적이 없다. 머릿속으로 상상하고 있을 뿐이다)에서 세포가 조금씩 저절로 만들어지는 것을 본 적이 없다. 아주 복잡한 설계(법칙에 의한 질서)를 담고 있는 물질(세포)이 어느 날 우연히 어쩌다 보니 저절로 살아나는(생명체가 되는) 것을 본 적도 없다. 인간이 만든 어떤 기계(복잡한 기능을 가진 물질)가 우연히 어쩌다 보니 저절로 살아나서 새끼를 출산하는 능력을 갖추게 되는 것을 본 적이 있는가? 없다. 그 보다 더 복잡한 질서를 담고 있는 자연이라는 기계도 마찬가지다.

도킨스는 과학의 이름으로 도대체 무슨 상상을 하고 있는 것일까? 〈오랜 시간 동안 우연히 어쩌다 보니 저절로 조금씩 아주 조금씩 모든 것을 창조하는 신〉을 만들어 내고 있는 것이다. 〈오랜 시간과 우연〉 즉 〈어쩌다 보니 그냥 저절로〉가 바로 도킨스가 믿고 있는 신이다. 우주와 생명을 만들 수 있을 정도로 아주 놀라운 지성을 가진 존재로서의 신 대신에 그는 우연(어쩌다 보니 저절로)이라는 전능한 존재로서의 신을 선택한 것이다.

도킨스는 그 새로운 신의 이름을 자연 선택이라고 명명하였다. 이제 그는 모르는 틈새가 있을 때마다 자신이 만든 자연 선택이라는 새로운 신으로 그 틈새를 메우려 하고 있다. 생명의 탄생은 자연 선택에 의해서 가능하다. 물론 지금은 관찰할 수 없다. 종의 진화도 자연 선택에 의해서 가능하다. 물론 실제로 직접 관찰할 수는 없다. 생명이 없는 물질인 아미노산 덩어리가 단백질 덩어리를 거쳐서 세포로 조립되고 자기 복제를 하는 생명체로 살아나는 것도, 신경이나 핏줄이나 뼈나 근육이 만들어지는 것도, 두뇌 콩팥 눈 심장 허파 위 십이지장 등 정교한 기관을 만들어 내는 것도, 그리고 인류의 모든 정보(지식)를 담은 백과사전보다도 훨씬 더 복잡한 정보(지식)를 담고 있는 생명체 유전자가 번개를 맞고 어쩌다 생성된 정체불명의 아미노산 덩어리로부터 만들어지는 것도 다 자연 선택의 전능한 능력 덕분이다. 자연 선택이 모든 것들을 만들어 간다. 물론 직접 관찰할 수는 없다.

과학적으로 알(설명할) 수 없는 것이 등장할 때마다 도킨스는 자연 선택이라는 신을 등장시키며, 머릿속에서 상상하는(결코 현실에서는 관찰되지 않는) 과정을 통해서 자연 선택이 만들어 간다고 주장한다. 당연히 현실에서 직접 관찰할 수는 없지만, 충분히 오랜 시간만 흐르면 될 수 있다는 것을 간접적으로 관찰(머릿속 상상)할 수 있다는 것이다. 도킨스는, 뛰어난 지성이 아니라 오랜 시간(우연)이 자연 선택의 이름으로 모든 것을 창조한다는 종교를 신봉하고 있을 뿐이다. 그런데 불행하게도 우리가 사는 세상에서는 오랜 시간(우연)이 자연적으로 보다 더 복잡하고 고도화된 무언가를 창조하는 게 아니라, 복잡한 질서를 가진 모든 것들을 자연적으로 망가뜨리고 해체시키는 것만을 관찰할 수 있다는 것이 뼈아픈 과학적 현실이다. 생명체도 역시 자연적으로 늙어 가고 소멸해 간다. 유전자도 역시 돌연변이 때문에 자연적으로 퇴화해 가고 있다. 그게 실제 과학적 관찰 결과이다.

신과 과학

왈(曰),
"어떻게 지구가 허공에 떠 있을 수 있지? 지금 우리가 우주 공간을 정신없이 날아가고 있다는 얘기잖아! 너무도 불안해서 지구를 어떻게든 붙잡고 싶은 생각이 들었다. 그 순간 떠올랐다. 중력과 운동의 법칙... 과학 법칙이 지구가 허공에서 안전하게 공전할 수 있도록 지켜 줄 거라는 믿음이 생겼다. 과학적 증거와 이성의 가르침이 주는 해결책이다."

도킨스는 코미디언의 입을 빌려서, 중력과 운동량이 신을 버릴 수 있게 하는 증거라고 주장한다. 그런데 구약 성경의 신이 지구는 하늘 위에 떠 있는 게 아니라고 주장했던 적이 있었는지에 대한 확인이 먼저 필요할 것 같다. 도킨스가 신에게 물어봐 줄 수 있을 것이라 기대한다. 그가 이미 신이 그렇게 말한 것을 알고 있다는 듯이 논리를 전개하고 있으니 말이다.

그리스나 인도 등 다른 곳에 등장하는 신들은 지구에 대해서 뭐라고 말했는지 모르겠으나, 구약 성경에 등장하는 신은 지구에 대해서 도킨스의 언급과는 전혀 다르게 말하고 있다. 구약 욥기 26장 7절을 보면, 신이 북쪽 하늘을 허공에 쫙 펼치고, 지구라는 땅덩이를 빈 공간에 매달아 놓았다고 서술하고 있다. 뭘 가지고 매달아 놓았을까? 오늘날 우리는 지구가 중력이라고 부르는 어떤 알 수 없는 힘에 의해서 태양계라는 빈 공간에 매달려 있다고들 표현하고 있다.

중력과 운동량의 법칙이 지구가 우주에서 떨어지지 않도록 해 줄 것이라는 도킨스의 기대는 무엇에 근거를 둔 것일까? 중력과 운동량이 반드시 그렇게 해 주겠다고 도킨스에게 약속을 한 것은 아닐 것이다. 도킨스는 알고 있는가? 중력과 운동량의 법칙을 발견한 사람들은 신의 창조라는 믿음 때문에 그 법칙을 믿었다는 사실을? 도킨스와는 달리 그들은 누군가 그것을 만든 존재가 있어서 그 법칙의 유지를 보장해 줄 것이라고 믿었던 것이다.

중력과 운동량의 법칙이라는 것이, 만일 도킨스의 논리대로 우연히 어쩌다 보니 저절로 진화한 것이라면, 우리는 그 중력과 운동량의 법칙이 유지되리라는 것을 믿을 수가 없다. 그 중력과 운동량의 법칙이라는 것은 우연히 어쩌다 보니 저절로 생겨난 것이 아니던가? 그렇다면 마찬가지 논리로 당연히 우연히 어쩌다 보니 저절로 변하거나 없어질 것이다. 우연히 어쩌다 보니 저절로 생겨났지만, 우연히 어쩌다 보니 저절로 변하거나 없어지지는 않는다고 강변할 과학적 혹은 합리적 근거가 없기 때문이다.

이 우주의 질서라는 것이 도킨스의 믿음대로 우연히 어쩌다 보니 저절로 생겨난 것이라면, 흄의 말마따나 법칙의 필연성(인과성)이라는 것은 인간의 머릿속에서 만들어 낸 관념일 뿐, 머리 바깥의 세계에 실제로 존재하는 것이 아니다. 그 법칙이라는 이름에 의지하여 기대하고 있는 바의 움직임이 내일도 그대로 바깥 세계에서 일어날 것(계속 그런 식으로 작동할 것)이라는 보장은 없다. 도저히 일어날 것 같지 않은 확률의 사건이 우연히 저절로 발생하는 판에 어제까지 관찰되었던 중력이라는 것이 오늘도 반드시 그대로 유지되리란 법이 어디 있을까?

누가 도대체 시속 6천 마일의 속도로 지구를 돌리고 있다는 것일까? <그냥 우연히 어쩌다 보니 저절로 돌게 되었어. 지구를 돌리게 하는 힘을 만들고 유지시킬 지성이나 의도라는 것은 없어. 그냥… 그냥 우연히 어쩌다 보니 저절로 그러고 있는 것일 뿐이야. 어떤 이유에서인지는 모르겠지만, 아주 먼 옛날에 뭔가가 뻥 터지면서 생긴 운동 에너지가 남긴 흔적이겠지.> 이게 과학적이고 합리적인 이성의 논리와 근거에 따른 판단이라는 말인가? 그냥 그렇게 상상하고 그냥 그러리라 믿는 거다. 그렇지 않다고 상상하고 믿는다고 해서 이를 반박할 과학적인 근거도 없다.

우주나 생명이나 법칙이나 에너지나 물질의 기원은 어떤 식으로 상상하고 믿든지 간에 각자의 주관적 선택에 불과할 뿐이다. 단지 어느 쪽 상상이 지금 더 시중에서 인기가 있느냐의 차이가 있다는 것 빼고는 입증할 수 없는 가정에 불과하다는 점에서 똑같다는 말이다. 만일 자기의 믿음이 과학적으로 확실하게 입증이라도 된 듯이 자랑질하고 있다면, 그가 사실은 무지하기 때문이든가 아니면 사기꾼이기 때문이든가 둘 중 하나이다. 기원에 대한 상상은 인간의 경험이 있기 이전의 사건이기에 인간의 경험에 근거해서 이루어지는 과학의 범주에 들어가지 않는다. 각자의 철학이고 신념이고 종교일 뿐이다. 아무리 복잡한 방정식을 들이대고 요상하고 난해한 개념을 만들어서 장황하게 썰을 풀어도, 결국 파헤쳐 보면 입증할 수 없는 가정에 근거해서(그 가정이 진리일 거라는 믿음하에) 엮어 낸 상상에 불과하다. 모래 위에 정교한 집짓기 말이다.

관찰과 상상

왈(曰),

"위대한 아리스토텔레스도 알지 못했다. 자연 선택을 통한 진화라는 생각을 전혀 하지 못했다. 지구의 둘레와 자전축의 기울기를 계산해 냈던 에라토스테네스도 마찬가지였다. 갈릴레오도 심지어 뉴턴까지도 전혀 생각하지 못했다. 다윈이 등장할 때까지 아무도 그 단순한 관념을 떠올리지 못했다."

왜 도킨스는, 그들이 전혀 생각을 못했던 것이라고 추정하고 있는 것일까? 도킨스는 그들이 멍청했다고 말할 만큼의 용기가 있는 것 같지는 않다. 그래서 지극히 단순한 생각, 다윈의 생각을 결코 떠올리지 못했다고 에둘러 표현하고 있다. 아니면 그만큼 그들이 깊은 사고를 하지 못했다고 아쉬워하고 있던가, 아니면 혹시 오래 전에 살았던 그들은 진화가 덜 되어서 그랬던 것이라고 생각하고 있는 것인가? 그의 종교인 진화교 교리에 따르면, 인간의 지성이 시간의 흐름에 따라서 원시 수프 수준으로부터 시작해서 아메바를 거치고 그 이후로도 숱한 단계를 거치고 난 후에야 마침내 인간의 근접 조상이라는 원숭이를 거쳐서 서서히 지금 수준까지 진화해 온 것이 아니었던가?

도킨스가 상상하는 바와는 달리, 내가 보는 그 이유는 이렇다. 아무리 자연 세계를 관찰해도 아무리 현상을 지배하는 과학 법칙을 살펴보아도, 오랜 시간이 우연히 어쩌다 보니 저절로 조금씩 아주 조금씩 복잡한 조직체를 만들어 내는 현상은 결단코 관찰할 수가 없었기 때문이다. 그들은 자연 선택에 의해(우연히 어쩌다 보니 저절로) 복잡한 생명체가 태어날 수 있을 것이라는 멍청한 생각을, 아주 먼 옛날이라는 조건을 덧붙임으로써 사실로 일어났다고 믿어 버려도 된다고 속단하지 않을 만큼 지혜가 있었던 것이다.

인간이 만들어 낸 그 어떤 복잡하고 정교한 구조를 가진 문명의 이기(물질)라고 하더라도, 어느 날 우연히 어쩌다 보니 저절로 살아나고(생명체가 되고), 더 나아가 자기와 똑같은 새끼를 출산(복제)하는 능력을 우연히 어쩌다 보니 저절로 갖게 되는 현상은 절대로 관찰할 수가 없었기 때문이다. 자신들이 결코 관찰할 수 없는 바가 자연이 선택한다(우연히 어쩌다 보니 저절로)는 개념을 도입함으로써 가능할 것이라고 그들은 믿을 수가 없었다.

그들은 자연은 선택하는 게 아니라는 것을 알고 있었다. 생명체가 자연의 환경 조건 변화에 대해서 반응하는 것이지, 자연이 무슨 선택을 해서 생명체를 죽이고 살리고 진화시키는 게 결코 아니다. 생명체가 자연환경의 변화에 적응을 하지 못해서 죽는 것을 관찰하면서, 이를 자연 선택이라 명명하고, 이 놀라운 자연 선택에 의해서 물질이 생명체로 만들어지고 단세포 생명체가 복잡한 기능의 생명체로 진화한다고 믿을 만큼 그들이 어리석지 않았던 것이라는 생각을 도킨스는 도저히 할 수가 없는 모양이다.

그들이 자연 선택에 의한 진화라는 개념을 떠올리지 않았던 것(혹은 한 번쯤 떠올랐더라도 과학이라고 여기지 않았던 것)은 진정한 과학자였기 때문이다. 관찰되고 경험되지 않는 현상을, 의인화라는 수사법을 사용함으로써, 실제로 일어난 사실인 것처럼 믿게끔 유도하는 것은 과학이 할 일이 아니다. 철학이나 종교라면 모를까... 자연 선택에 의한 진화라는 지극히 간단한 생각을 도킨스나 다윈과는 달리 그들은 과학이라고 여기지 않았다. 정확한 경험의 결과만을 진리의 대상으로 하는 과학에다가 슬쩍 상상과 믿음의 결과를 끼워 넣는 사이비 과학자 노릇은 절대로 하지 않으려는 사람들이었던 것이다.

도킨스가 갖고 있는 가장 큰 취약점은 철학과 과학을 혼동하고 있다는 사실이다. 진화론을 과학이라고 생각하고 있기에 그는 아주 완고한 진화교 신자가 되었다. 요즘 유행하는 표현으로 근본주의 진화교 신자가 된 것이다. 도킨스는 거품을 물고 부정하겠지만, 진화론은 과학이 아니라, 철학이고 종교이다. 도킨스의 생각과는 달리 과학적 실험이나 검증이 가능하지 않은 이론이기 때문이다.

20세기 가장 영향력 있었던 과학 철학자로 손꼽히는 칼 포퍼가 진화론에 대해 아주 명확하게 진단했다. "다윈주의는 실험 가능한 과학적 이론이 아니라, 형이상학적 연구 프로그램이다." 기독교에서 진화교로 개종한 마이클 루스도 같은 견해이다. "진화론은 어느 단계에서는 경험적으로 증명할 수 없는, 선험적인 혹은 형이상학적 가정을 필요로 하는, 종교와 같은 것이다. 진화론은 과학 이상으로 떠받들어진다. 그들의 말이 맞다. 진화론은 종교다. 시작 때도 그러했고, 오늘날도 여전히 그렇다."

물론 도킨스와 견해를 같이 하는 사람도 있다.

"다윈주의의 진정 탁월한 업적은, 그의 이론이 최종 원인을 신에게 (신적 능력으로) 돌리는 일을 불필요하게 만들었다는 것이다. 진화론은 이 세계의 다양성과 적합성을 오로지 유물론적으로만 설명하도록 하였다. 거기에 창조주 또는 설계자로서의 신은 더 이상 필요하지 않다."(에른스트 메이어 교수, 하버드대 생물학)

그러나 진화론자인 왓슨 교수처럼 전혀 달리 말하는 사람도 있다.

"진화론이 받아들여지는 이유는, 그것이 일어나는 모습이 관찰되거나 구체적인 증거에 의하여 입증되기 때문이 아니며, 진화론에 대한 유일한 대안(창조론)이 확실히 믿을 만하지 않기 때문이다."

"진화론은 입증되지 않았고, 또 입증될 수도 없다. 우리가 진화론을 받아들이는 이유는, 진화론이 아니면 특별한 창조론을 받아들여야 하는데, 창조론을 받아들인다는 것은 도저히 생각할 수 없는 일이기 때문

이다."(아서 키스, 진화론자)

"생명의 기원에 대해 언급할 때, 우리에게는 단 두 개의 가능성만이 있다. 신의 초자연적 창조 혹은 우연 발생 진화. 이외의 또 다른 가능성은 있을 수 없다. 자연 발생은 이미 120년 전에 루이 파스퇴르 등에 의해 가능성이 없는 것으로 판정이 났으므로 신의 초자연적 창조라는 단 하나의 결론만이 남게 된다. 그러나 나는 철학적인 이유 때문에 신을 믿을 수 없다. 그러므로 나는 과학적으로 불가능한 것을 믿기로 했다. 그것은 바로 생명이 우연히 발생하여 진화했다는 것이다."(조지 월드, 노벨상 수상자)

분명한 사실은 신(지성)에 의한 창조의 가능성은 여전히 열려 있다는 것이다. 우리는 인간 지성에 의한 창조를 너무나도 많이 보고 있다. 그렇다면 직접 관찰할 수는 없지만 더 놀라운 지성을 가진 어떤 존재가 있어서 최고의 로봇인 생명체를 창조했다는 가정이, 관찰할 수는 없지만 오랜 시간 우연히 어쩌다 보니 저절로 물질로부터 최고의 로봇인 생명체가 자연적으로 창조되었다는 가정보다는 훨씬 더 설득력이 있는 선택인 것이다.

무모한 용기

왈(曰),
"우리는 다윈의 생각이 옳다는 것을 알고 있다. 물론 아직은 수십억 년 전 진화가 어떻게 시작되었는지 정확히 알 수는 없다. 하지만 그토록 복잡하고 다양한 생명체의 설계에 대한 의문은 해결되었다. 가능할 것 같지 않았던 가정들이 사실로 드러났다. 남아 있는 큰 문제들도 그러할 것이다."

 40억 년 전에 진화 과정이 어떻게 시작되었는지만을 모르는 게 아니다. 사실은 어떻게 물질이 살아났는지(생명의 기원)도 모른다. 어떻게 자기와 똑같은 새끼를 만들 수 있게 되었는지(유전자의 기원)도 모른다. 어떻게 더 복잡한 조직과 기능을 가진 생명체로 발전해 갔는지(종의 기원)도 모른다.

 자연 선택이 DNA라는 생명체의 정보를 만들어 낼 수 있었던 비결이 무엇인지도 모른다. 아마도 우리가 알지 못하는 어떤 방식으로 만들어 냈을 것이라고 상상하고 있을 뿐이다. 그리고 이를 자연 선택에 의해서라고 명명했을 뿐이다. 자연 선택과 적자생존이 단순한 생물에서 복잡한 생물로 발전해 가는 종들의 진화를 가능하게 한 과정이 정확히 어떻게 진행되었다는 것인지도 아직은 모른다. 무수한 머릿속 상상만이 있을 뿐이다.

 설마 DNA에 생겨나는 돌연변이 때문에 가능하게 되었다고 과학이 밝혔다고 할 것인가? 돌연변이는 망가뜨리는 과정이지 더 복잡하고 정교한 DNA를 창조하는 과정이 아니다. 현재 그런 현상이 일어나지 않고 있기에 그 먼 옛날 언젠가 우리가 알지 못하는 방식으로 가능했을 것이라 상상하고 있을 뿐이다. DNA가 어떻게 더 복잡한 새로운 정보(예를 들면, 자기에게 없는 뼈, 핏줄, 신경, 심장, 콩팥, 눈, 뇌, 날개...)를 스스로 만들어 냈는지 그 과정에 대해서 전혀 아는 게 없는 것이다.

그 DNA가 어떻게 새끼를 만드는 정보라는 것을 자기 안에 창조할 수 있었는지 그 과정 역시 전혀 알지 못한다. 인간이 만든 어떤 로봇이나 컴퓨터도 자기와 닮은 개체를 재생산하는 능력을 갖고 있지 않다. 로봇이나 컴퓨터가 어떻게 돌연변이에 근거한 자연 선택과 적자생존에 의해 더 복잡한(자기와 닮은 개체를 재생산하는) 기능을 갖춘 것으로 진화할 수 있을까? 도킨스만이 알고 있을 뿐이다.

도킨스에 따르면, 그냥 오랜 시간 동안 우연히 어쩌다 보니 저절로 살아남으려다 보니 자연 선택과 돌연변이에 의해서 모든 진화의 과정이 가능했다고 한다. 그렇다면 우리가 지금 도킨스가 기술한 그런 과정들을 자연에서 관찰하고 있는가? 결코 그 누구도 관찰하지 못했다. 아무런 증거도 없이 그저 다윈의 머릿속에서 만들어진 진화라는 상상이, 도킨스의 머릿속에서 활개를 치고 있을 뿐이다. 그들이 고백하고 있듯이 진화라는 현상은 관찰로 확인할 수가 없다. 너무나 오랜 시간 동안 너무나도 천천히 일어나기 때문에... 그냥 머릿속에서 상상만을 할 수 있을 뿐이다.

도킨스 진화 논리대로 생각해 보자. 어떻게 철광석이 로봇으로 진화했는지 우리는 알 수가 있다. 오랜 시간 동안 우연히 어쩌다 보니 저절로 살아남으려고 애쓰다 보니 자연 선택과 돌연변이에 의해서 조금씩 아주 조금씩 철광석이 로봇을 향해서 진화했던 것이다. 게다가 어느 순간 우연히 저절로 어쩌다 보니 자기와 똑같이 생긴 자손을 만들어 낼 수 있는 복제 기능까지도 생겨났다. 자연 선택의 놀라운 능력 덕분이다.

아주 복잡한 조직과 기능을 가지고 있는 로봇이 어떤 지성에 의해서 단 기간에 만들어진 것이 결단코 아니었다. 철광석이 우연히 어쩌다 보니 저절로 단번에 로봇이 되는 것은 결코 있을 수 없는 불가능한 일이다. 하지만 오랜 기간 동안 우연히 어쩌다 보니 저절로 조금씩 아주 조금씩 로봇을 향해서 진화해 가는 것은 충분히 가능한 일이다. 우리는 지금 눈으로 그 진화의 결과를 도처에서 확인하고 있지 않은가? 이 보다 더 확실한 과학적 증거가 어디 있다는 말인가?

우리는 철광석이 우연히 마그마에 녹아서 철이 생성되는 것을 볼 수 있지 않은가? 과학적 실험을 통해서 얼마든지 그 현상을 재현할 수 있다. 그렇게 만들어진 철이 비바람에 씻기고, 지진과 알 수 없는 운동에 의해 무작위적으로 다듬어지고, 갑작스런 벼락에 의해 전기 처리되다 보면, 나사나 다리나 구동축(근육)이나 모터(심장)나 시각 센서(눈)나 컴퓨터(두뇌)와 같은 것들로 조금씩 아주 조금씩 진화해 가는 것은 아주 어렵고 있을 법하지 않은 일이지만, 그것들을 만드는 지성의 존재를 가정하는 것보다는 훨씬 더 있을 법한 일이다. 그러므로 우리에게는, 이렇게 말이 안 돼 보이는 진화(오랜 시간 어쩌다 보니 우연히 저절로)라는 가정을 이미 발생한 사실로 받아들이려는 지적 용기가 필요한 것이다.

생명의 가장 큰 미스터리(어떻게 그렇게 복잡하고 다양하고 아름답게 설계되었는가)가 풀린 게 아니었다. 도킨스에게, 정말 말이 안 돼 보이는 자연 선택에 의한 진화라는 가정을 믿음의 대상으로 삼으려는 무모한 용기가 생겨났던 것이다. 무모한 용기를 지적 용기로 포장하는 도킨스의 교활함은 진화교 신자의 맹신에서 발생한 참사일 뿐이다. 진화가 사실로 밝혀졌다는 종교적 확신이 찬 설교는 도킨스의 신앙이 맹목적인 광신의 상태에 있음을 보여 주고 있는 것이다.

"진화를 믿는다고 하면 사실이다. 진화를 사실이라고 하면 종교다. 진화를 과학이라고 하면 사기다."

미세 조정

왈(曰),
"중력 상수에 아주 미세한 차이만 있었어도 별이나, 지구나, 생명이나 존재할 수 없었을 것이다. 중력 상수는 수십 개의 상수들 중 하나이다. 물리 상수 값들 중 어느 것이든 지금과 조금이라도 차이가 났더라면 우주는 존재할 수 없었을 것이다.

이러한 미세 조정 때문에 창조적 지성을 떠올리게 되고, 신이 바로 그 미세 조정의 이유라고 생각하게 된다. 이런 유혹은 단칼에 잘라 버려야 한다. 왜냐 하면 우주의 미세 조정보다도 신의 존재가 훨씬 더 있을 법하지 않은 사건이기 때문이다. 신은 설명 불가능하다."

신의 존재는 설명이 될 수 없다는 게 너무나 명백하다는 도킨스의 고백은 신의 존재를 믿을 수 없다는 그의 신앙 고백이다. 그는 신의 존재 대신에 우연의 존재를 믿는다. 복잡하고 정밀하게 한 치의 오차도 없이 조정된 기계 장치가, 뛰어난 지성의 설계에 의해서 만들어졌다기보다는 오랜 시간 어쩌다 보니 저절로(우연)에 의해서 만들어진 것이라고 그는 주장한다. 우연에 의한 창조가 도킨스의 종교인 진화교의 신조이고 교리인 셈이다.

정밀한 미세 조정이라는 게 아무리 있을 법하지 않은 일처럼 보여도 신 역시 그만큼 있을 법하지 않기 때문에 신이라는 선택지를 버리는 게 마땅하다고 그는 믿는 모양이다. 그렇다면 정밀한 미세 조정을 창조한 '그냥 어쩌다 보니 저절로(우연)'의 존재는 명백하게 설명이 될 수 있다는 얘긴가?

어쩌다 보니 저절로 우연에 의해서 만들어지는 복잡한 기계 장치가 뭐가 있을까? 아무도 그런 것을 관찰하지 못한다. 우연은 복잡한 것을 망가뜨리는 과정이라는 것이 우리가 경험하는 현실이기 때문이다. 우연에 의해서 단순한 것이 복잡한 것으로 진화하는 일은 과학적인 관찰 결과와 충돌하는 초자연적 사건이다.

어느 정도 미세 조정된(누군가 설계한 듯 완벽한) 디즈니랜드를 보면서 이것을 만들고 조정할 수 있는 지성(인간이나, 우주인이나, 신이나)이 있다고 믿는 게 있을 법하지 않은 것일까? 아니면 그냥 오랜 시간이 흐르면서 어쩌다 보니 저절로 우연히 그렇게 되었다고 말하는 게 훨씬 더 있을 법하지 않은 것일까?

도킨스는 신이라는 지성보다는 우연이라는 무작위적 운동이 훨씬 더 전능한 미세 조정자로서 있을 법한 존재라고 믿는다. 어떤 미세 조정된 기계 장치를 보았을 때, 그것을 창조한 주체로서 뛰어난 지성의 존재를 가정하느니, 오랜 시간 어쩌다 보니 저절로(우연)의 존재를 가정하는 게 훨씬 더 과학적이고 합리적인 추정이라는 것이 그의 확고한 믿음이다.

그렇게 미세 조정된(완벽하게 제대로 작동하는) 디즈니랜드가 우연히 어쩌다 보니 저절로 하나 정도 창조될 수 있도록 하기 위해서, 우리가 절대로 관찰할 수는 없는 곳에 있을 것이라고 추정하는 무한히 많은 불량(미세 조정되지 못한) 디즈니랜드의 존재(다중 디즈니랜드)를 가정해야 한다. 그렇게 불량인 디즈니랜드가 무수하게 만들어지다 보면. 제대로 작동하는 미세 조정된(누군가 설계한 듯 완벽한) 디즈니랜드가 하나 정도는 만들어질 수 있다는 것이다. 이름하여 다중 디즈니랜드론이다.

불량 디즈니랜드의 숫자가 많으면 많을수록 미세 조정된 디즈니랜드가 하나쯤 우연히 어쩌다 보니 저절로 만들어질 가능성도 높아진다고 도킨스는 믿는다. 그래서 불량 디즈니랜드의 숫자를 거의 무한적으로 가정하려고 한다. 그래야만 우연에 의해 미세 조정된 디즈니랜드가 하나 정도 창조될 가능성이 더욱 높아진다고 믿기 때문이다. 한 번에는 안 되지만, 수십억만 번 하다 보면 한 번쯤은 되지 않겠냐는 막연한 기대감을 끌어들여서 사람들을 현혹하려는 것이다.

어차피 검증할 수 없는 것을 가정하는 것이니, 그 숫자를 몇으로 하든 무슨 상관이 있겠는가? 다만 그렇게 가정한 무수히 많은 불량 디즈니랜드라는 것이 우리가 살고 있는 우주 바깥에 있기에(초경험적이기에) 절대로 아주 절대로 관찰할 수가 없다는 사실이 문제일 뿐이다. 하지만 관찰과 실험에 따른 증거를 믿는 과학자임을 자처하는 도킨스는 오히려 관찰할 수 없다는 사실이야말로 불량 디즈니랜드의 존재를 확실한 믿음의 대상으로 자리매김시켜 주는 조건이라고 반기는 듯하다.

물론 우리가 살고 있는 우주 바깥에 헤아릴 수 없을 정도로 무수히 많은 또 다른 불량 우주가 존재할 것이라는 다중 우주론의 가정 역시 확인 불가능한 초경험적(초자연적) 전제에 불과하다. 그런데 무수히 많은 불량 우주와 그 불량 디즈니랜드라는 것들은 어떻게 생겨나는 것일까? 그냥, 어쩌다 보니 저절로 우연에 의해서 창조된다. 진화교 신자인 도킨스가 행한 최대의 업적은 지성을 가진 존재로서의 신을 무작위적 운동을 하는 우연(어쩌다 보니 저절로)으로 바꾼 것이다. 전능한 신이 전능한 우연으로 대체되었다는 사실이 과연 도킨스 주장의 합리성을 보장해 주는 것일까?

과학적 해결

왈(曰),

"생명이란 경이로운 존재가 어떻게 가능한 것인지 그 난제를 다윈이 해결했다. 생명체가 지닌 엄청나게 복잡한 구조와 기능이 누군가의 지적인 명령이나 도움도 없이 물리 법칙에 의해서만 생겨났다.

물리 법칙과 우주 상수의 기원 문제는 훨씬 더 수월할 것이다. 과학이, 생명체가 설계된 것이 아니며 생존의 필요에 따라 미세 조정된 것임(자연 선택)을 밝혔다는 사실로부터 자신감을 얻을 수 있다."

생명이 물리 법칙만으로 생겨났다고? 그 물리 법칙의 기원은 간단하기에 식은 죽 먹기일 거라고? 물론 아직은 해결하지 못했다고 도킨스는 고백한다. 그 어려운 생명의 기원을 해결했는데, 왜 식은 죽 먹기인 물리 법칙의 기원은 해결하지 못하고 있는 것일까? 사실은 생명을 만드는 게 어려운 게 아니다. 진짜 어려운 것은 그 생명이 만들어지게 하는 법칙을 만드는 게 어려운 것이다. 그러니 물리 법칙의 기원이 간단한 게 아니다. 이해가 잘 가지 않는다면 사진기를 생각해 보라.

사진기로 아름다운 색깔을 잘 찍어 내는 게 놀라운 일이기는 하지만, 사실 사진기를 다루는 기술만 배우면 아무것도 아니다. 진짜 놀라운 것은 아름다운 색깔을 찍어 내는 사진기를 만드는 것이다. 아름다운 색깔을 찍어 낼 수 있게 하는 사진기에 담겨 있는 법칙 말이다. 3D 프린터로 물건을 똑같이 찍어 내는 게 어려운 게 아니라, 그런 3D 프린터를 만드는 게 진짜 어려운 거다. 어떤 법칙과 원리에 의해 3D 프린터가 물건을 똑같이 찍어 낼 수 있는지, 그런 현상을 가능하게 하는 법칙과 원리를 만드는 게 진짜 창조다.

자연계는 물리 법칙에 의해 움직인다. 생명도 원소로부터 물리 법칙에 따라서 만들어진다. 그 생명이 원소로부터 만들어지게 하는 물리 법칙이 어떻게 생겨났느냐, 이게 사실은 문제의 핵심이다. '그냥 우연히 어쩌다 보니 저절로 생겨났어'라고 하든가 '어떤 뛰어난 지성이 설계했겠지'라고 하든가 둘 중 하나를 선택해야 한다. 어느 설명이 우리가 경험하는 현실 세계에서 벌어지는 현상들과 가까운가를 따져 보라. 우연히 어쩌다 보니 저절로 자동차나 로봇이나 디즈니랜드나 앙코르 와트나 피라미드가 만들어지는가? 아니면 누군가 지성이 있는 존재가 설계해서 만드는 것인가? 후자가 우리의 경험이 관찰하고 믿는 바이다.

    그러니 진화는 생명의 기원 문제를 해결한 게 아니다. 자동차 공장에서 자동차가 만들어지고 있다는 사실을 알았다고 해서 자동차의 기원 문제를 해결한 것인가? 자동차를 만들어 내는 공장과 그 법칙과 원리가 어떻게 만들어졌는가를 해결해야 진짜 기원의 문제가 해결되는 것이다. 과학의 성공은 3D 프린터를 어떻게 사용하는지에 대해서 알아낸 것일 뿐, 3D 프린터로 하여금 물건을 찍어 낼 수 있게 하는 법칙과 원리가 어떻게 만들어졌는지를 알아낸 게 아니다. 그냥 우연히 어쩌다 보니 저절로 그렇게 되었다고 믿기로 선택했을 뿐이다. 도킨스를 비롯한 우리 모두가 살고 있는 현실 세계에서 경험하는 바와 모순되는 설명을 굳이 선택한 이유는 뭘까? 무지인가, 광신인가?

    생명이 설계되지 않았다는 것과 생존의 필요에 맞게 미세 조정되어 있다는 것을 해결했다는 말이 의미하는 바를 도킨스는 제대로 알고 있는 것인가? 우연히 어쩌다 보니 저절로 생겨났다고 믿기로 작정했음을 과학적으로 해결되었다고 얘기하는 것은 필경 과학에 대한 무지 때문이거나 지성(신)에 의한 설계라는 대안에 대한 맹신적 적대감 때문일 것이다.

    생명의 기원과 종의 기원 문제에 대한 도킨스식 해결이라는 내용의 요지는, 그냥 어쩌다 보니 저절로 오랜 시간이 흐르면서 생겨났다는 것이다. "모든 게 다 우연히 어쩌다 보니 그렇게 되었어. 자연이 선택한 거지." 다만 그 전능한 우연을 한 번이 아니라, 무한히 많은 단계 즉 여러 번으로 쪼개기로 마음먹었다는 것이 새로운 점이다.

"개구리에게 키스하니 단번에 왕자가 되었다는 것은 정말 있을 수 없는 일이고, 과학적으로 너무나도 무식한 발상이다. 그러나 개구리(양서류)에게 키스(돌연변이/무작위적 운동)하니 수백 수천만 년 후에 왕자(인간)가 되었다는 것은 너무나도 가능한 일이고 과학적으로도 합리적인 설명이다." 개구리에서 인간으로 우연히 어쩌다 보니 저절로 한 번의 단계(짧은 시간)를 거쳐서 진화하는 것은 비과학적이지만, 개구리에서 인간으로 우연히 어쩌다 보니 저절로 수백 수천만 번의 단계(오랜 시간)를 거쳐서 진화하는 것은 과학적이라니…

도대체 누가 개구리에서 인간으로 조금씩 바꾸어 가도록 유도했다는 말인가? "그냥 우연히 어쩌다 보니 저절로 그렇게 된 거지." 지성을 가진 전능한 신을 생각하는 것은 비과학적이지만, 무작위적 운동을 하는 전능한 우연을 생각하는 것은 과학적이란다. 도대체 우연에 의한 창조가 과학적이라니, 복잡한 기능을 가진 로봇이 우연히 만들어진다는 설명이 과학적이라는 게 말이 된다고 도킨스는 믿는 모양이다. 아주 단순한 기능을 가진 빗살무늬 토기조차도 우연히 만들어지는 게 아니라, 인간이라는 지성이 만들었다고 해야 과학적인 설명으로 받아들여진다. 그런데 세상에서 가장 복잡한 기능을 가진 완전 자동 로봇인 생명체가 우연히 어쩌다 보니 저절로 만들어졌다니… 정말 대단한 믿음이다.